# ¿Quieres cobrar tu pensión?

# ¿Quieres cobrar tu pensión?

## Una guía paso a paso para construir tu pensión de jubilación a través del ahorro y la inversión

ESMERALDA GÓMEZ LÓPEZ

alienta
EDITORIAL

© Centro de Libros PAPF, SLU, 2021
Alienta es un sello editorial de Centro de Libros PAPF, SLU.
Av. Diagonal, 662-664
08034 Barcelona

www.planetadelibros.com

ISBN: 978-84-1344-063-7
Depósito legal: B. 1.233-2021
Primera edición: febrero de 2021
Preimpresión: Pleca digital
Impreso por Huertas Industrias Gráficas, S. A.

Impreso en España - *Printed in Spain*

El papel utilizado para la impresión de este libro está calificado como **papel ecológico** y procede de bosques gestionados de manera **sostenible**.

# Dedicatoria

Gracias a todas las personas que habéis contribuido a la creación de este libro, mediante un mensaje desde la otra punta del mundo, haciendo nacer una carcajada, respetando el espacio para que tenga lugar la concentración, confiando en mí para la publicación, siendo sinceros para construir, alimentando cuerpo y mente, compartiendo vuestro tiempo, siendo mejores personas, abandonando este mundo a mi lado.

Gracias a ti.

Sinceramente, no creo en la perfección, pero creo en la mejora constante, y cuando alcanzamos una meta voluntaria, tenemos dos deberes: mejorarla y mantenerla.

Espero que este libro contribuya a tu bienestar presente y futuro. Confío en que despierte ese lado rebelde y libre con el que todos nacemos, y que a veces se queda latente demasiado pronto, esperando a que alguien o algo le insufle vida.

*Gracias por ti.*

# Sumario

Cuando el futuro de una geografía está supeditado parcialmente al voto de personas que han visto reducido su poder adquisitivo durante años mediante el cobro desproporcionado de impuestos obligatorios a cambio de una invención frágil, no sostenible, limitada, no garantizada e imperfecta, la libertad de ese entorno está en juego, y de pequeña me dijeron que con la comida no se juega.

# La introducción del viaje hacia tu jubilación

**Soy Esmeralda, experta en libertad financiera, rebelde y creadora de sueños.**

Tras una década trabajando en banca, actualmente soy científica de datos, una profesión de nueva creación conocida como *Data Scientist*, pero también soy inversora y me dedico a la difusión de la educación financiera, en concreto, de la libertad financiera, a través de cursos, asesoramiento individual, radio, televisión y libros. Mis inversiones preferidas son las inmobiliarias, actividad a la que dedico cientos de horas de mi tiempo. Me licencié en Ciencias Matemáticas con una especialidad en Astrofísica, y después mi carrera dio un giro de ciento ochenta grados al cursar un máster en Finanzas Cuantitativas, en el que aprendí sobre algo que forma parte del mundo y que lo mueve: los conocimientos financieros, desconocidos para mí porque hasta entonces nadie me había explicado nada. Profundicé sobre la gestión empresarial teórica cursando un máster en Administración de Empresas, y la realidad siempre supera a la ficción. Soy una mujer conservadora en mis inversiones, pero valiente en la toma de decisiones, me equivoco muchas veces, suelo acertar más de lo que me equivoco, y los libros que he ido escribiendo provienen de las carencias de conocimientos detectadas, primero en mí y luego en la sociedad, que, tras investigaciones exhaustivas y cientos de horas dedicadas a contrastar información, a analizar casos de éxito, cobran vida. Mi futuro, el tuyo, depende de un plan, y este libro pretende proporcionar las herramientas para definir ese plan, mientras los demás se ponen de acuerdo.

Comencé a invertir cuando empecé a trabajar y mientras cursaba el primer máster, además de escribir mi tercer libro, que, hasta el momento, va ya por la sexta edición, titulado *Tu llave a la libertad financiera*, publicado por Alienta, del Grupo Planeta. Un libro necesario para entender los productos que componen el sistema financiero, las habilidades y pautas para llegar a ser libre financieramente, es decir, llegar a vivir de las rentas a través del ahorro y la inversión, una meta ambiciosa que se puede alcanzar con dedicación en unos veinte años de trabajo enfocado. Dicha meta, aspiracional para muchos, es consecuencia de un largo viaje. Para ayudar a plantear ese viaje, y enfocado a toda la población, he compuesto este libro, decidas o no llegar a la libertad financiera. *¿Quieres cobrar tu pensión?* es un compendio que aglutina los conocimientos que aumentarán tus grados de libertad y te permitirán construir un plan para tu jubilación en el que descubrirás todos los conocimientos que probablemente no te enseñaron en el colegio.

> *La sumisión y la obediencia es inversamente proporcional a los grados de libertad de los que dispongas: a mayores grados de libertad alcanzados, menor es la sumisión y obediencia ciegas.*
>
> Esmeralda Gómez López

Yo prefiero decir que la pensión es una invención frágil, no sostenible, limitada, no garantizada e imperfecta. Cuando ves las cosas como lo que son y no como quieren que lo veas, te pones manos a la obra y dejas de depender tanto de los demás. Este libro es para ponerte manos a la obra.

El 40 por ciento de los jubilados asegura tener dificultades para llegar a fin de mes. Casi la mitad de las personas reconoce que no ha hecho una buena planificación financiera de su retiro* y una de cada tres personas llega a la jubilación sin ningún ahorro. Para el año 2050, la Organización para la Cooperación y el Desarrollo Económicos (OCDE) prevé que la pensión en España será menor al 50 por ciento del último salario, cuando en el momento de escribir este libro la pensión representa aproximadamente el 80 por ciento del último salario.

Ante este panorama, es crucial calcular cuánto dinero necesitarás cuando te jubiles, para poder calcular el esfuerzo financiero que deberás hacer antes de jubilarte y complementar la pensión pública para garantizar tu bienestar.

¡Mucho cuidado con lo que piensas ahora! Podría jugarte malas pasadas en tu futuro; la mayoría de las personas cree que gastará menos cuando se jubile de lo que gasta en la actualidad, concretamente un 75 por ciento menos. Sin embargo, la realidad dista mucho de esa creencia, y es que la mayoría de las personas necesita cuando se jubila un 135 por ciento de lo que gasta antes de retirarse para mantener el nivel de vida deseado.

Este libro va a ser duro de leer, porque pondrá sobre la mesa verdades difíciles de asimilar. Voy a hablar con franqueza, vas a tener que trabajar, no digo a cambio de un salario y para otros, sino para ti. Vas a tener que hacer cálculos, y muchos, y es posible que cuando leas estas páginas, su contenido haya sido modificado por una nueva ley que cambie la superficie, pero no importa, ya que el libro se enfoca en la base que sustentará tu pensión, con independencia de los

* Puedes obtener más información sobre cómo planificar tu jubilación en: <https://estardondeestes.com/movi/es/articulos/ahorrar-para-la-jubilacion-por-donde-empiezo>.

cambios legislativos, que los habrá. ¡No importa! Lo importante es que aprendas a hacer tus propios cálculos, en un folio, en una hoja de cálculo, con una calculadora, pero aprende a proyectar tu futuro, y a tomar decisiones sobre él. Si tú no te responsabilizas sobre tu pensión, nadie lo hará. Es más, es posible que las pensiones desaparezcan, no hay nada seguro. En el momento de escribir esta introducción estoy confinada en mi casa, como un tercio de la población mundial, y mi vida ha cambiado mucho en los últimos dos meses por una crisis sanitaria provocada por un virus bautizado como Covid-19, que ha derivado en una crisis económica y social. Nada está garantizado. Todo es inventado y aceptado por la pluralidad de los que habitamos en un determinado momento el planeta. Y el mundo, tal y como lo conocíamos, dudo mucho que esté ahí cuando salgamos de ésta.

Las pensiones nacieron para hacer golosa la empleabilidad, un invento relativamente joven. En la época agrícola, la mayoría de las personas eran pequeños empresarios, granjeros, ganaderos y agricultores, que trabajaban las tierras de los reyes, y los oficios se transmitían de padres a hijos. Los negocios crecían, y el sistema cambiaba; en la era industrial se necesitó un nuevo producto: los empleados. Durante el Gobierno del príncipe de Prusia, Otto von Bismarck, a finales del siglo XIX, se creó ese sistema para hacer goloso ese nuevo rol de *empleado*, una pensión *garantizada* tras la *fidelidad* como *trabajador* durante años, y evitar así un levantamiento social.

El sistema prusiano, que es el que rige hoy en día, buscaba la producción masiva de empleados y soldados, y es el que se adoptó cuando surgió la necesidad de personas que trabajasen para el empresario. No supuso ningún riesgo para su Gobierno, ya que se definió como edad de jubilación los sesenta y cinco años, cuando la esperanza de vida por aquel entonces era de cuarenta años. Ahora la promesa de pensión ya no es sostenible y se va a transformar.

*¿Quieres cobrar tu pensión?* te prepara para un amplio espectro de escenarios, incluido aquel poco probable en el que se reduzcan drásticamente las pensiones de todos. Su lectura te brindará el conocimiento necesario para poder construir un retiro en la jubilación con una calidad superior a la media y aumentando los grados de libertad respecto a las medidas externas. Un libro totalmente práctico, en el que cada concepto se expone con la idea de ayudar a realizar el cálculo de la pensión de jubilación. Conocerás los sistemas de planes de pensiones que han sido adoptados en las distintas geografías, y cuáles son sus beneficios e inconvenientes. Posteriormente, te guiaré por todas las definiciones existentes de un sistema complejo, con ejercicios prácticos para el autocálculo de cada variable necesaria para estimar tu pensión de jubilación. Cada apartado te invita a reflexionar en el futuro lejano, pone de manifiesto por qué se reducirán las pensiones en el futuro próximo, y alude a que el sistema actual no es actuarialmente equitativo y se va a reformar para garantizar su continuidad.

La pérdida de poder adquisitivo a través del aumento de los precios es un concepto clave en horizontes temporales amplios como lo es el abarcado en esta lectura. Descubrirás las implicaciones de no invertir y sólo ahorrar, y cómo disminuye el valor de tus ahorros a lo largo del tiempo. Interiorizarás la fiscalidad que lleva siempre asociada una inversión, para que seas capaz, en el apartado de las inversiones, de entender los pros y los contras de la contratación de determinados productos.

Una vez hayas calculado la pensión estimada de jubilación paso a paso con ejercicios prácticos, deberás construir un sistema de activos financieros a través del ahorro y la inversión que te permita mantener el nivel de vida definido previamente a tu retiro.

Para complementar la jubilación estimada, dispondrás

de las herramientas necesarias de ahorro e inversión para alcanzar la meta definida.

Hablaré de la liquidez como una característica esencial del patrimonio personal para no delegar tu control financiero en terceros durante periodos largos de inversión. Esto servirá de base para explicar el escaso atractivo de la contratación de planes de pensiones privados según la oferta actual de inversión.

Trataré apartados relevantes para poder complementar la pensión pública, como crear tu propia cartera de inversión en función de tu perfil, recuperar la inversión de forma periódica, elegir los fondos de inversión que conformarán tu cartera, rebalanceo de la cartera construida de forma periódica, la diversificación a lo largo de la vida laboral y cómo recuperar la inversión.

Reservo un apartado específico para la vivienda como complemento a la jubilación, pues la tensión en el sistema de pensiones ha motivado el auge en el mercado de productos de inversión basados en la vivienda, que a su vez sirven de complemento en forma de renta o de ahorro.

¿Sabes que hay una pensión máxima y una mínima que marca los límites ganes lo que ganes? La pensión máxima en España en el año 2020 es de 2.683,34 euros mensuales, lo que equivale a 37.566,76 euros al año, lo que significa que, si no se toman medidas a tiempo y la persona se responsabiliza de su futuro ya, todo el que gane más de esa cantidad, perderá poder adquisitivo en su jubilación.

Lo que cobres en tu jubilación está supeditado a numerosas variables, pero hay dos factores que dependen directamente de ti: el salario que tengas durante tu vida laboral y el número de años que tengas cotizados en la Seguridad Social. A lo largo de esta lectura aprenderás a estimar tu pensión pública. Ése será el punto de partida para determinar el resto de los ingresos que deberás conseguir para compensar el nivel de gasto que decidas tener. A grandes rasgos, cuanto mayor sea tu salario, mayor será tu pensión, con esa limitación de 2.683,34 euros.

Hay profesiones que tienen salarios elevados. Aquellas personas que tengan este salario durante toda su vida laboral y se jubilen a la edad estipulada para acceder a la máxima jubilación tienen probabilidades de que su pensión sea la máxima posible, por ejemplo, un ortodoncista que tiene un salario bruto anual de 70.000 euros, un ingeniero director de proyectos que gana unos 64.000 euros, un director de informática con sus 50.000 euros o un consultor SAP que gana más de 40.000 euros. Pero éstos son una minoría, la mayor parte de la población gana menos, mucho menos. En cualquier caso, y sea cual sea tu situación, es aconsejable hacer cálculos para tu futuro.

La realidad es que la pensión media en España ronda los 1.000 euros. Son aquellas profesiones que más alargan la carrera laboral las que suelen contar con pensiones que se sitúan por encima de la media: médicos, profesores universitarios o directores son algunos de los gremios que tienen pensiones por encima de los 1.000 euros.

Éste es un ensayo dividido en veintidós apartados principales que describen todos los pasos y conocimientos necesarios para garantizar una jubilación económicamente saludable a través de la combinación de distintas rentas y ahorro, entre ellas la posible pensión de jubilación pública.

Así, pues, estamos ante una obra que cobra una especial importancia en escenarios cada vez más pesimistas para un sistema de pensiones abocado a la transformación.

Hablando claro: hay un gran problema en el sistema de pensiones, y abordarlo implica conflicto para llegar a una solución a largo plazo, lo cual conlleva pérdida de votantes; no se me ocurre otra razón para tomar decisiones cortoplacistas que encima agravan el problema más aún a largo plazo, pero mantiene contentos, o al menos no cabrean, a casi 10 millones de personas sobre casi 37 millones de personas que componen el censo electoral; esto supone la cuarta parte de los votos de un país.

En abril de 2020, en España se cobran algo más de 10.900.000 pensiones, casi 11 millones de pensiones contributivas, que representan casi el 90 por ciento, con una media de 1.008 euros, algo más del 4 por ciento son pensiones no contributivas y el 6 por ciento corresponden a pensiones de funcionarios, militares y cargos públicos. La realidad es que hay menos beneficiarios que pensiones, ya que hay pensionistas que cobran más de un tipo de pensión; en concreto, hay 8.889.909 pensionistas cobrando pensiones contributivas, y afiliados a la Seguridad Social hay 18.458.667, lo que representa una ratio de 2,08 personas cotizando por cada pensionista, pero esa ratio irá empeorando con el paso de los años, hasta llegar a la realidad de que habrá un cotizante por cada pensionista, una situación insostenible: en 2050 se estima que el número de pensiones contributivas ascienda a 15 millones.

El gasto de los presupuestos generales del Estado no hace otra cosa que crecer año tras año, y con tendencia creciente a futuro.

El gasto en pensiones en 2019 supone casi el 40 por ciento del gasto presupuestado de todo un año,* en concreto el 39 por ciento. Sanidad y educación no llegan al 2 por ciento, y el gasto en intereses de la deuda pública asciende al 8,57 por ciento, un total de 31.547 millones de euros. Esta situación es lamentable, sobre todo teniendo en cuenta que los tipos de interés están en mínimos históricos y que cualquier subida futura hará que los intereses por la deuda, que en 2020 supera el

* Áreas y políticas de gasto en España en el año 2019: <https://datosmacro.expansion.com/estado/presupuestos/espana>.

**Gráfico 1.** Gasto presupuestado en pensiones

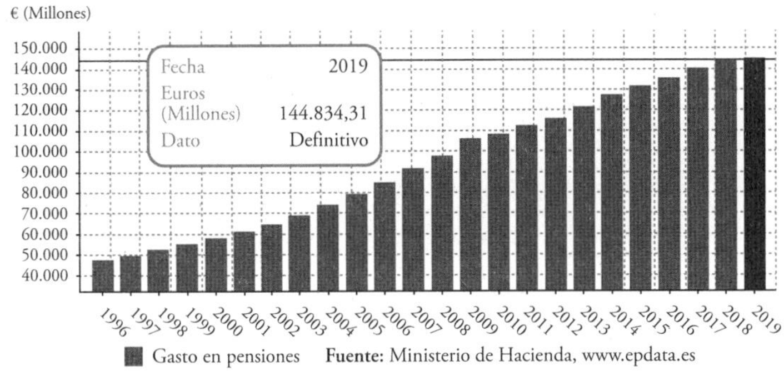


ciento por ciento del PIB, suban 100 millones de euros por cada punto básico, es decir, 10.000 millones de euros por cada subida del 1 por ciento, que son 100 puntos básicos. Te invito a que año tras año te informes de qué se hace con el dinero que se recauda. Además, el sistema de pensiones no es sostenible con las cotizaciones que pagan a los pensionistas de ese año: entre el año 2011 y el año 2018, el déficit acumulado suma 101.000 millones de euros; en 2018, la diferencia entre el ingreso de las cotizaciones de los trabajadores y los pagos a pensionistas fue de 18.000 millones de euros. Todo ello supone un enorme esfuerzo por parte de toda la sociedad española para que los pensionistas cobren su pensión. ¡Excede más del 10 por ciento el gasto presupuestado! El sistema no es sostenible así y es algo que te compete a ti directamente.

Éste es pues el panorama, un sistema de pensiones fracturado, la mayoría de las culturas carecen de educación financiera y muchas veces los intereses de aquellos que te asesoran y venden productos son espurios porque deben cumplir cuotas, y por eso he escrito este libro, para guiarte en la planificación financiera de tu jubilación. Abre tu mente y sumérgete en una lectura que te invitará a trabajar, a crecer y a cuestionar lo existente con la intención de mejorar lo mejorable.

# La seguridad es una ilusión

Para transmitirte la idea de que la seguridad es una ilusión, te mostraré, a través de una visión holística de la historia, como ésta se encuentra en constante cambio y evolución. Los humanos tenemos la sorprendente habilidad de inventar historias y creer en ellas. Todo nuestro sistema, a lo largo de la evolución de la especie, está basado en ello. Las pensiones nacieron hace relativamente poco tiempo, y como ocurre con cualquier otra invención aceptada y adoptada por todos, tienen unas características que las hacen válidas en un contexto determinado, que debe transformarse cuando las condiciones del entorno ya no responden al contexto inicial.

En realidad, hay pocas cosas que no sean una invención. Nuestro sistema es una combinación mutable de invenciones más o menos antiguas. Y tú, al igual que yo, respondes cada día a esas invenciones que han configurado lo que eres, lo que somos. No entro a valorar si es malo o bueno. Lo primero que quiero transmitirte es que eres mutable, igual que absolutamente todo lo que existe, y el sistema de pensiones es algo efímero, temporal, joven e inestable. Se inventó con la finalidad principal de motivar el servicio «voluntario» de las personas que dedicaban su vida a determinadas instituciones. Hoy forma parte de nuestro sistema de bienestar, otra invención. Este libro pretende ayudarte a construir tu futuro dentro de una de las mayores invenciones aceptadas por todos, el sistema económico. Exista o no el sistema de pensiones, esta lectura te ayudará, ya que, dentro de la invención económica, fiscal, legal y democrática, y a través de las reglas en las que todos creemos, aprenderás a hacer tus cuentas a futuro dotándote de herramientas que te permitan tomar decisiones de manera estratégica con impacto directo en tu bienestar presente y futuro. Además de tener una mente más abierta respecto a lo que te cuentan todos que «es», espero que, tras esta lectura, puedas ver este juego desde la barrera, aunque sigas siendo un peón en él, como yo. Pero no olvides que es un juego inventado, así que no te lo tomes demasiado en serio como para que te quite el sueño ni una sola noche.

Todo es relativo, hasta el tiempo lo es.

Por lo que se sabe, el universo nació hace 13.700 millones de años.

El modelo urbano nació hace 5.000 años; antes las ciudades no existían según el modelo actual de interacción cultural, política, social y de pensamiento. La estructura física que nos acoge, se adapta al uso que le damos, y cambia con nosotros.

Hasta la cultura, el conjunto de reglas que entre todos construimos, evoluciona con el paso del tiempo adaptándose a nuestros pensamientos cambiantes.

La seguridad es una ilusión. Se inventaron los seguros para protegernos de algún tipo de miedo. La palabra «seguro» proviene del latín *securus*, que significa «tranquilidad, alejado de cuidados y preocupaciones». Creemos en entes que en realidad no existen. Dotamos de personalidad jurídica a las empresas. Una empresa en realidad no existe, creemos en algo que tiene un nombre, se construye una marca manipulando las emociones de empleados, accionistas y clientes. Si se hace bien, hay una coherencia detrás, está alineada con la sociedad del momento histórico; entonces las personas creen en ella y le dan vida. De hecho, muchas personas dan su vida literalmente por esa invención, bien sea a través de su dinero, su tiempo, su energía e incluso su salud: somos humanos. Tu realidad está resumida en un momento temporal, el ahora, y lo que sientes en este preciso momento por tu percepción condicionada por los filtros y limitaciones que tienes, tanto físicos como mentales. Todo, absolutamente todo lo demás, no puedes garantizar que exista. Ni siquiera que lo que consideras que mañana ocurrirá seguro, suceda. Creemos que el sol saldrá por el este y se pondrá por el oeste porque es lo que ha ocurrido todos los días hasta ahora, pero no es seguro que suceda.

Lo que ocurre con cualquier sistema inventado es que en cualquier momento puede mutar. Sólo la creencia generalizada, es decir, los esfuerzos y energía destinados a la supervivencia de ese sistema, pueden contribuir a su supervivencia, pero todo está abocado a desaparecer, tal y como se conoce en un momento determinado de su historia, en un momento dado, porque nada, absolutamente nada es inmutable.

El dinero surgió para cubrir una necesidad entre dos partes a la hora de intercambiar cosas con distinto valor, como derivado del trueque, cuyo origen histórico cabe situar en torno al Neolítico, hace unos 10.000 años, con el nacimiento de la ganadería y la agricultura. Cambiar el exceso de mercancía por otra necesaria tenía varios inconvenientes; por un lado, la divisibilidad de las mercancías podía dificultar la práctica del trueque y, por otro, era difícil consensuar un valor común de las mercancías intercambiadas. Así nació el dinero-mercancía, materiales cuyo valor intrínseco era igual al valor como unidad monetaria, como oro y piedras preciosas. El material debía ser duradero, transportable, divisible, homogéneo y limitado. Pero comprobar la calidad y la pureza de los materiales era algo tedioso, así como transportarlo, lo que dio lugar a la acuñación de la moneda para resolver ese problema. Según el refranero popular «Hecha la ley, hecha la trampa», frase que describe muy bien esa capacidad de invención que tenemos los seres humanos en todos los sentidos, la de inventar sistemas y la de saltarnos las reglas de esos sistemas inventados. A lo largo de la historia del dinero, se han dado fraudes en los que se sobornaba a los soldados con plomo dorado para simular el oro puro o se rellenaban monedas de oro con otros metales para disponer de más monedas para poder financiar las guerras. Financiar un conflicto bélico ha supuesto esfuerzos colosales por parte de los gobernantes. En las guerras de la Edad Media, se emplearon aleaciones de metales más baratos para poder financiarlas, lo que devaluaba la moneda, aumentaba los precios y derivaba en la pérdida de poder adquisitivo. ¿Te suena? Es la inflación tal y como hoy en día la conocemos.

Se creó un sistema monetario conocido como patrón oro, en el que las unidades monetarias se fijaban en términos de una cantidad de oro concreta, de forma que los que emitían las monedas y los billetes, respaldaban ese dinero con oro. Esta equivalencia entre el oro y el dinero ha sido la base del sistema monetario desde el siglo XIX. Pero a lo largo de la historia se ha puesto de manifiesto cómo los gobernantes de distintas épocas han ideado distintas estratagemas, por intereses diversos, para evitar la limitación de la cantidad de oro disponible. La jugada maestra más cercana a nuestro tiempo tuvo lugar a raíz de la Primera Guerra Mundial, cuando algunos países implicados en la misma imprimieron más papel moneda del valor del oro que podía respaldarlo para financiar la guerra.

Y así llegamos hasta el punto en el que nos encontramos en la actualidad, en el que el papel moneda ya no está respaldado por nada físico y real, sino por un concepto, una promesa de pago por quien emite o imprime ese dinero. El dinero actual está basado en la confianza. El patrón oro se mantuvo vigente hasta su abolición en el año 1971 a nivel mundial, pasando del dinero fiduciario, es decir, dinero con respaldo, al dinero «fiat», del latín *fiat*, que significa «hágase» o «que así sea». Muchas son las consecuencias de esta desvinculación. Se trata de un dinero que surge de la nada a través de los Gobiernos que pueden emitir dinero fiat, pero también surge a través de los préstamos respaldados por activos que dan las entidades bancarias.

Fue un momento clave en la historia del dinero, en el cual el valor intrínseco tendió a cero; a partir de entonces, lo que ha mantenido su valor es la confianza que todos depositan en él. Hoy en día, una parte del patrimonio de cualquiera de nosotros son unos y ceros en un lugar virtual. Así que la próxima vez que juzgues esa obra conceptual del arte contemporáneo, quizás una frase en un *pen drive*, por la que alguien de este mundo paga millones, recuerda que el dinero que tú tienes en esa cuenta bancaria virtual y esa obra de arte tienen muchas cosas en común.

El concepto de dinero, como ves, está inmerso en una metamorfosis permanente a lo largo de la historia, pasando del oro al papel moneda, y luego al dinero electrónico, con el sutil, pero tremendamente impactante detalle en la vida de todos nosotros de que la cantidad de oro en el mundo es limitada, y el dinero en papel o electrónico desvinculado del patrón oro se puede crear de la nada, tal y como se está haciendo.

**La confianza colectiva es la que mantiene en pie el sistema inventado a lo largo de la historia.**

Por otro lado, cuando creemos en algo, le damos vida. La creencia es tan poderosa como la misma realidad. Te crees tu propia identidad.

La inmensa mayoría de las inversiones que lleves a cabo a lo largo de tu vida no tienen una rentabilidad garantizada en general. Asume la pérdida de dinero asociada a invertir, incluso a no invertir, como te mostraré más adelante, ya que la institución que en teoría garantiza hasta 100.000 euros de los ahorradores sólo tiene capacidad para rescatar un banco mediano en caso de quiebra. Dicho lo cual, todo lo que hoy crees seguro, hasta lo que te dicen que realmente lo es, no lo es en absoluto.

Una vez que asumes esa inseguridad como algo intrínseco a la vida y le das validez al sistema basado en la aceptación colectiva de que aunque rentabilidades pasadas no garantizan rentabilidades futuras, a lo largo de la historia se ha demostrado que en plazos de inversión a largo plazo no hay apenas periodos que arrojen rentabilidades negativas.

Este libro que abarca tu vida laboral, un horizonte temporal que supera los diez años, te dará los conocimientos suficientes para que tengas criterio y elijas entre los distintos escenarios posibles, que son muchos y más de los que aquí seguramente puedo recoger, y necesarios para aumentar las probabilidades de tener un futuro económico en tu jubilación próspero, estructurado, meditado, realista y consecuente con el trabajo realizado previamente a lo largo de los años.

# La naturaleza lo engloba todo

La naturaleza es el todo más evolucionado de la Tierra, del que tú formas parte como un engranaje más, miles y miles de años durante los que por errores, por supervivencia, por las leyes de la física clásica que rigen nuestro universo conocido se ha convertido en lo que es. Pero el universo es un todo aún más grande, del que conocemos muy poco. A menudo los individuos cometen el error de limitar su perspectiva a su propia vida, olvidando que forman parte de un todo que se comporta de forma equilibrada para con la evolución misma.

Con frecuencia, y sobre todo últimamente, los individuos en su conjunto perdemos la capacidad de ver nuestro paso por este planeta como parte de un todo, y mantenemos relaciones tóxicas con el entorno que nos rodea, que nos engloba.

¿Qué ves en el siguiente dibujo?

Si has contestado un segmento o línea recta es correcto. Hasta que te muestro lo que es realmente.

La realidad es que es un arco de la siguiente circunferencia. Es una porción muy ampliada de una parte de un todo.

Ahora tienes dos visiones, una visión micro o limitada, y una visión macro o global. Normalmente las personas sólo ven la visión limitada de su realidad, no suelen ver sus vidas dentro de los todos. Las pensiones, aunque lejanas en apariencia, forman parte de tu vida, igual que tú formas parte de la naturaleza.

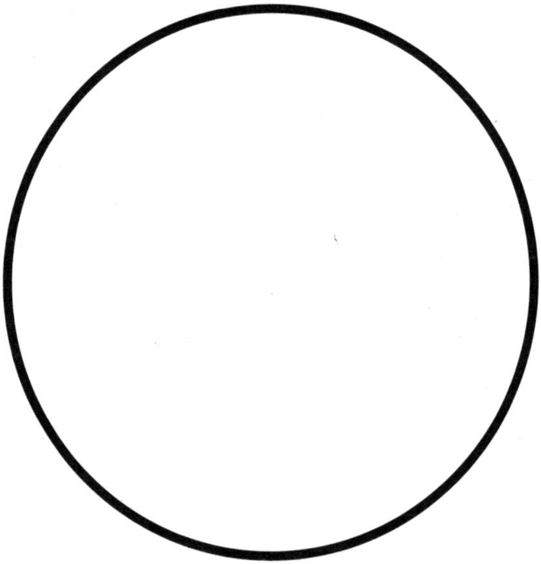

Desarrollar la capacidad de ver más allá de tu ombligo es una habilidad difícil de interiorizar, pero muy útil para tu economía y, en general, para tu paso por este mundo, para poder tener en cuenta las consecuencias de tus decisiones dentro de un todo.

Por esa limitada perspectiva de la vida de un individuo,

éste puede llegar a juzgar un hecho como bueno o malo sesgándolo por su propia vivencia, y no analizándolo dentro del todo que es la naturaleza. Las cosas no son buenas o malas, las cosas son, y tú las interpretas como buenas o malas. Reflexiona sobre cualquier aspecto desde el todo más amplio que seas capaz de alcanzar. Descubrirás que a medida que eres capaz de ver desde más y más arriba, más evidente resulta tomar decisiones adecuadas para ti y para el conjunto, más fácil resulta comprender situaciones aparentemente injustas y más placentero es vivir la vida, incluso ante lo que se consideran fracasos. La vida en sí es simple, naces, vives y mueres. No es ni bueno ni malo.

¿Es bueno o malo que un león mate a las crías de una leona que ha parido los cachorros de otro macho para posteriormente aparearse con ella y así continuar su linaje?

Desde la empatía humana lo puedes considerar bárbaro, sin embargo, desde el punto de vista del todo, el león garantiza su propia réplica genética.

Todo forma parte de un continuo, y lo que no contribuye a ese continuo acaba desvaneciéndose, aunque desde el punto de vista humano, *a priori*, parezca lo justo. Las pensiones, como invención humana parte de ese continuo, se desvanecerán si no contribuyen al continuo. Hasta ese momento, te daré todo lo necesario para garantizar tu propio estado de bienestar.

Creo que a nivel colectivo, la justicia está sobrevalorada y la naturaleza infravalorada.

En la naturaleza siempre podrás encontrar la conexión contigo mismo, ya que es parte de la esencia que tienes como ser humano. Lo más cercano a la perfección hasta el momento, tras miles de años de evolución de prueba y error, es lo que ves si observas el medio natural. Encontrarás guerreros implacables, que utilizan la fuerza para cazar y sobrevivir, como los leones. Otras especies han desarrollado técnicas de camuflaje que les permiten no ser descubiertas por sus depredadores, como el insecto palo. Hay seres vivos expertos en camuflarse como la cebra, que se sirve de las rayas blancas y negras de forma que, al correr en grupo, dificulta la labor a los leones para cazarla creando confusión. Una vez vi en un documental una táctica que me pareció brillante para conseguir su objetivo. Una sepia macho muy grande tenía prisionera a una sepia hembra para reproducirse con ella, y cada vez que otra sepia macho se acercaba con la finalidad de quedarse con la hembra, la más grande salía victoriosa de todos los enfrentamientos manteniendo custodiada a la hembra. Al rato aparece otra sepia del mismo tamaño que la hembra, sigilosa, y cortejando a la sepia macho consiguió acercarse. El macho se mostraba abierto a tener dos sepias hembras en lugar de una, así que le dejó entrar y acercarse a la sepia hembra que ya tenía. Fue en ese momento cuando la cámara nos descubrió que la nueva sepia era en realidad un macho que se estaba haciendo pasar por hembra con el fin de engañar a la sepia grande, ya que por fuerza sabía que no tenía ninguna posibilidad de ganar, así que consiguió reproducirse con la sepia hembra justo al lado del macho sin que éste se diera cuenta. Cuando la pequeña sepia macho cumplió su cometido de reproducción con su compañera, se fue por donde había venido.

No intentes rebelarte ante aquellas instituciones inventadas como el Estado, son demasiado poderosas, como la sepia grande. Si algún orden establecido no te agrada utiliza tu capacidad de adaptación e invención para alcanzar tus objetivos, igual que la pequeña sepia.

Complementa tus conocimientos con todo lo que de la naturaleza puedas aprender, desde pescar hasta subir a un árbol, recolectar frutas o incluso cazar. Y de la misma manera que la naturaleza te puede dar alimento, cobijo, diversión y paz, debes darle tú respeto, cuidado, paz.

No dejes de observar los insectos y las flores nunca. Adquiere todo el conocimiento que puedas acerca de los entornos naturales que tengas más cercanos a lo largo de tu vida, ya que en ellos se ha desarrollado un equilibrio entre la vida y la muerte, y desde el desconocimiento es fácil perderse.

# Qué es un sistema de bienestar y un sistema de pensiones

En este apartado aprenderás las bases que han definido el sistema de bienestar y qué es un sistema de pensiones y las distintas modalidades existentes en el mundo, con sus pros y sus contras, dependiendo de las condiciones sociales y económicas, y cómo una combinación de las distintas opciones es la mejor opción para construir tu propio sistema de pensiones.

Las pensiones, y todo lo que las acompaña desde que comienzas a trabajar, pueden ser un signo de prosperidad de una sociedad, pero también pueden ser una trampa si te relajas y dependes de las decisiones de terceros.

El Estado de bienestar es una invención que no es segura. A través de él, se magnifica esa ilusión de seguridad, incurriendo en una relajación colectiva que acaba delegando en dicho sistema su futuro y, por ende, al no trabajar activamente por aumentar los grados de libertad individuales, dichas personas acaban dependiendo de él para su supervivencia.

La mayoría de las personas no son conscientes de la carga impositiva que tienen a lo largo de toda una vida, viven en una especie de letargo. Un contribuyente medio trabaja durante unas 180 jornadas al año sólo para cumplir con

Hacienda, más de la mitad del año para el pago de impuestos. En cifras, ese contribuyente medio paga algo más de 12.000 euros al año de impuestos, unos 1.000 euros al mes. Es decir, un contribuyente medio paga, durante su vida laboral, y sólo por los impuestos que paga a través de su nómina, alrededor de medio millón de euros a Hacienda. La pregunta que lanzo es la siguiente: ¿es el contribuyente medio menos hábil que el Estado para gestionar ese medio millón de euros y garantizar ese Estado de bienestar? Como menciono, en este cálculo no he tenido en cuenta otros impuestos que se pagan a lo largo de una vida, como el impuesto de sociedades (IS), el impuesto sobre el valor añadido o agregado (IVA), el impuesto de bienes inmuebles (IBI), el impuesto sobre vehículos de tracción mecánica, más conocido como impuesto de circulación, el impuesto sobre el incremento de valor de los terrenos de naturaleza urbana, conocido como plusvalía municipal, el impuesto de sucesiones y donaciones... Vamos, que te exprimen cual naranja valenciana en vida y en muerte, y me gustaría contribuir a tu bienestar a través del esfuerzo para poder liberarte de esta gran invención, aumentando tus grados de libertad.

**Tu capacidad de generar riqueza para ti y tu descendencia es mermada por la inflación, por los impuestos en vida, por los impuestos en muerte y por la dependencia total del Estado.**

Lo cierto es que el Estado de bienestar es muy deficiente y debe tender a minimizarse a través de la eficiencia. No es que el sistema de pensiones no sea sostenible, es que el mismo sistema de bienestar no es sostenible, aunque sí mejorable. Mejorar el Estado de bienestar sería una solución superficial, por eso el libro no está enfocado al mismo, sólo lo menciono como un ente inventado más en el que todos creemos y del que todos participamos, en mayor o menor medida, con mayor o menor resignación. La solución para la transformación del Estado de bienestar está en ti, en mí, y en todas las personas que lo creemos y pensamos. Si tú aumentas tus grados de libertad, y esto ocurre con un número significativo de personas, el Estado de bienestar ve mermada su influencia sobre la población en su conjunto, y se adapta a esa nueva realidad por propia supervivencia.

El mundo es injusto, asúmelo. La justicia es otra invención humana.

Hay una pensión pública máxima que quizá cobrarás, si los astros se alinean, aunque hayas tenido un salario de 100.000 euros durante años y hayas pagado religiosamente los impuestos pertinentes. ¿A que suena mejor pensión pública máxima que pensión limitada o pensión recortada? El lenguaje es otra herramienta poderosa, y cuando se sabe utilizar, tu cerebro interpreta de dos maneras diferentes una misma verdad sólo por usar unas palabras en vez de otras.

No hay garantía de cobro si no cotizas un número de años mínimo. Es decir, que trabajas y pagas impuestos, pero no tienes garantías de que tu Estado de bienestar te pague una pensión si no llegas a las condiciones mínimas. Es obligatorio pagar, pero no es obligatorio que el Estado te pague en su justa proporción a lo entregado de forma obligatoria y sin opción de elegir.

# Los pilares del Estado de bienestar

## Pilar cero o básico: nivel mínimo de protección

Se caracteriza por ser universal, no contributivo y proporcionar un nivel mínimo de protección.

Este pilar garantiza la protección de las personas que no hubieran cotizado nunca o menos de lo necesario, ante determinadas situaciones. Es lo que se conoce como derecho a la seguridad social universal a través de prestaciones no contributivas y garantiza dicha pensión social.

Las entidades gestoras especializadas gestionan el presupuesto destinado a tal fin de los Presupuestos Generales del Estado.

Las finalidades varían dependiendo del país, pero a grandes rasgos, se cubren las pensiones de jubilación e invalidez, los subsidios, las indemnizaciones o las ayudas económicas destinadas a la protección familiar y los servicios sociales.

## Primer pilar: Seguridad Social

Se caracteriza por ser contributivo, obligatorio, de reparto y de gestión pública.

Las pensiones contributivas son aquellas que, para poder acceder a ellas, es necesario haber aportado, bajo las reglas definidas, las cotizaciones.

Tienen carácter obligatorio porque una vez se accede al mercado laboral, contribuyes con una parte del salario.

Son de reparto porque los trabajadores activos financian las pensiones del momento actual que son de gestión pública.

**En España tú no estás pagando impuestos para cobrar tu pensión futura, cotizas para pagar la pensión del que ahora está jubilado.**

## Segundo pilar: de la empresa

Se caracteriza por ser contributivo, obligatorio, capitalizado y de gestión privada.

Este tipo de sistema promueve el ahorro privado, se instrumenta a través de las empresas y se enfoca a la jubilación futura de los empleados.

A diferencia del sistema de reparto, este sistema está basado en el sistema de capitalización, a través del cual cada trabajador cotiza en una hucha personal sus propias aportaciones, que se van capitalizando y cuya procedencia es, a su vez, de forma íntegra por parte de la empresa o combinada con las aportaciones del empleado.

## Tercer pilar: individual

Basado en regímenes complementarios, voluntarios y de gestión privada.

Este sistema está basado en la previsión individual, que abarca todas aquellas medidas que complementan o aumentan la jubilación futura personal.

En este caso, la persona complementa su futuro a través de productos ofertados por entidades financieras o compañías de seguros, inversiones con gestoras o inversiones en instrumentos no financieros, como la inversión en bienes inmuebles.

El objetivo de este libro es dimensionar tu pensión futura con la información disponible actual, y calcular una serie de datos que te permitan tomar decisiones que garanticen el bienestar en tu jubilación, como es la cantidad de dinero mensual que necesitarás para completar tu salario cuando te jubiles. Los retos financieros y demográficos obligan a los países e individuos a reformar y complementar los sistemas obsoletos e ineficientes. Recuerda que todos los sistemas han sido inventados en algún momento del tiempo, no son verdades inmutables. El objetivo es que seas capaz de tomar decisiones individuales que garanticen tu bienestar futuro más allá del contexto.

## ¿Cómo nacieron las pensiones?

El origen etimológico de la palabra «pensión» es *jubilare*, que significa «gritar de alegría».

En la época del Imperio romano, se premiaba a aquellos soldados que habían militado más de veinticinco años con una parcela de terreno y el equivalente a doce años de paga. Muchos soldados morían antes de cumplir veinticinco años de servicio; aun así, el Imperio romano tuvo problemas en determinados momentos para pagar a todos los soldados que se *jubilaban* al terminar una guerra.

Estamos adoctrinados creyendo que ser empleado es algo natural, pero esto no fue siempre así. La educación, el empleo y las pensiones, son relativamente jóvenes. El término «empleo» tal y como hoy lo conocemos surgió en el siglo XIX con la erradicación de la esclavitud. A lo largo de la historia la diferencia entre un esclavo y un asalariado radicaba en el contrato. Mientras que el esclavo era propiedad y se pasaba de unos dueños a otros mediante contrato, el asalariado trabaja de forma voluntaria para el empleador firmando un contrato. Fue en el paso de la época agrícola —en la que la mayoría de las personas eran empresarios a pequeña escala como granjeros, ganaderos y agricultores que pasaban los oficios de padres a hijos— a la era industrial, cuando se produjo el auge del empleado tal y como lo conocemos en la actualidad.

El sistema prusiano, que es el que rige hoy en día, buscaba la producción masiva de empleados y soldados, y éste se adoptó para cubrir la necesidad de tener personas trabajando para alguien.

Las pensiones surgieron como sigue. Durante el Gobierno del canciller alemán Otto von Bismarck, príncipe de Prusia, se creó un programa de seguro social para la vejez. Cuando se produjo esta necesidad de empleados, el Gobierno adoptó la tarea de educar de forma masiva. En 1883 se creó el primer sistema público de protección social, siendo su principal meta la cobertura de las contingencias derivadas de la incapacidad laboral por enfermedad e invalidez, porque la cobertura de la prestación por jubilación la recibía una minoría, pues eran pocos los trabajadores que llegaban a esa edad. No era ningún riesgo para su Gobierno, ya que definió como edad de jubilación los setenta años, aunque finalmente quedó en sesenta y cinco, cuando la esperanza de vida por aquel entonces era de cuarenta años.

Para hacer goloso ese nuevo rol de *empleado*, se pensó en una pensión *garantizada* tras la *fidelidad* como *trabajador* durante años, y de este modo evitar un levantamiento social que demandase medidas más socialistas.

Ahora la promesa de pensión ya no es sostenible y se va a transformar.*

Los derechos humanos tal y como hoy los conocemos, nacieron cientos de años antes de su Declaración Universal,

* Mora Márquez, César María, *Representación del discurso sobre pensiones en la prensa española (El País y ABC). Desde el Pacto de Toledo hasta la reforma de 2011.* 2016, Tesis Doctoral, Universidad de Córdoba, <https://helvia.uco.es/xmlui/bitstream/handle/10396/13228/2016000001287.pdf?sequence=1>.

como resultado de un proceso evolutivo multicultural, multidogmático y multigeneracional, sin «creadores», sin un «inicio» y sin un «fin». Los derechos humanos fueron y todavía son construidos sobre la base de ideas y valores compartidos por diversas culturas religiosas y generaciones distintas de estudiosos del derecho, y asimismo sobre los fundamentos ofrecidos por diferentes concepciones filosóficas.*

La reina Isabel I, conocida como Isabel la Católica, fue precursora de los derechos humanos, siendo la primera persona que luchó contra la esclavitud durante su gobernanza, dejando por escrito en su testamento días antes de su muerte, el 26 de noviembre de 1504, su deseo de reconocer la existencia de derechos consustanciales e inalienables para todos los hombres, como consecuencia del encuentro de los españoles con las tierras del continente americano en 1492.

El 27 de diciembre de 1512 fueron firmadas las Leyes de Burgos, destinadas a la protección de los indígenas. Éstas son consideradas como la primera declaración de derechos humanos, abordando por primera vez la cuestión de la libertad, los derechos de los indios y la prioridad de la evangelización. Representan un texto legal que protege al indio y donde se le reconoce, como novedad trascendental, su condición de hombre libre y titular de derechos humanos básicos, como el de la libertad y la propiedad.**

En el año 1919 se creó la Organización Internacional del Trabajo. Los sistemas de la seguridad social empezaron a crearse después de la Primera Guerra Mundial.

* Cordeiro Lopes, Anselmo Henrique, *La integración de los derechos humanos en América Latina*, 2015, Tesis Doctoral, Universidad de Sevilla.

** Quivera, Martha Elena, *Reconocimiento de los derechos a los pueblos indígenas en el marco constitucional de Venezuela, Bolivia y Ecuador*, 2016, pág. 20 <http://espacio.uned.es/fez/eserv/tesisuned:Derecho-Mequivera/QUIVERA_MarthaElena_Tesis.pdf>.

La Organización de las Naciones Unidas (ONU) hizo alusión, en 1948, a las pensiones con las que hoy en día contamos en la Declaración Universal de los Derechos Humanos, concretamente en los artículos 22 y 23.

> Artículo 22
> Toda persona, como miembro de la sociedad, tiene derecho a la seguridad social, y a obtener, mediante el esfuerzo nacional y la cooperación internacional, habida cuenta de la organización y los recursos de cada Estado, la satisfacción de los derechos económicos, sociales y culturales, indispensables a su dignidad y al libre desarrollo de su personalidad.
>
> Artículo 23
> 1. Toda persona tiene derecho al trabajo, a la libre elección de su trabajo, a condiciones equitativas y satisfactorias de trabajo y a la protección contra el desempleo.
> 2. Toda persona tiene derecho, sin discriminación alguna, a igual salario por el mismo trabajo.
> 3. Toda persona que trabaja tiene derecho a una remuneración equitativa y satisfactoria, que le asegure, así como a su familia, una existencia conforme a la dignidad humana y que será completada, en caso necesario, por cualesquiera otros medios de protección social.
> 4. Toda persona tiene derecho a fundar sindicatos y a sindicarse para la defensa de sus intereses.

## El nacimiento de las pensiones en España

La Seguridad Social nació en España en el año 1900, año en el que se creó el primer seguro social sufragado por la entidad pública que se encarga de pagar las pensiones hoy en día.

Entre 1962 y 1968 se aprobaron las bases del sistema que

hoy conocemos y a través del cual se pretende cubrir a toda la población y por todas las prestaciones.

Sin embargo, no fue hasta la aprobación de la Constitución de 1978 cuando se consolidó el Estado de bienestar que conocemos hoy en día y que garantiza prestaciones para aquellas situaciones que lo requieran.

Las pensiones en España tienen menos de cincuenta años de vida. El año de su nacimiento, 1978, los españoles tenían una esperanza de vida de setenta y cuatro años.

Las pensiones de jubilación suponen la mayor partida de gasto de la Seguridad Social, que se compone de las cotizaciones sociales, en casi un 90 por ciento, y los impuestos, el 10 por ciento restante.

# ¿Qué es un sistema de pensiones?

Un sistema de pensiones es un sistema de pagos, una estructura de flujos entrantes y salientes que una entidad adopta para asegurar una renta durante la jubilación de los integrantes del sistema. Para garantizar los pagos, esos sistemas pueden ser de varios tipos, en función de quién los regula o atendiendo a la forma de los pagos.

En función del ente que lo regula, el sistema puede ser:

- Privado: cuando quien lo gestiona es un banco o aseguradora.
- Público: cuando está regulado por el Estado.
- Mixto: cuando responde a una estructura en la que colaboran la parte privada y la pública. Por ejemplo, la gestión del capital la hacen los bancos y los pagos los centraliza el Estado.

En función del sistema de pagos, hay distintas modalidades:

- Sistema de reparto.
- Sistema de cuentas nocionales.
- Sistema de capitalización.
- Sistema de empresa.

## ¿Qué significa que el sistema sea *de reparto*?

Un sistema se dice que es de reparto cuando cada año los ingresos derivados de las cotizaciones sociales, junto a las aportaciones del Estado, se utilizan para pagar las pensiones de ese mismo año. Depende directamente de la tasa de empleo. Es el sistema que hay en España y es intergeneracional y basado en la confianza de que los trabajadores futuros paguen tu pensión. Sin embargo, veremos que este sistema ya no es sostenible.

## ¿Qué significa que el sistema sea de *cuentas nocionales*?

Un sistema es de cuentas nocionales cuando cada individuo tiene una hucha virtual en la que acumula las aportaciones que realiza durante su carrera laboral y que se irá capitalizando para que, llegado el momento, el partícipe la utilice. Los sistemas privados de pensiones son individuales y se basan en esta definición: el individuo cobra en función de la contribución que haya realizado al plan. Se trata de un sistema de reparto, ya que las cotizaciones realizadas cada año por los cotizantes son destinadas al pago de las pensiones de ese mismo periodo. Por eso es una hucha virtual, porque en ningún momento se acumula el capital que vas aportando, sino que ves una cantidad ficticia, de ahí que también se conozca como cuenta virtual o teórica. Es lo contrario de lo que ocurre con el sistema de capitalización, en el cual sí se acumulan tus aportaciones y se invierten en el mercado financiero, obteniendo así una rentabilidad.

La diferencia fundamental entre el sistema de cuentas nocionales y el de reparto es que el primero es de aportación definida y el segundo, de prestación definida.

- Cuentas nocionales: aportación definida.
- De reparto: prestación definida.

¿Qué diferencia los sistemas de aportación definida de los de prestación definida? Ambos son públicos y universales, y en ambos los trabajadores financian con sus cotizaciones a los jubilados de ese momento. Lo que los diferencia es esa cuenta virtual en la que quedan registradas todas las cotizaciones de un individuo durante toda su vida laboral. Posteriormente, en función de la cantidad aportada y de la esperanza de vida del país en el momento de recibir la prestación, se calcula su pensión. Al estar el cálculo vinculado a la esperanza de vida, un dato que varía a lo largo del tiempo, la pensión se ajusta a esa variable haciendo que el sistema sea sostenible financieramente hablando, ya que el pensionista va a recibir lo mismo que ha cotizado durante su vida laboral, es decir, que se vinculan las prestaciones con las cotizaciones, a diferencia del sistema de prestación definida, en el que no está garantizado este equilibrio. Además, en el sistema de cuentas nocionales no hay una edad de jubilación obligatoria; así, llegada la edad mínima de jubilación, la persona tiene la opción de seguir trabajando para aumentar de esta forma la prestación que recibirá. Al ser una opción voluntaria, que muchos adoptarán por voluntad propia, es una forma de aumentar la edad de jubilación del conjunto de la población, brindando mayores grados de libertad para todos y un sistema más transparente.

Suecia tiene implantado este sistema y es además uno de los referentes a nivel mundial. En los países en los que la esperanza de vida es alta o se espera que lo sea, esta modalidad se plantea como reforma, pues la prestación del trabajador una vez se jubile queda garantizada por haber diferido parte de su salario a lo largo de su trayectoria, vinculando directamente cotizaciones y prestaciones mediante reglas actuariales, una de sus mayores ventajas. Por el contrario, la desventaja más destacada es que no quedan garantizados los ingresos de jubilación para todo tipo de trabajadores.

## ¿Qué significa que el sistema sea *de capitalización*?

Un sistema es de capitalización cuando se basa en la rentabilidad futura que se espera obtener de las aportaciones y los intereses generados.

## ¿Qué significa que el sistema sea *de empresa*?

Un sistema es de autoinscripción o de empresa cuando ésta contribuye a la jubilación del trabajador a través de una bolsa en la que se acumula una parte de su salario. La inscripción se da por defecto, pero el trabajador puede dejar de contribuir de forma voluntaria si de forma proactiva lo solicita.

En el Reino Unido hace años que se implantaron los planes de empresa, y el resultado ha sido que casi nadie ha decidido de forma voluntaria dejar de contribuir a su propio ahorro, pues ésa ha sido precisamente la clave: en lugar de percibir la contribución como un impuesto, se ha visto como ahorro.

Todos ellos son complementarios con sus ventajas y desventajas. Los países pueden adoptar distintas formas que se complementen y adapten a las condiciones económicas y sociales del momento. A lo largo del tiempo, los sistemas van cambiando porque las propias variables que nutren los sistemas varían, como puede ser la natalidad de un país o el desempleo.

## ¿Qué es la *tasa de reemplazo* o *sustitución*?

Cuanto te jubiles, nunca vas a tener una pensión pública que supere tu último salario. El porcentaje de ingresos que representa tu pensión de jubilación sobre el último ingreso que tuviste es lo que se conoce como tasa de reemplazo o sustitución. La tasa de reemplazo te da una aproximación de la pérdida de poder adquisitivo que vas a tener cuanto te jubiles.

Por ejemplo, para una persona que cobre 1.500 euros de pensión y tuviera un salario de 2.000 euros antes de jubilarse, la tasa de sustitución es del 75 por ciento, según el siguiente cálculo.

$$\text{Tasa de sustitución} = \frac{\text{Pensión de jubilación}}{\text{Último salario percibido}} \times 100\,\%$$

Por eso es tan importante complementar y trabajar en construir un buen plan para tu jubilación que cubra tus necesidades financieras durante el tiempo que hayas definido.

**Gráfico 2.** Tasa de sustitución de las pensiones en Europa

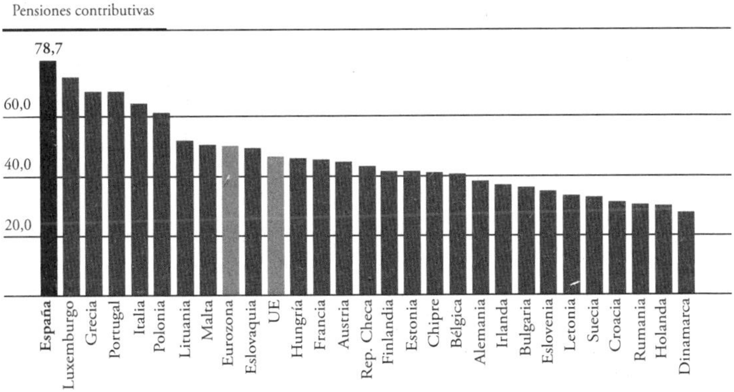


Source: Ageing Report de la UE • Get the data • Created with Datawrapper

Esta tasa de sustitución puede ser baja y no ser una mala noticia, pues en muchos países el sistema de pensiones es la combinación de distintos pilares obligatorios o voluntarios, que lo hacen eficiente, transparente, sostenible y, si cabe, más justo. El problema es cuando sólo hay un pilar que cubre el sistema de pensiones y éste no es sostenible en el largo plazo, como ocurre en España, lugar en el que la tasa de sustitución para un trabajador medio es de aproximadamente el 72 por ciento. Sin embargo, en la Unión Europea la tasa de sustitución es del 52 por ciento. En Alemania ronda el 40 por ciento y en el Reino Unido el 20 por ciento.

# ¿Qué se está haciendo en otros países?

Las tendencias demográficas conducen a poblaciones cada vez más envejecidas. El aumento de la esperanza de vida y el descenso de la natalidad tienen un triple impacto: se produce un aumento de la proporción de la población, que va a cobrar pensión durante más años y hay una disminución de la población joven, que es la fuerza laboral del futuro y la que paga las pensiones de los jubilados en el momento presente. La combinación de estos factores impacta directamente en los ingresos y en los gastos del sistema de pensiones. Es por esta razón que el sistema de reparto deja de ser actuarialmente equitativo, que es el que mayoritariamente había en los países europeos.

Este efecto combinado de disminución de natalidad y aumento de la proporción de jubilados con esperanzas de vida superiores ha empujado a adoptar distintas reformas en los países que anticiparon dicho problema. Se trata de un problema complejo que admite la combinación de distintas soluciones, que deben adaptarse a cada contexto, pues una solución puede ser válida para unos, pero no para otros.

En este apartado, analizaré aquellas reformas estructurales en los sistemas de Seguridad Social que se han llevado a cabo en países que presentaron problemas en su historia reciente, para que puedas entender y dimensionar tu situación actual, y anticiparte a posibles reformas que te puedan afectar, con la idea de que adoptes medidas personales si así lo consideras oportuno. Existen numerosas reformas que no han implicado un cambio radical en el modelo de la mayoría de los países europeos, sino cambios legislativos que han supuesto modificaciones en las variables que impactan en el cálculo de la pensión, como sería el aumento en la edad de jubilación o el aumento del número de años que se utiliza para calcular la base de cotización.

En la década de los noventa surgieron las cuentas nocionales para corregir los defectos del sistema de reparto instaurado en la mayoría de los países. El sistema de cuentas nocionales de aportación definida sigue la lógica de la capitalización del sistema de reparto. El sistema adoptado o la combinación de ellos ha de ser sostenible y equitativo. Adicionalmente al sistema implantado, existen otras problemáticas que cada territorio debe afrontar, ligadas a los costes administrativos, las estrategias de inversión de las aportaciones, cómo financiar la transición entre dos sistemas y un amplio abanico de casuísticas más. También existen otras variantes al sistema de cuentas nocionales, como, por ejemplo, el sistema de puntos adoptado por países como Alemania, Francia, Rumanía o Eslovaquia. Este sistema consiste en ir acumulando puntos en función de la relación entre los ingresos del trabajador y los de todos los contribuyentes. Si los ingresos de una persona son un 10 por ciento superior a los de la media de los contribuyentes, obtiene 1,1 puntos. Los puntos se van acumulando, y llegada la jubilación, se multiplican por un precio supeditado a los cambios económicos y demográficos.

El sistema sueco de pensiones es un referente a nivel mundial, ya que consiguió detectar deficiencias e implementar una solución a través de una transición entre sistemas.

A finales de los años ochenta, la confianza de la población sueca había disminuido notablemente en el sistema de pensiones, pues la población mayor de sesenta y cinco años aumentaba su peso rápidamente, y no existía una relación entre las cotizaciones y las prestaciones. Desde el punto de vista económico, no era sostenible en el largo plazo. Tenían la ardua tarea de conseguir un sistema actuarialmente equitativo, transparente, que fomentase el ahorro privado y equilibrado en el largo plazo, con versatilidad para adaptarse a los cambios económicos y demográficos, y vincularse a la esperanza de vida. La solución adoptada fue la diversificación, manteniendo un primer pilar de reparto y gestión pública, articulado a través de cuentas nocionales, combinado con un segundo pilar también obligatorio compuesto por cuentas nocionales de capitalización de gestión privada y administrado por el sistema de pensiones sueco, y un tercer pilar voluntario de capitalización. Para llegar a este sistema, y a modo de sugerencia, al menos para analizar cómo podría ser el periodo transitorio, las personas que habían nacido antes de 1938 permanecieron en el antiguo sistema, los nacidos entre 1938 y 1953 tuvieron una serie de normas transitorias y los nacidos a partir de 1954 quedaban adheridos por completo al nuevo sistema. Las cotizaciones del trabajador se van ingresando en una cuenta nocional y ésta va generando intereses. Llegada la jubilación, se calcula el capital nocional del trabajador basado en las cotizaciones más los rendimientos y en la esperanza de vida, todo ello actualizado a la tasa de crecimiento esperada de la economía sueca. Un objetivo como sociedad sería garantizar los desequilibrios a través de decisiones automáticas instauradas bajo el consenso del conjunto, evitando la intervención política, muchas veces sesgada por los votos, de manera que los partidos no actuarían para la sociedad, sino para conseguir gobernar. La transparencia en cualquier sistema siempre es positiva, minimiza las malas prácticas, las ineficiencias y nos hace a todos más responsables. Los suecos reciben cada año lo que se conoce como el «sobre naranja» con información sobre cuál puede ser su pensión futura en función de los datos disponibles y de las condiciones del momento. Similar a los ejercicios de seguimiento que te invito a realizar en este libro. El sistema de pensiones sueco puede ser mejorable, pero está muy bien diseñado para afrontar inestabilidades financieras y tiene implementadas normas de actuación en caso de que se produzcan determinados eventos. Por ejemplo, revaloriza las cotizaciones de las pensiones con el crecimiento del salario medio y no con el de la masa salarial. Imagina que en el largo plazo se mantiene el mismo salario medio, pero se va reduciendo significativamente la masa salarial porque hay menos cotizantes. Si no se tiene en cuenta en la ecuación la cantidad de personas que tienen ese salario medio, podría dar lugar a inestabilidades financieras del sistema, pues las cotizaciones crecerán al mismo ritmo que la masa salarial, que se va reduciendo con el tiempo, y las pensiones siguen revalorizándose con el salario medio. En circunstancias como ésta, se ha introducido en el sistema un mecanismo automático de estabilidad financiera, de manera que se suspende tanto la revalorización de las pensiones según el salario medio, como la remuneración de las cuentas nocionales hasta que el sistema entra de nuevo en situación de estabilidad financiera. Gracias a la digitalización, el *big data* y la inteligencia artificial, si se instrumentaran este tipo de prácticas en los Gobiernos, la actuación política quedaría mini mizada por decisiones automáticas instauradas previamente por los expertos en la materia y en beneficio de todos. La política, como todo llegado su momento, está obsoleta y demanda a gritos una transformación digital, entrar en la era de la automatización y dejar paso a la inteligencia artificial; el mundo se le ha quedado grande.

Instaurar un sistema de pensiones como el sueco sería posible en otros países con una transición similar a la que ellos realizaron, incluyendo la casuística particular.

En Letonia, por ejemplo, el gasto en pensiones pasó del 5,5 por ciento del PIB al 10,5 por ciento en 1994. Cuando se llevó a cabo la reforma de pensiones, también pasó de un sistema de reparto a uno multipilar, compuesto por dos pilares obligatorios y uno voluntario, con la particularidad de que en la reforma letona el paso del sistema antiguo al nuevo fue total, de manera que todas las personas que se jubilaron a partir del 1 de enero de 1996 lo hicieron según el nuevo esquema. El primer pilar es un sistema de reparto basado en las cuentas nocionales de aportación definida, el segundo es de capitalización privada con libertad para elegir dónde se invierte tu plan de pensiones en función del perfil inversor y el tercer pilar es el de capitalización y voluntario.*

* Fox, L., y E. Palmer, *Latvian pension reform*, SP Discussion Paper, n.º 9922, The World Bank, Washington D.C., 1999.

# ¿Por qué a medida que pase el tiempo vas a cobrar menos del Estado?

Una vez conoces la procedencia de las pensiones y qué son, el siguiente paso es que interiorices que es muy probable que, en largos periodos de tiempo, por condiciones demográficas, políticas, sociales o económicas, no tengas garantizado el cobro de una cantidad definida, y es tu responsabilidad definirlo y construirlo. Esta lectura te servirá para llevar a cabo tal cometido.

## ¿Cuándo un sistema de pensiones es actuarialmente equitativo?

Un sistema de pensiones es actuarialmente equitativo cuando el pensionista recibe lo mismo que cotizó durante toda su vida. La realidad es que los sistemas de pensiones tienen algunas trampas.

Si aplicamos la definición al modelo español en el año 2020, desde que una persona se jubila a los sesenta y cinco años, el equilibrio se da hasta los doce años después de la jubilación, es decir, hasta que la persona cumple setenta y siete años. Sin embargo, en España, la esperanza de vida media es de ochenta y cinco años, por lo que los jubilados están ahora recibiendo mucho más de lo que han aportado, lo cual no es sostenible. Pero tampoco es justo que, dada la invención del sistema de bienestar que «vela» por los individuos que conforman la sociedad en su conjunto, dejen de cobrar llegada la jubilación, ya que no se ha enseñado ni fomentado dicha individualidad a lo largo de su vida y han pagado muchos impuestos para recibir algo a cambio.

Hay un problema de base, y es que muchos individuos sólo dependen de la pensión pública llegada la jubilación. En el sistema de pensiones de reparto, denominado «solidario», el que trabaja paga la pensión del que se jubila, pero resulta que este sistema era sostenible cuando la esperanza de vida de la población no era de ochenta y cinco años, y cuando la mayoría de la población trabajaba; de hecho, no sólo era sostenible, sino que, además, producía un excedente para el Estado. ¿Qué pasa ahora cuando toda esa generación trabajadora se está jubilando y la esperanza de vida no para de aumentar? En España, según datos del INE, se estima que en una década, para el año 2030, la cuarta parte de la población tendrá más de sesenta y cinco años.

En España, por ejemplo, la población en 2020 es de 47 millones de habitantes, que se reparten por edades del siguiente modo: el mayor porcentaje se encuentra entre los treinta y los sesenta años. En el gráfico siguiente del INE puedes observar cómo en el futuro, los mayores de sesenta y cinco años representarán el mayor peso de la población, y además con esperanzas de vida superiores a la actual. Este proceso de envejecimiento de la población es conocido como pirámide de población invertida. En la práctica, el sistema de pensiones «solidario» implica que actualmente haya dos personas trabajando por cada persona inactiva, pero en el futuro sólo habrá una persona trabajando por cada persona inactiva.

**Gráfico 3.** Pirámides de población de España: ayer, hoy y mañana

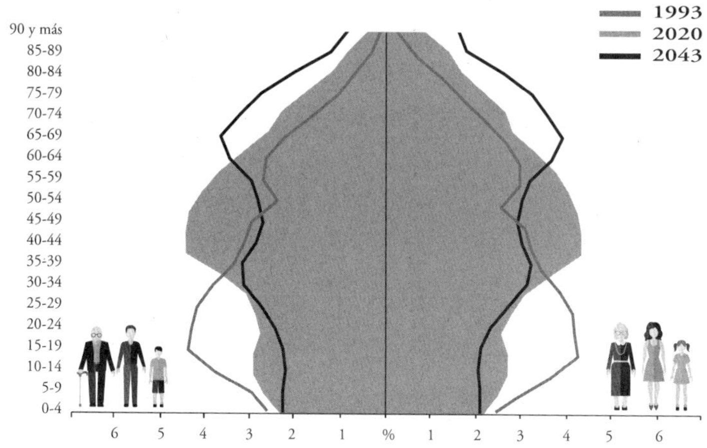


Fuente: infografía del INE.

**La «solidaridad» de las personas tiene un límite, y cuando se sobrepasa ese límite o dicha solidaridad es involuntaria, hablaremos de esclavitud.**

Por razones económicas del propio sistema de pensiones, por razones demográficas y por todas las reformas que vas a ver sobre las pensiones en los próximos años, es muy necesario, más que nunca, que planifiques tu pensión de forma individual.

## Desglosemos tu salario

Si eres un trabajador por cuenta ajena, cuando percibes tu salario cada mes, éste ya es la cantidad neta una vez repartidos una serie de impuestos que pagáis entre tú y la empresa que te contrata.

En la tabla de la página siguiente puedes observar un ejemplo ilustrativo, con cifras y porcentajes aproximados de la realidad, para que puedas dimensionar que hay una parte importante de tu salario que la empresa destina a la Seguridad Social y otro porcentaje que pagas tú directamente, además de los impuestos vinculados directa o indirectamente al consumo.

Como se ve en el ejemplo, si percibes 1.500 euros brutos en tu nómina, significa que la empresa ya está pagando por ti 500 euros que irán destinados a la Seguridad Social. La base de cotización en este ejemplo es de 2.000 euros. La pensión que se cobre en el futuro está directamente relacionada con este dato, la base de cotización.

De lo que recibes en bruto, se te descontarán de tu nómina las partidas más grandes de Seguridad Social e IRPF, cuyo resultado será el salario neto que finalmente verás ingresado en tu cuenta. Hasta ese momento, se te han descontado los impuestos indirectos, pero ése es el salario con el

**Tabla 1.** Desglose de un salario

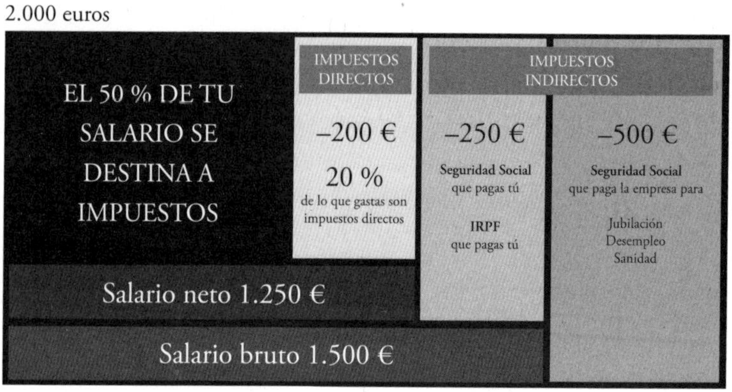


que tienes que vivir: te alimentas, te desplazas, disfrutas, vives bajo un techo, gastas agua y luz, etcétera. Todo el gasto incurrido conlleva un impuesto directo que varía en función de la tipología del bien consumido. Simplificando mucho, de lo que gastes, el 20 por ciento será impuesto directo.

De forma simplificada, el 50 por ciento de tu salario se destina a impuestos directos e indirectos.

En el ejemplo:

- La base de cotización es de 2.000 euros, que no ves en tu nómina.
- El salario bruto es de 1.500 euros, lo que sí ves en tu nómina.
- El salario neto es de 1.250 euros, que te ingresan en la cuenta.

En el subapartado siguiente aprenderás a identificar y calcular tu propia base de cotización, dato necesario para poder estimar tu pensión futura.

## ¿Qué son las cotizaciones?

Cuando se habla de pensión, la cotización es uno de los términos más utilizados en la jerga. El cálculo de la base de cotización es fundamental para conocer la cantidad que te corresponde, que pagará la Seguridad Social, como puede ser una baja médica por enfermedad, la prestación por maternidad, la incapacidad permanente o la jubilación.

Cuanto mayor es la base de cotización, mayor es la cantidad que percibirás.

La base de cotización que se utiliza para el cálculo de cualquier prestación es el salario bruto total mensual que percibes como trabajador, no el neto que percibes una vez descontados los distintos impuestos, ni el bruto que ves en la nómina después de que la empresa haya pagado impuestos por ti, sino el que incluye casi todo, como las partidas, si las hubiera, de horas extra, vacaciones no disfrutadas y retribuidas o pagas extra. Sin embargo, algunos conceptos no se tienen en cuenta para el cálculo de la base de cotización, como las dietas y gastos de transporte retribuidos, y las formaciones que la empresa paga por el trabajador.

En el ejemplo anterior, hemos visto que la base de cotización era de 2.000 euros, aunque lo que la persona ve como salario bruto son 1.500 euros.

Las cotizaciones sociales, también llamadas cuotas, son aportaciones de carácter obligatorio que todo trabajador, sea autónomo o empleado, hace por realizar una actividad laboral. En el caso de los autónomos, son ellos los que abonan la totalidad de la cuota y eligen cuánto pagar de cotización. Por el contrario, en el caso de los empleados es la ley quien establece su cotización.

Las cotizaciones sociales en el caso de empleados por cuenta ajena es el porcentaje que empresas y trabajadores aportan a la Seguridad Social sobre su propio salario, de manera que quienes tienen un sueldo más elevado, contribuyen más al sistema social, pero siempre dentro de unos límites que marca el Estado. Existen unas bases de cotización máximas y mínimas, que actualmente oscilan entre los 1.199,10 euros, como base de cotización mínima, y los 3.751,2 euros como base de cotización máxima, siempre teniendo en cuenta que las dietas y los gastos de transporte, como ya he mencionado, quedan fuera de la base. Las empresas aportan un 23,6 por ciento y los trabajadores un 4,7 por ciento de su salario.

En la tabla siguiente podemos ver los distintos tipos de cotización dependiendo de la tipología de ingreso.

Las cotizaciones se utilizan para calcular la pensión que cobrarás en el futuro, entre otras variables. Voy a contarte para qué cotizas y dónde puedes conocer tu base de cotización.

**Tabla 2.** Tipos de cotización

| Tipo de cotización | Empresa | Trabajador | Total |
|---|---|---|---|
| Horas comunes | 23,6 % | 4,7 % | 28,3 % |
| Horas extraordinarias por fuerza mayor | 12,0 % | 2,0 % | 14,0 % |
| Resto de horas extraordinarias | 23,6 % | 4,7 % | 28,3 % |

## ¿Para qué cotizas?

Recibirás distintas prestaciones por la parte que entregas de tu salario.

- Contingencias comunes, como son el caso de enfermedad común, baja por maternidad o accidente no laboral.
- Horas extraordinarias, distinguiendo entre forzosas y

el resto. Tienen su propia cotización, como mostraba la tabla anterior.

- Accidentes de trabajo y enfermedades profesionales, que abarcan la incapacidad temporal, invalidez, muerte y supervivencia.
- Desempleo. Empresa y trabajadores comparten esta cotización y también la siguiente.
- Formación profesional. Este dinero se destina a cursos de formación y calificación profesional para trabajadores.
- Fogasa. Afronta los pagos del Fondo de Garantía Salarial y cubre los impagos de las empresas. Esta cotización la afronta sólo la empresa.

Para poder acceder a la prestación, además de haber cotizado, es necesario haberlo hecho durante el número de días mínimo necesario en cada caso. Por ejemplo, para poder cobrar la prestación por desempleo, es necesario haber cotizado como mínimo doce meses; en caso de no haberlo hecho, podrías pedir el subsidio, pero no el paro.

## ¿Dónde conocer tu base de cotización?

Una vez sabes lo que es cotizar y la importancia que tiene, necesitas conocer tu dato concreto para estimar lo mejor posible tu situación en la jubilación.

Para conocer tu base de cotización basta con realizar un trámite en el que solicitas un informe a la Seguridad Social. Puedes realizar la solicitud en línea accediendo a la Sede Electrónica de la Tesorería General de la Seguridad Social, y la respuesta puedes recibirla impresa o en línea.

Con el paso del tiempo, se ha ido ampliando el número

de años que se tienen en consideración para el cálculo de la base de cotización.

Por ejemplo, en 2013 se tenían en cuenta las bases de los últimos dieciséis años previos a la jubilación, sumando cada año doce meses más al cálculo hasta alcanzar, en el año 2022, los últimos veinticinco años previos a la jubilación. En la tabla siguiente puedes ver la equivalencia. Como ves, este dato evoluciona con el tiempo, y es posible que lo siga haciendo. Si te vas a jubilar pasado 2022, se utilizan las bases de los últimos veinticinco años de tu vida laboral.

**Tabla 3.** Bases de cotización

| Año de jubilación | 2013 | 2014 | 2015 | 2016 | 2017 | 2018 | 2019 | 2020 | 2021 | 2022 |
|---|---|---|---|---|---|---|---|---|---|---|
| Bases de cotización utilizadas | 16 años | 17 años | 18 años | 19 años | 20 años | 21 años | 22 años | 23 años | 24 años | 25 años |

## Conoce tu base reguladora

La base reguladora no es la pensión que cobrarás, sino una cantidad que se utiliza para calcular la pensión que cobrarás.

Una vez has recopilado los datos de tus bases de cotización de los últimos años previos a la jubilación, suma todos los datos y haz una media dividiendo entre el número de meses, sin olvidarte los meses de pagas extra. Por ejemplo, si te jubilas pasado 2022, en lugar de dividir por el número de meses que tienen veinticinco años, es decir, 300 meses, debes dividir por 350, que es el correspondiente a multiplicar veinticinco años por catorce pagas totales. De esta manera obtienes lo que se conoce técnicamente como base reguladora.

En el ejemplo, el motivo de dividir 300 bases de cotización entre 350 es que las pagas extraordinarias están incluidas en las bases de forma prorrateada, y cuando se cobre la pensión, se percibirán catorce pagas al año.

En la tabla 4 puedes encontrar el número por el que debes dividir la suma de todas tus bases de cotización de los años que corresponda, en la fila llamada «14 pagas al año».

**Tabla 4.** Base reguladora

| Año de jubilación | 2013 | 2014 | 2015 | 2016 | 2017 | 2018 | 2019 | 2020 | 2021 | 2022 |
|---|---|---|---|---|---|---|---|---|---|---|
| Bases de cotización utilizadas | 16 años | 17 años | 18 años | 19 años | 20 años | 21 años | 22 años | 23 años | 24 años | 25 años |
| Meses por año | 192 | 204 | 216 | 228 | 240 | 252 | 264 | 276 | 288 | 300 |
| 14 pagas al año | 224 | 238 | 252 | 266 | 280 | 294 | 308 | 322 | 336 | 350 |

Una vez has obtenido la base reguladora, debes realizar una serie de ajustes en función del número de años cotizados a lo largo de tu vida laboral, pues en función de dicha cantidad, tendrás derecho a un porcentaje u otro de la pensión.*

Las personas que hayan cotizado quince años, tienen derecho al 50 por ciento de la base reguladora, y para acceder a la totalidad de la pensión en el año 2019, es necesario contar con 35 años y 6 meses cotizados, cifra que se eleva hasta los 37 años a partir de 2027.

Además, se aplica una reducción o ampliación sobre la cifra anterior dependiendo de si decides jubilarte antes o después de la edad legal para hacerlo.

Si decides anticipar la fecha de jubilación antes de la

* Más información sobre estos porcentajes en: <https://www.iberley.es/temas/cuantia-porcentaje-base-reguladora-pension-jubilacion-3351>.

edad legal, se aplica una reducción que varía en función del tiempo que se anticipe dicha fecha.

El coeficiente reductor que se aplica por jubilación anticipada dependerá de si la causa es voluntaria o involuntaria.

Si es por causa involuntaria, se han de cumplir una serie de requisitos y además el cese del trabajo se debe producir por reestructuración empresarial, despido colectivo, extinción del contrato por resolución judicial, extinción del contratante, ya sea persona física o jurídica, o lo que se considere fuerza mayor por la autoridad laboral. Y los coeficientes reductores oscilan entre el 6 por ciento y el 7,5 por ciento, en función de los años cotizados.

Con menos de treinta y ocho años y seis meses, se reduce el 7,5 por ciento anual. Entre treinta y ocho años y seis meses y cuarenta y un años y seis meses, se reduce el 7 por ciento anual. Entre cuarenta y un años y seis meses y cuarenta y cuatro años y seis meses se reduce el 6,5 por ciento anual. Con más de cuarenta y cuatro años y seis meses, se reduce el 6 por ciento anual.

En el supuesto de que la causa sea voluntaria, los porcentajes anteriores se incrementan un 0,5 por ciento en cada tramo temporal de cotización. Por ejemplo, con menos de treinta y ochos años y seis meses, se reduce el 8 por ciento anual.

Por el contrario, si retrasas tu jubilación cumpliendo los requisitos para jubilarte, tu base reguladora se verá incrementada cada año completo en función del tiempo que retrases la fecha de jubilación.

Hasta los veinticinco años cotizados, se incrementa el 2 por ciento anual.

Entre los veinticinco y los treinta y siete años cotizados, el incremento es del 2,75 por ciento anual.

A partir de treinta y siete años cotizados, se incrementa el 4 por ciento anual.

# El impuesto oculto: la inflación

Antes de adentrarte de lleno en todos los cálculos que vas a necesitar realizar y todas las reflexiones en las que tendrás que profundizar para conocer cómo cobrar tu pensión, voy a compartir contigo un concepto que has de interiorizar por el resto de tu vida y que debes aprender a manejar en cualquier acción financiera de ahora en adelante. Hay muchas perversiones en el sistema, la inflación es una de ellas. Significa que si no mueves el dinero que tienes, con seguridad pierdes una parte. Tú vas a seguir viendo el mismo número donde lo tengas depositado: si tienes 10.000 euros en el banco, el número no cambia con el paso del tiempo, lo que sí lo hace es el contexto. En un entorno de inflación, lo que ocurre es que los precios de las cosas suben con el paso del tiempo, de modo que con tus mismos 10.000 euros en un futuro podrás comprar menos cosas porque son más caras que hoy.

Conociendo esta realidad, tienes la opción de no hacer nada y perder una parte con seguridad o hacer algo y asumir un riesgo con la esperanza de batir la inflación y obtener una ganancia que, al menos, iguale la inflación para no perder poder adquisitivo.

## La inflación es subjetiva

No hay una sola medida para la inflación; se trata de un concepto subjetivo, pues dependerá de la realidad de consumo del interesado. Hasta el mismo Gobierno realiza distintas estimaciones de la inflación.

Voy a explicarte en qué consiste la inflación para que entiendas la subjetividad que hay detrás, con el objetivo de que sea algo conceptual que no puedes obviar para cualquier análisis económico a largo plazo, como ocurre al tomar decisiones sobre tu economía en la última etapa de tu vida.

La inflación está basada en el índice de precios al consumidor o de consumo, conocido como IPC. El Instituto Nacional de Estadística (INE) es el encargado de calcular el IPC. Para hacerlo, utiliza una cesta de bienes y servicios que va cambiando a lo largo del tiempo. En la actualidad, la cesta de la compra del IPC incluye 479 artículos divididos en doce grupos. El precio de estos bienes se recoge de más de 22.000 tiendas en 177 municipios. Para evitar variaciones, el INE no tiene en cuenta saldos, rebajas y ofertas al establecer el precio de cada bien. El INE calcula cuánto ha variado el precio de cada producto y después realiza el cálculo del IPC según la ponderación de cada grupo. El IPC se actualiza todos los meses.

Los bienes sobre los que se calcula el IPC se revisan de forma anual.

Este dato puede no corresponder a la realidad de la subida de precios de un nicho de productos concreto y, por tanto, no representar la realidad en la variación de precios de un individuo. Lo ideal sería que la inflación estuviera personalizada a individuos, Gobiernos o empresas, de manera que la inflación particular estuviera basada única y exclusivamente en el consumo que realice cada uno de ellos.

Por esa devaluación del dinero, una persona que ahorre sin hacer nada con sus ahorros, dejándolo parado en su cuenta bancaria o en una caja fuerte en su casa, en realidad está perdiendo dinero cada año, porque los precios suben todos los años y la misma cantidad de dinero de hoy vale menos que esa cantidad hace unos años, es decir, con 100 euros hoy se puede comprar menos que con 100 euros hace unos años.

De ahí la importancia de invertir: en productos no financieros, en productos financieros y en conocimiento. También es una opción ahorrar todo y no invertir, recuerda que tú decides, pero que sea por conocimiento de causa. Una inversión conlleva siempre un riesgo de pérdida y la posibilidad de obtener una ganancia, pero si no inviertes y sólo ahorras, tu dinero seguro que pierde valor cada año.

En los últimos diez años, los precios han aumentado de media aproximadamente entre el 1 por ciento y el 2 por ciento cada año.

## El valor del dinero en el tiempo

Cantidades iguales de dinero, colocadas en distintos momentos del tiempo, no tienen el mismo valor.

Ya sabes que hay una subjetividad generalizada en este cálculo y que se utilizan diferentes tasas para calcular el valor real del dinero. Así, pues, la idea principal es tener claro que el dinero en un periodo de tiempo no es comparable al dinero en otro periodo de tiempo. Y que, por esa razón, voy a enseñarte a aplicar la fórmula del valor actual.

Y ahora que ya conoces el concepto de inflación y por qué es importante, vamos a aplicarlo.

¿Cuánto valen mañana 1.000 euros? Capitalizar es responder a esa pregunta. Para llevar un capital a un momento en el futuro se multiplica el capital inicial por el coeficiente $(1 + i)^n$, donde $i$ es el tipo de interés y $n$ el número de años.

Por ejemplo, el valor equivalente de 1.000 euros al cabo de tres años con una inflación del 2 por ciento es 1.061 euros.

## La fórmula de interés compuesto

La fórmula de interés compuesto es:

$$V_f = V_p \times (1 + i)^n$$

Donde:

- $V_f$ es el valor futuro.
- $V_p$ es el valor presente.
- $i$ es la tasa de interés.
- $n$ es el número de periodos entre el valor presente y el valor futuro.

¿Cuánto valían ayer 1.000 euros? Actualizar es la operación contraria a capitalizar. Lo que hace es traer al presente una cantidad futura, y para su cálculo, en lugar de multiplicar por $(1 + i)^n$, se divide por $(1 + i)^n$.

El valor equivalente de 1.061 euros visto tres años antes, con una inflación del 2 por ciento, es 1.000 euros.

De forma ilustrativa:

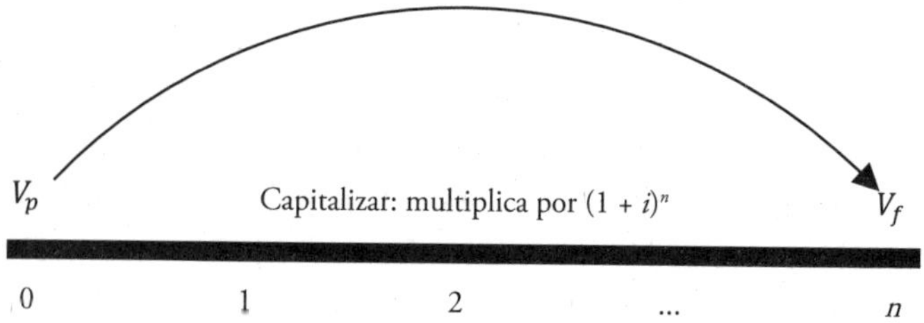


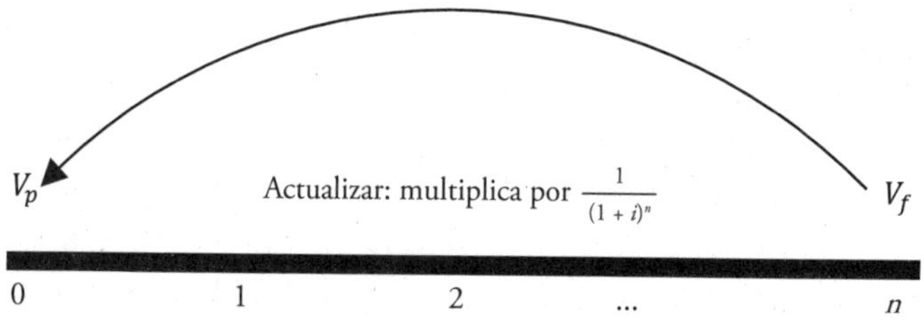

Imagina ahora un escenario en el que te gustaría tener una pensión de 2.000 euros y que los precios de los productos que consumes suben un 2 por ciento de media cada año. La cantidad equivalente a los 2.000 euros que te gustaría cobrar al cabo de cuarenta años cotizados es 4.416 euros, es decir, que 4.416 euros dentro de treinta años a una tasa de inflación del 2 por ciento anual equivalen a 2.000 euros de hoy.

$$4.416€ = 2.000€ \times \left(1 + 2\%\right)^{40}$$

Dicho de otra manera, si en lugar de cobrar 4.416 euros dentro de treinta años, cobrases 2.000 euros dentro de treinta años, es como si hoy en día estuvieras viviendo con 906 euros.

$$906€ = \frac{2.000€}{\left(1 + 2\%\right)^{40}}$$

Ahora imagina que tienes ahorrados 100.000 euros y que no haces nada con ellos en los próximos treinta años, en un entorno con una inflación del 2 por ciento anual: el valor de ese dinero pasado ese tiempo sería de 55.207 euros, es decir, prácticamente habrías perdido la mitad del poder adquisitivo.

## El ahorro sin inversión es sólo una parte de la ecuación

¿Por qué es importante que interiorices el concepto de inflación? Porque más adelante, cuando calcules la estimación de la pensión que vas a cobrar en un futuro, las bases de cotización las debes actualizar con el IPC, ya que van a ser cantidades reflejadas en el Instituto Nacional de la Seguridad Social que no son comparables a lo largo del tiempo, sino que para poder compararlas tendrás que hacer equivalentes las cantidades, tal y como has visto en este apartado.

# Define tu meta en la jubilación

En este apartado vas a definir cuál es tu objetivo en la jubilación. Para ello harás un ejercicio de gastos riguroso, que será la base del gasto futuro que deberás cubrir a través de la combinación de la pensión pública y de la construcción de un sistema de activos financieros y ahorro. Adicionalmente, vas a estimar cuál será tu gasto futuro para llevar el nivel de vida deseado en tu retiro tomando como base tu gasto actual.

## Calcula lo que gastarás al mes cuando te jubiles

La primera regla en la gestión efectiva del dinero es gastar menos de lo que ingresas. Siempre.

El ejercicio de cálculo de gasto lo puedes hacer tomando como punto de partida lo que gastas en la actualidad. Para estimar el gasto en tu jubilación, puedes utilizar esta información de base.

Una vez calcules la estimación del gasto mensual, hay que añadir dos factores que influirán en el gasto llegada la jubilación, la inflación y tu esperanza de vida.

Un ejercicio saludable para tus finanzas es tomar registro de lo que gastas mes a mes dividido por partidas. En tu gasto mensual, habrá dos tipos de gastos: los fijos y los extraordinarios.

Los gastos fijos son aquellos que se producen sistemáticamente y que son necesarios para vivir, como, por ejemplo, el alquiler o la hipoteca de tu casa, o el gasto de agua, luz, internet, teléfono o alimentación.

Los gastos extraordinarios son aquellas partidas que son opcionales y podrían ser prescindibles. Los relacionados con el ocio, por ejemplo, son gastos extraordinarios.

Hacer este ejercicio todos los meses te facilitará marcar metas a largo plazo. Una vez te hayas familiarizado con él, podrás responder preguntas como cuánto dinero ahorras o en qué partidas gastas más.

El control financiero es la base para establecer metas. Aquello que no se mide, es como si no existiera. Y las decisiones que se toman no están basadas en algo objetivo y real, sino en impresiones y opiniones subjetivas. Además, si eres una persona rigurosa en la contabilización de los gastos mensuales, tendrás acceso rápido a eventos recurrentes, como, por ejemplo, gastos que se producen unos meses sí y otros no.

Una vez dispones del histórico de gastos, puedes empezar a tomar decisiones que afecten a gastos concretos con la finalidad de reducirlos, además de negociar descuentos con las compañías con las que tienes los suministros, o reclamar si un mes concreto te han cobrado más de lo que deberían.

La toma de decisiones financieras requiere un control minucioso de tu flujo entrante y saliente de dinero. Ya que, al proyectar a futuro los gastos fijos que vas a tener, es más fácil tomar decisiones sobre la contratación de un préstamo, la amortización de otro, la sustitución de tu coche, la venta de la vivienda o cualquier otra situación que se te ocurra, ya que dispones de información real sobre la que hacer comparaciones de los distintos escenarios.

Comparto contigo una plantilla para que te sirva de referencia. Adapta las partidas que se muestran a las tuyas particulares.

La parte superior es el gasto total correspondiente a cada mes. Las columnas separan los distintos meses del año en curso. La hoja de gastos está dividida por tipologías, y cada una de ellas tiene un gasto agregado que en la plantilla se llama «Subtotales».

**Gasto de vivienda:** la mayoría de las partidas son gastos fijos, entre ellos el pago del alquiler o la hipoteca, uno de los mayores de todo el mes. Los suministros son el agua, la luz, el gas. También puede haber gastos extraordinarios, como, por ejemplo, un artículo de decoración no esencial.

| | Ene. | Feb. | Mar. | Abr. | May. | Jun. | Jul. | Ago. | Sept. | Oct. | Nov. | Dic. |
|---|---|---|---|---|---|---|---|---|---|---|---|---|
| **Vivienda** | | | | | | | | | | | | |
| Casa: alquiler o hipoteca | | | | | | | | | | | | |
| Segunda hipoteca o alquiler | | | | | | | | | | | | |
| Teléfono | | | | | | | | | | | | |
| Luz | | | | | | | | | | | | |
| Internet | | | | | | | | | | | | |
| Agua y alcantarillado | | | | | | | | | | | | |
| Gas | | | | | | | | | | | | |
| Mantenimiento o reparaciones | | | | | | | | | | | | |
| Decoración | | | | | | | | | | | | |
| Comunidad | | | | | | | | | | | | |
| Otros | | | | | | | | | | | | |
| **Subtotales** | 0 € | 0 € | 0 € | 0 € | 0 € | 0 € | 0 € | 0 € | 0 € | 0 € | 0 € | 0 € |

**Gasto de transportes:** si minimizamos el transporte privado no esencial, se puede ahorrar bastante en esta partida. El uso del transporte para ir a trabajar se considera un gasto fijo. Es gasto extraordinario todo aquel destinado a ocio o actividades no esenciales.

| | Ene. | Feb. | Mar. | Abr. | May. | Jun. | Jul. | Ago. | Sept. | Oct. | Nov. | Dic. |
|---|---|---|---|---|---|---|---|---|---|---|---|---|
| **Transportes** | | | | | | | | | | | | |
| Pago del automóvil | | | | | | | | | | | | |
| Autobús | | | | | | | | | | | | |
| Seguro | | | | | | | | | | | | |
| Permisos | | | | | | | | | | | | |
| Gasolina | | | | | | | | | | | | |
| Mantenimiento | | | | | | | | | | | | |
| Otros | | | | | | | | | | | | |
| **Subtotales** | 0 € | 0 € | 0 € | 0 € | 0 € | 0 € | 0 € | 0 € | 0 € | 0 € | 0 € | 0 € |

**Seguros:** este subconjunto de gasto mensual abarca la contratación de los distintos seguros que tengas, del hogar, de salud, de vida, de coche, de móvil, de mascota. Añade tantas líneas como seguros contratados tengas. La partida de seguros combinados responde a la posibilidad de tener los distintos seguros agrupados y mensualizados.

| | Ene. | Feb. | Mar. | Abr. | May. | Jun. | Jul. | Ago. | Sept. | Oct. | Nov. | Dic. |
|---|---|---|---|---|---|---|---|---|---|---|---|---|
| **Seguros** | | | | | | | | | | | | |
| Salud | | | | | | | | | | | | |
| Vida | | | | | | | | | | | | |
| Coche | | | | | | | | | | | | |
| Móvil | | | | | | | | | | | | |
| Mascota | | | | | | | | | | | | |
| Seguros combinados | | | | | | | | | | | | |
| **Subtotales** | 0 € | 0 € | 0 € | 0 € | 0 € | 0 € | 0 € | 0 € | 0 € | 0 € | 0 € | 0 € |

**Alimentación:** incluye todos los gastos referentes a comida durante el mes. La siguiente es una propuesta que diferencia entre la comida dentro y fuera de casa, y posteriormente diferenciando por cuándo se ingiere, dependiendo de si es desayuno, comida, cena o aperitivo. Puedes adaptar la tabla a tu situación particular, por ejemplo, por tipo de alimento en el caso de que tengas una dieta concreta y quieras dejar reflejado cuánto destinas a cada grupo de alimentos. La única partida que sería un gasto fijo es la compra en el supermercado y, en su caso, aquellas partidas que deriven del trabajo, por ejemplo, comidas o cenas por negocios.

| | Ene. | Feb. | Mar. | Abr. | May. | Jun. | Jul. | Ago. | Sept. | Oct. | Nov. | Dic. |
|---|---|---|---|---|---|---|---|---|---|---|---|---|
| **Alimentación** | | | | | | | | | | | | |
| Desayunos fuera de casa | | | | | | | | | | | | |
| Comida en restaurantes | | | | | | | | | | | | |
| Cena en restaurantes | | | | | | | | | | | | |
| Cañas y refrescos fuera de casa | | | | | | | | | | | | |
| Otros | | | | | | | | | | | | |
| **Subtotales** | 0 € | 0 € | 0 € | 0 € | 0 € | 0 € | 0 € | 0 € | 0 € | 0 € | 0 € | 0 € |

**Gastos de hijos:** sugiero tener una tabla como la que se muestra a continuación por hijo, ya que se trata de personas distintas con gastos diferentes. Incluye las partidas de cuota de guardería, colegio, instituto o universidad. Éstas variarán dependiendo de la tipología del centro educativo. Siéntete libre para incluir nuevas filas que reflejen si se trata de la matrícula de inscripción o de la cuota mensual. Otras partidas, como la ropa o el material escolar, aparecerán unos meses y otros estarán vacías. La partida de tasas de la organización es para aquellos gastos relativos al centro educativo no incluidos en otras partidas. Respecto a la alimentación de tu hijo, incluye tantas partidas como comidas fuera de casa haga. Si alguna persona se hace cargo de tu hijo en algún momento del día, el gasto se verá reflejado en «cuidados infantiles». Las partidas de juegos, farmacia y peluquería son algunas sugerencias de gastos habituales en niños. Adapta la partida de extraescolares en función del número de actividades que tenga. Incluye tantas líneas como extraescolares haga. Si recibe una paga por tu parte, anótala en la fila correspondiente. Es posible que ya tenga alguna cuenta corriente asociada; en tal caso, el dinero que destines a su cuenta, lo anotas en la partida «inversiones o ahorro». Haz lo mismo

| Gastos de hijos | Ene. | Feb. | Mar. | Abr. | May. | Jun. | Jul. | Ago. | Sept. | Oct. | Nov. | Dic. |
|---|---|---|---|---|---|---|---|---|---|---|---|---|
| Colegio, instituto o universidad | | | | | | | | | | | | |
| Ropa | | | | | | | | | | | | |
| Material escolar | | | | | | | | | | | | |
| Tasas de la organización | | | | | | | | | | | | |
| Desayuno en la escuela | | | | | | | | | | | | |
| Comida en la escuela | | | | | | | | | | | | |
| Cuidados infantiles | | | | | | | | | | | | |
| Peluquería | | | | | | | | | | | | |
| Juegos y juguetes | | | | | | | | | | | | |
| Farmacia | | | | | | | | | | | | |
| Extraescolares | | | | | | | | | | | | |
| Paga | | | | | | | | | | | | |
| Inversiones o ahorro | | | | | | | | | | | | |
| Otros | | | | | | | | | | | | |
| **Subtotales** | 0€ | 0€ | 0€ | 0€ | 0€ | 0€ | 0€ | 0€ | 0€ | 0€ | 0€ | 0€ |

si le has abierto un fondo de inversión o cualquier otro producto financiero.

**Cosas y electrónica:** este subconjunto de gastos es una sugerencia en el caso de que tengas algún pasatiempo que conlleve gastos mensuales de distinta índole. Adáptala a tu vida o suprímela en su caso. Quizás estés suscrito a una revista o a juegos en línea. Estos pagos por suscripción inclúyelos en la partida «cuotas».

| **Cosas y electrónica** | **Ene.** | **Feb.** | **Mar.** | **Abr.** | **May.** | **Jun.** | **Jul.** | **Ago.** | **Sept.** | **Oct.** | **Nov.** | **Dic.** |
|---|---|---|---|---|---|---|---|---|---|---|---|---|
| | | | | | | | | | | | | |
| Cuotas | | | | | | | | | | | | |
| Electrónica | | | | | | | | | | | | |
| Juguetes | | | | | | | | | | | | |
| Otros | | | | | | | | | | | | |
| **Subtotales** | 0 € | 0 € | 0 € | 0 € | 0 € | 0 € | 0 € | 0 € | 0 € | 0 € | 0 € | 0 € |

**Cuidados personales:** incluye todo lo relativo al cuidado personal, desde cursos para aprender hasta terapias, masajes, compras en farmacias, peluquería, ropa. En definitiva, cualquier gasto sobre tu cuerpo o tu mente.

| **Cuidados personales** | **Ene.** | **Feb.** | **Mar.** | **Abr.** | **May.** | **Jun.** | **Jul.** | **Ago.** | **Sept.** | **Oct.** | **Nov.** | **Dic.** |
|---|---|---|---|---|---|---|---|---|---|---|---|---|
| | | | | | | | | | | | | |
| Cabello | | | | | | | | | | | | |
| Ropa | | | | | | | | | | | | |
| Cursos personales | | | | | | | | | | | | |
| Farmacia y parafarmacia | | | | | | | | | | | | |
| Tasas de la organización | | | | | | | | | | | | |
| Proyectos | | | | | | | | | | | | |
| Subtotales | 0 € | 0 € | 0 € | 0 € | 0 € | 0 € | 0 € | 0 € | 0 € | 0 € | 0 € | 0 € |

**Ocio:** incluye aquellas actividades que realices en tu tiempo libre, ya sea entre semana, fin de semana o vacaciones.

| Ocio | Ene. | Feb. | Mar. | Abr. | May. | Jun. | Jul. | Ago. | Sept. | Oct. | Nov. | Dic. |
|---|---|---|---|---|---|---|---|---|---|---|---|---|
| Tabaco | | | | | | | | | | | | |
| Cine | | | | | | | | | | | | |
| Minigastos | | | | | | | | | | | | |
| Caprichos | | | | | | | | | | | | |
| Teatro | | | | | | | | | | | | |
| Otros | | | | | | | | | | | | |
| **Subtotales** | 0 € | 0 € | 0 € | 0 € | 0 € | 0 € | 0 € | 0 € | 0 € | 0 € | 0 € | 0 € |

**Préstamos/deudas:** abarca aquellos gastos en forma de cuota que devuelve cualquier deuda contraída. Incluye tantas partidas como deudas tengas.

| Préstamos/ deudas | Ene. | Feb. | Mar. | Abr. | May. | Jun. | Jul. | Ago. | Sept. | Oct. | Nov. | Dic. |
|---|---|---|---|---|---|---|---|---|---|---|---|---|
| Estudios | | | | | | | | | | | | |
| Coche | | | | | | | | | | | | |
| Tarjeta de crédito 1 | | | | | | | | | | | | |
| Tarjeta de crédito 2 | | | | | | | | | | | | |
| Otros | | | | | | | | | | | | |
| **Subtotales** | 0 € | 0 € | 0 € | 0 € | 0 € | 0 € | 0 € | 0 € | 0 € | 0 € | 0 € | 0 € |

**Impuestos:** anota los impuestos de todas tus propiedades. En caso de tener que pagar tras hacer la declaración de la renta, apúntalo en esta sección.

| Impuestos | Ene. | Feb. | Mar. | Abr. | May. | Jun. | Jul. | Ago. | Sept. | Oct. | Nov. | Dic. |
|---|---|---|---|---|---|---|---|---|---|---|---|---|
| IBI segunda vivienda | | | | | | | | | | | | |
| Locales | | | | | | | | | | | | |
| Otros | | | | | | | | | | | | |
| **Subtotales** | 0 € | 0 € | 0 € | 0 € | 0 € | 0 € | 0 € | 0 € | 0 € | 0 € | 0 € | 0 € |

**Regalos y donaciones:** aglutina el dinero que destinas a regalos, donaciones o lotería.

| Regalos y donaciones | Ene. | Feb. | Mar. | Abr. | May. | Jun. | Jul. | Ago. | Sept. | Oct. | Nov. | Dic. |
|---|---|---|---|---|---|---|---|---|---|---|---|---|
| | | | | | | | | | | | | |
| Lotería | | | | | | | | | | | | |
| Caridad | | | | | | | | | | | | |
| **Subtotales** | 0 € | 0 € | 0 € | 0 € | 0 € | 0 € | 0 € | 0 € | 0 € | 0 € | 0 € | 0 € |

**Gestiones varias:** recopila aquellas partidas que no hayas incluido en otro subconjunto anterior, como puede ser un gestor personal que realice aquellos trámites administrativos que delegues.

Puede que tengas un pequeño negocio y también lo quieras incluir en tu gasto total mensual. En tal caso, incluye un nuevo subconjunto de la empresa con tantas líneas como tipos de gasto tenga asociados. La clave es que personalices la plantilla a tu situación particular.

| Gestiones varias | Ene. | Feb. | Mar. | Abr. | May. | Jun. | Jul. | Ago. | Sept. | Oct. | Nov. | Dic. |
|---|---|---|---|---|---|---|---|---|---|---|---|---|
| | | | | | | | | | | | | |
| Gestores | | | | | | | | | | | | |
| Pagos por juicios | | | | | | | | | | | | |
| Impuestos | | | | | | | | | | | | |
| **Subtotales** | 0 € | 0 € | 0 € | 0 € | 0 € | 0 € | 0 € | 0 € | 0 € | 0 € | 0 € | 0 € |

Hasta aquí es el gasto estricto. Sumados todos los subtotales obtendrás el gasto total mensual que agrupa todo lo gastado en un mes.

Adicionalmente, para llevar el registro total de tu flujo entrante y saliente de dinero, puedes incluir una tabla relativa al ahorro y la inversión. Si no destinas ningún porcentaje a las inversiones, el ahorro será la diferencia entre la suma de todos tus ingresos y el gasto total que acabas de calcular.

**Ahorros o inversiones:** el ahorro y la inversión se incluyen en el gasto total, ya que deben figurar todas las salidas de dinero sea cual sea su destino. Aquí aparece el porcentaje de tus ingresos que ahorras y destinas a inversiones financieras o no financieras.

| Ahorros o inversiones | Ene. | Feb. | Mar. | Abr. | May. | Jun. | Jul. | Ago. | Sept. | Oct. | Nov. | Dic. |
|---|---|---|---|---|---|---|---|---|---|---|---|---|
| Fondo de inversión | | | | | | | | | | | | |
| Universidad | | | | | | | | | | | | |
| Otros | | | | | | | | | | | | |
| **Subtotales** | 0 € | 0 € | 0 € | 0 € | 0 € | 0 € | 0 € | 0 € | 0 € | 0 € | 0 € | 0 € |

Una vez tengas tu gasto mes a mes y dispongas de un histórico suficiente, debes hacer el ejercicio de proyectar y definir cómo te gustaría vivir durante la jubilación. ¿Tienes nietos? ¿Vives en el mismo lugar o cambias de residencia? ¿Mantienes los mismos pasatiempos o deseas empezar alguno nuevo? Todas estas preguntas, y aquellas otras que se te ocurran, deben quedar reflejadas en el posible gasto futuro, el gasto mensual durante la jubilación.

Debes ajustar lo máximo posible este gasto, pues será la cantidad económica que deberás conseguir mediante la combinación de distintos flujos entrantes de dinero para garantizar tu bienestar futuro. Quizá tengas que investigar precios de viviendas en otras geografías, estimar el número de nietos que tendrás y cuánto dinero aportarás a su crecimiento. Es probable que no tengas la información suficiente, lo importante es hacer el ejercicio y dejar reflejado el número máximo de variables en tu gasto mensual futuro.

Una vez obtengas la cantidad, que puede ser superior o inferior a lo que gastas actualmente en función de cuál va a ser tu estilo de vida en la jubilación, súmale un 10 por ciento. Ese porcentaje, que no está relacionado con la inflación, incluye aquellos imprevistos que puedan surgir o variaciones futuras del contexto económico o social del momento.

Apunta la cifra, pues la utilizarás pronto. El siguiente punto es estimar el número de años de tu jubilación en función de tu esperanza de vida.

## ¿Cuánto dinero necesitas en tu jubilación para mantener el nivel de vida deseado?

Los subapartados anteriores te dan la información necesaria para calcular el dinero total que necesitas en tu jubilación para mantener el nivel de vida deseado.

Por un lado, has proyectado tu gasto mensual en el futuro, definiendo con detalle aquellas actividades que te gustaría realizar, y traduciendo la información a gasto.

Por otro lado, deberás hacer el ejercicio de calcular el número de años que esperas vivir cuando te jubiles.

Con estos dos datos, ya puedes calcular la cantidad de dinero que necesitarás.

Ahora tienes que proyectar esa cantidad en el tiempo, ya que debes recordar que tu dinero vale menos a lo largo del tiempo porque existe la inflación. Vas a capitalizar la cantidad obtenida. Repasa el apartado de la inflación para recordar cómo pasar una cantidad de hoy a su valor equivalente futuro.

La fórmula para hacerlo es la siguiente:

$$\text{Valor futuro} = \text{Valor presente} \times (1 + \text{Inflación})^{\text{Número de años}}$$

En tu caso:

- El valor presente es el gasto que ya has calculado.
- La inflación es el aumento de precios estimado proyectado a futuro. Repasa el apartado de la inflación para ajustarlo.
- El número de años es la diferencia entre tu edad actual y la edad a la que te jubilarás.

Voy a ilustrarlo con un ejemplo. Una persona de treinta y siete años se va a jubilar a los sesenta y siete y el gasto mensual que ha calculado en el subapartado «Calcula lo que gastarás al mes cuando te jubiles» es de 2.500 euros. Además, los precios de los productos que consume suben un 2 por ciento de media cada año. La cantidad equivalente a esos 2.500 euros que le gustaría cobrar al cabo de treinta años, desde los treinta y siete actuales hasta los sesenta y siete, es de 4.528 euros. Es decir, que 4.528 euros dentro de treinta años a una tasa de inflación del 2 por ciento anual equivalen a 2.500 euros hoy.

$$4.528\,€ = 2.500\,€ \times \left(1 + 2\,\%\right)^{30}$$

Por tanto, para mantener el nivel de vida deseado, necesita garantizar unos ingresos en su jubilación de 4.528 euros durante el resto de su vida.

El número de años que vivirá ya lo ha calculado en el subapartado «Calcula el número de años que vivirás en tu jubilación». El resultado es ochenta y siete años, así que vivirá veinte años desde que se jubila. La cantidad total que necesita en su retiro es de 1.086.816 euros, o lo que es lo mismo, 600.000 euros de hoy.

Para calcular la cantidad total, utiliza la siguiente fórmula:

$$\text{Importe total} = \text{Gasto mensual} \times 12 \times$$
$$\times (\text{Esperanza de vida-Edad de jubilación})$$

Si en el gasto mensual introduces el importe de gasto sin actualizar, obtendrás el importe total que necesitas en tu jubilación con valor de hoy. Por el contrario, si en el factor gasto mensual introduces el importe capitalizado, el resultado es el importe total que necesitas en tu jubilación con datos futuros.

El importe de gasto mensual total futuro es tu objetivo para el día en el que te jubiles. Por eso, durante toda tu vida, tus esfuerzos deben ir enfocados a ese momento.

Siguiendo con el ejemplo, la persona también deberá calcular cuál es la pensión probable de jubilación, ya que el gasto de 4.528 euros debe quedar cubierto mediante distintos tipos de ingresos, entre ellos la pensión de jubilación.

La persona de treinta y siete años ha calculado que gastará en su jubilación 2.500 euros, sin embargo, hoy tiene un salario de casi 2.000 euros netos mensuales en doce pagas. Estima un gasto del 125 por ciento de su ingreso hoy, que es 2.000 euros. ¿Recuerdas que la mayoría de las personas necesita en el momento de jubilarse un 135 por ciento de lo que gasta antes de retirarse para mantener el nivel de vida deseado? Cuando proyectes tus gastos no caigas en el error de creer que gastarás menos en tu jubilación de lo que gastas durante la vida laboral.

Continuando con el ejemplo, su salario bruto a los treinta y siete años es de 30.000 euros. Suponiendo que su pensión futura será de 22.800 euros, valor de hoy y con las siguientes premisas: crecimiento anual de su salario del 1 por ciento, revalorización de la pensión del 1 por ciento, IPC del 2 por ciento y factor de sostenibilidad del 86,5 por ciento, bajo este supuesto, el cobro neto mensual con el que contará en su jubilación a través de la Seguridad Social será de 1.500 euros al mes. Recuerda que su objetivo es cobrar 2.500 euros netos al mes cuando se jubile. Por tanto, ya tiene 1.500 euros cubiertos con la jubilación.

Resumiendo el ejemplo:

- Tiene un salario de 2.000 euros netos al mes.
- Estima que gastará en la jubilación 2.500 euros al mes.
- Calcula que cobrará una pensión de 1.500 euros al mes en su jubilación.
- Tiene que construir un sistema de inversión que le proporcione 1.000 euros más para alcanzar su objetivo definido.

Éste es el punto en el que deberías calcular cuánto vas a cobrar tú y qué porcentaje supone de tu gasto esperado.

En el ejemplo, la persona tendría cubierto el 60 por ciento de su gasto esperado, 1.500 euros de 2.500 euros, por lo que debe trabajar para garantizar 1.000 euros al mes en el momento de jubilarse.

Utilizando esa misma fórmula para calcular el importe total de ahorro que garantizaría un pago de 1.000 euros al mes durante los veinte años que estima vivir tras jubilarse, tendría que ahorrar 240.000 euros con valor actual, lo que equivale a 434.726 euros a valor futuro. O generar rentas de 1.000 euros mensuales.

$$240.000\,€ = 1.000\,€ \times 12 \times (86 - 67)$$

Esta cantidad es la que supone el 40 por ciento restante de los 600.000 euros del principio. Sin tener en cuenta la actualización del dinero por la devaluación de los precios a lo largo del tiempo, 240.000 euros se conseguirían ahorrando 666 euros al mes, lo que es un porcentaje elevado para un salario de 2.000 euros y que podría suponer reducir el nivel de vida durante el resto de su vida para garantizar el futuro. Para garantizar los 240.000 euros llegada la edad de jubilación, se debería invertir en productos financieros que, al menos, den una rentabilidad conjunta igual a la inflación del 2 por ciento del ejemplo. La cantidad de 240.000 euros dentro de treinta años con una tasa de inflación del 2 por ciento equivale a 435.000 euros futuros. Por tanto, la clave estará en combinar distintas estrategias de inversión de manera que, asumiendo distintos riesgos, se garanticen los pagos futuros a través de las rentas.

**Fórmula para calcular la anualidad necesaria para constituir un capital definido en un número de años a un tipo de interés.**

Ahora te voy a mostrar una fórmula que te ayudará a calcular la anualidad necesaria para constituir, en un número concreto de años y con una rentabilidad de inversión estimada, el capital objetivo.

$$\text{Aportación anual} = \frac{\text{Capital final objetivo}}{\dfrac{(1 + \text{tipo interés})^{\text{años de inversión}} - 1}{\text{tipo interés}}}$$

Por ejemplo, si el objetivo es obtener 240.000 euros para tu jubilación en treinta años con un tipo de interés de inversión del 4 por ciento ya aplicada la inflación del 1 por ciento, la aportación anual que tendrías que destinar durante los treinta años es de 4.279 euros anuales, es decir, 356 euros al mes, una cifra más asequible debido a la inversión:

$$\text{Aportación anual} = \frac{240.000\,€}{\dfrac{(1+0,04)^{30} - 1}{0,04}} = 4.279\,€$$

## Calcula el número de años que vivirás en tu jubilación

Para calcular los ingresos deseados que cubrirán el gasto llegada tu jubilación, es necesario conocer tu esperanza de vida particular, es decir, el número de años máximo que probablemente vivirás. Te voy a acompañar en este cálculo necesario proporcionándote varias alternativas e invitándote a reflexionar sobre un conjunto de variables que definirán el número de años medio que vivirás.

Lo primero que quiero compartir contigo es lo que significa la media de un conjunto de datos para el caso de la jubilación.

La esperanza de vida media se calcula sumando todas las edades de las personas que han muerto en un periodo determinado y en una geografía concreta, y posteriormente se divide esta suma entre el número total de fallecidos. Pero utilizar el dato medio para tu caso concreto sería un grandísimo error, pues el dato medio implica que hay un conjunto de personas que viven más que la media y otro conjunto de personas que viven menos. Si tú estás en el conjunto superior de personas que viven más, y tus cálculos los haces para una esperanza de vida media, habrá un conjunto de años de tu vida en el que seguirás gastando recursos que no habías tenido en cuenta, y posiblemente no los habrás generado. *A priori*, es posible que tu esperanza de vida se sitúe por encima de la media. A continuación, puedes ver el gráfico de mortalidad en España en el año 2018 por edades.

Voy a compartir contigo una tabla muy simplificada para obtener tu esperanza de vida en función de los años que tengas, aunque lo ideal es que ajustes tu propia esperanza de vida investigando al respecto, ya que depende de la combinación de distintos factores: tu país de nacimiento, la ciudad en la que vives, el barrio en el que vives, la familia en la que

**Gráfico 4.** Tabla de mortalidad, edad, ambos sexos, defunciones teóricas, 2018

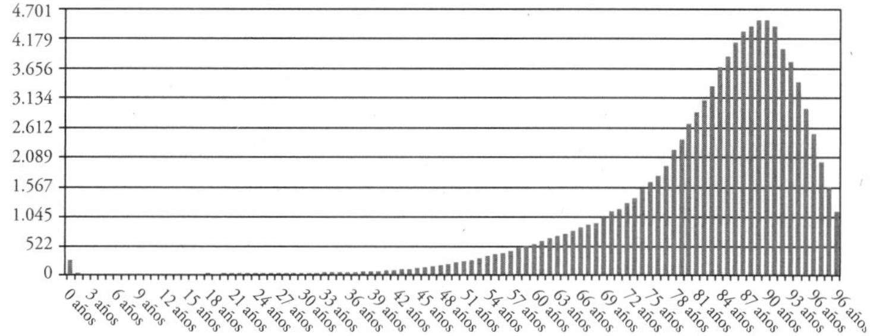


Fuente: Instituto Nacional de Estadística

naces, tu género, tu alimentación, el aire que respiras, tu genética, tu salud mental y tu estilo de vida, tu aversión al riesgo, entre otros. Haz primero este primer ejercicio, y después compartiré contigo una sorpresa.

Se suele mostrar la diferencia en la esperanza de vida entre hombres y mujeres a nivel agregado por país. En el Anexo muestro la tabla de mortalidad proyectada hasta el año 2065 con la esperanza de vida diferenciando entre hombres y mujeres. Esta información la he extraído del Instituto Nacional de Estadística.

Para encontrar la esperanza de vida media que tendrás cuando te jubiles, busca en la primera fila el año en el que tienes pensado jubilarte en función de la información de la que dispones en el subapartado «Paso 1: Conoce tu edad de jubilación». Por ejemplo, para un hombre de treinta años en el año 2020 que pretenda jubilarse a los sesenta y siete años por cotizar menos de treinta y ocho años y seis meses, es decir, en el año 2057, según su esperanza de vida a partir de ese momento viviría 22,5 años. Ése es el dato medio, lo que significa que habrá hombres que vivan más de 22,5 años y hombres que vivan menos, según el modelo.

¡Ahora viene la sorpresa! El dato anterior, lo vas a poder

ajustar con la calculadora de esperanza de vida que incluye numerosos factores que se deben tener en cuenta.

En el siguiente enlace dispondrás de una esperanza de vida ajustada a tu situación particular: <https://es.calcuworld.com/deporte-y-ejercicio/calculadora-de-esperanza-de-vida/>.

Ajusta el dato obtenido en la tabla con esta nueva información.

Imagina que, en el ejemplo anterior, tu esperanza de vida en función de la información personal no es ochenta y nueve años y medio como has observado en la tabla, sino que es de noventa y dos años. Siempre te tienes que quedar con el dato máximo, que en este caso es noventa y dos años, por lo que, traducido al número de años de jubilación desde los sesenta y siete años, son en total veinticinco años. De esta manera, en cualquier caso, siempre estarás preparado para vivir más de lo esperado, y el riesgo de liquidez lo minimizas, ya que proyectas tu patrimonio para mantener tu nivel de vida durante más tiempo del que probablemente vivas.

La cifra que te interesa anotar para hacer los cálculos en este ejemplo es veinticinco años. Calcula la tuya.

# La combinación de ingresos en tu pensión de jubilación

Llegado el momento de la jubilación, la mayoría de las personas ven reducido su poder adquisitivo. Aquí voy a definir la tarta de la jubilación como la combinación de las distintas fuentes de ingreso que debes construir para garantizar la meta definida en el apartado anterior. Esta tarta se compone de la pensión pública, las rentas construidas y el ahorro, aspectos en los que profundizaré en apartados posteriores.

## ¿Cómo complementar tu pensión?

En España, de media, la pensión mensual supone el 80 por ciento del salario previo a la jubilación. Además, ya sabes que los pensionistas suelen necesitar el 135 por ciento del gasto que tenían antes de jubilarse, aunque creen que necesitarán el 75 por ciento.

Bajo esta premisa, deberías trabajar para garantizar el 55 por ciento restante, del 80 por ciento al 135 por ciento de ingresos deseados. Traduciendo estos porcentajes al ciento por ciento de ingresos que vas a cobrar en tu jubilación, la distribución quedaría así: el 60 por ciento de los ingresos que necesitas lo cubrirá la pensión pública y el 40 por ciento restante lo debes construir tú.

Tarta de ingresos de tu jubilación

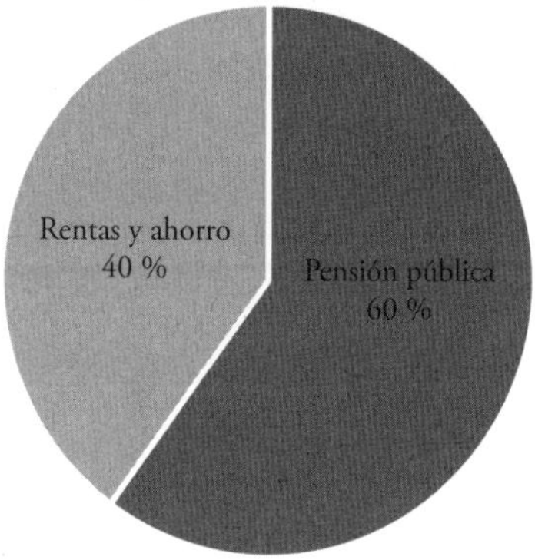


En el ejemplo del subapartado anterior «¿Cuánto dinero necesitas en tu jubilación para mantener el nivel de vida deseado?», para completar la pensión y alcanzar el nivel de ingreso mensual definido previamente se necesitaban acumular 240.000 euros para garantizar el cobro de 1.000 euros adicionales a la pensión calculada de 1.500 euros, lo que suponía un ahorro de 666 euros al mes durante los treinta años restantes de vida laboral hasta la jubilación. Además, a lo largo del tiempo, hay que batir la inflación para no perder poder adquisitivo, de manera que, como mínimo, el dinero aporte una rentabilidad que iguale la inflación del momento.

La clave es invertir y diversificar a lo largo de los años, para que el esfuerzo de ahorro sea menor, y puedas compaginar un nivel de vida adecuado sin un sobreesfuerzo que garantice tu jubilación futura. Este punto de equilibrio es el que te voy a explicar.

A continuación, te voy a mostrar distintos escenarios

equivalentes al ahorro mencionado, para que puedas dimensionar cómo se puede acumular la misma cantidad de dinero a través de la inversión. Voy a suponer una inflación del 2 por ciento en todos los escenarios, y a utilizar el ejemplo del trabajador de treinta y siete años que se jubila a los sesenta y siete años con un nivel de ingresos deseado en su jubilación de 2.500 euros, y el cobro de una pensión probable de 1.500 euros.

## Escenario 1: Ahorro sin inversión

La persona ahorra 666 euros durante todos los meses a lo largo de los treinta años hasta llegar a la edad de jubilación y no invierte sus ahorros. Cuando llegue a la edad de jubilación, tendrá acumulada la cantidad de 240.000 euros. Sin embargo, esa cantidad a sus sesenta y siete años, equivale a 132.000 euros hoy, algo más de la mitad del dinero acumulado. La inflación a lo largo de los años, se *ha comido* el valor del dinero.

De ese modo, la persona no llegaría a tener la cantidad de dinero suficiente para mantener el nivel de ingresos definido en apartados anteriores de 2.500 euros. Los 132.000 euros a lo largo de los veinte años de vida restante desde que se jubila a los sesenta y siete hasta la esperanza de vida definida de ochenta y siete años permitirían un gasto mensual de 550 euros, lejos de los 1.000 euros que necesita para garantizar su nivel de vida definido. Sumados a los 1.500 euros de pensión pública, suponen 2.050 euros de paga mensual, lejos del objetivo de 2.500, un 20 por ciento menos.

En la tabla 5 puedes ver que el dinero acumulado al cabo de treinta años es igual al dinero ahorrado, ya que no se ha invertido.

**Tabla 5.** Ahorro sin inversión

| Años | Cantidad de dinero disponible | Intereses recibidos ese año | Dinero invertido | Intereses recibidos en total |
|---|---|---|---|---|
| 1 | 7.992 € | 0 € | 7.992 € | 0 € |
| 2 | 15.984 € | 0 € | 15.984 € | 0 € |
| 3 | 23.976 € | 0 € | 23.976 € | 0 € |
| 4 | 31.968 € | 0 € | 31.968 € | 0 € |
| 5 | 39.960 € | 0 € | 39.960 € | 0 € |
| 6 | 47.952 € | 0 € | 47.952 € | 0 € |
| 7 | 55.944 € | 0 € | 55.944 € | 0 € |
| 8 | 63.936 € | 0 € | 63.936 € | 0 € |
| 9 | 71.928 € | 0 € | 71.928 € | 0 € |
| 10 | 79.920 € | 0 € | 79.920 € | 0 € |
| 11 | 87.912 € | 0 € | 87.912 € | 0 € |
| 12 | 95.904 € | 0 € | 95.904 € | 0 € |
| 13 | 103.896 € | 0 € | 103.896 € | 0 € |
| 14 | 111.888 € | 0 € | 111.888 € | 0 € |
| 15 | 119.880 € | 0 € | 119.880 € | 0 € |
| 16 | 127.872 € | 0 € | 127.872 € | 0 € |
| 17 | 135.864 € | 0 € | 135.864 € | 0 € |
| 18 | 143.856 € | 0 € | 143.856 € | 0 € |
| 19 | 151.848 € | 0 € | 151.848 € | 0 € |
| 20 | 159.840 € | 0 € | 159.840 € | 0 € |
| 21 | 167.832 € | 0 € | 167.832 € | 0 € |
| 22 | 175.824 € | 0 € | 175.824 € | 0 € |
| 23 | 183.816 € | 0 € | 183.816 € | 0 € |
| 24 | 191.808 € | 0 € | 191.808 € | 0 € |
| 25 | 199.800 € | 0 € | 199.800 € | 0 € |
| 26 | 207.792 € | 0 € | 207.792 € | 0 € |
| 27 | 215.784 € | 0 € | 215.784 € | 0 € |
| 28 | 223.776 € | 0 € | 223.776 € | 0 € |
| 29 | 231.768 € | 0 € | 231.768 € | 0 € |
| 30 | 239.760 € | 0 € | 239.760 € | 0 € |

En el gráfico 5 puedes ver cómo se acumula el dinero a lo largo de los años, con la trampa de que la inflación a lo largo del tiempo hace que el valor de tu dinero sea menor.

**Gráfico 5.** Ahorro sin inversión

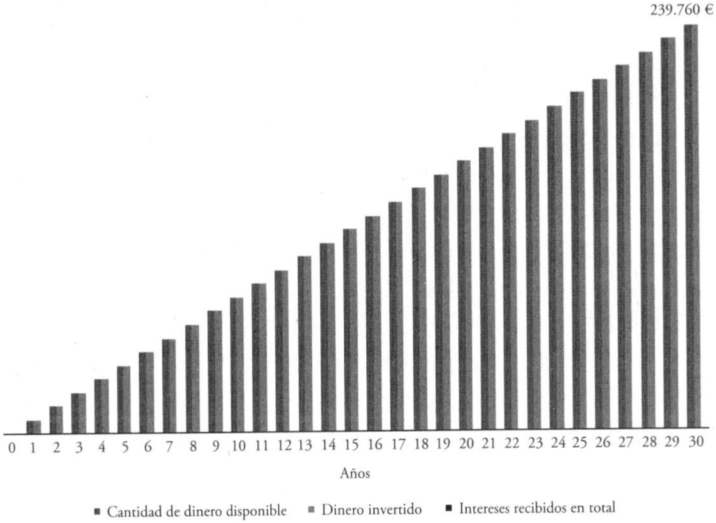


## Escenario 2: Ahorro igualando la inflación

La persona ahorra 666 euros durante todos los meses a lo largo de los treinta años hasta llegar a la edad de jubilación e invierte todos sus ahorros en productos financieros que aportan una rentabilidad igual a la inflación del 2 por ciento. Llegada la edad de jubilación, tendrá acumulada la cantidad de 330.700 euros. Lejos de los 435.000 euros que necesita para garantizar el nivel de gasto definido. Los 330.700 euros futuros equivalen a 182.500 euros hoy. Esta cantidad acumulada a lo largo de los veinte años de vida restante desde que se jubila a los sesenta y siete años hasta la esperanza de vida definida de ochenta y siete años permitirían un gasto mensual de 760 euros, que, sumados a los 1.500 euros de pensión pública, suponen 2.260 euros de paga mensual, cerca del objetivo, pero sin alcanzarlo.

En la tabla 6 puedes ver cómo se acumula el dinero a lo largo de los años y aumenta el capital, ya que a medida que pasan los años se invierte el capital más los intereses acumulados, y gracias al interés compuesto aumenta el patrimonio de forma exponencial.

El dinero invertido son los mismos 240.000 euros del escenario 1, 666 euros durante treinta años, pero el resultado final acumulado es diferente. Al final del periodo hay disponibles 330.700 euros, los 240.000 más los casi 91.000 de intereses. Esta cantidad, después de treinta años con una inflación del 2 por ciento equivale a 240.000 euros.

Ese año y años sucesivos, como puedes ver en la tabla 6, los intereses recibidos serían de casi 6.500 euros. Es decir, a la edad de sesenta y siete años dispondría de una renta vitalicia de 6.500 al año.

El concepto de renta es muy relevante a la hora de planificar tu jubilación. Una renta es un ingreso que recibes de inversiones financieras o no financieras con una periodicidad determinada. Puede venir en forma de dividendos por la posesión de acciones, en concepto de intereses por prestar tu dinero, en forma de pago del alquiler por tener una vivienda en propiedad o en forma de royalties por la venta de algún producto creado por ti mismo. La tipología de una renta puede ser muy variable. Hasta ahora, me vale con que interiorices la importancia de las rentas.

Es importante que interiorices la necesidad de igualar la inflación a través de inversiones durante toda tu vida. Esta acción es la mínima que se debería realizar en la gestión financiera individual para evitar la pérdida de poder adquisitivo. Aun así, invertir 666 euros igualando la inflación permitiría una paga de 760 euros, insuficiente y lejos de los

**Tabla 6.** Ahorro igualando la inflación

| Años | Cantidad de dinero disponible | Intereses recibidos ese año | Dinero invertido | Intereses recibidos en total |
|---|---|---|---|---|
| 0 | -€ | -€ | -€ | -€ |
| 1 | 8.152 € | 160 € | 7.992 € | 160 € |
| 2 | 16.467 € | 323 € | 15.984 € | 483 € |
| 3 | 24.948 € | 489 € | 23.976 € | 972 € |
| 4 | 33.599 € | 659 € | 31.968 € | 1.631 € |
| 5 | 42.423 € | 832 € | 39.960 € | 2.463 € |
| 6 | 51.423 € | 1.008 € | 47.952 € | 3.471 € |
| 7 | 60.603 € | 1.188 € | 55.944 € | 4.659 € |
| 8 | 69.967 € | 1.372 € | 63.936 € | 6.031 € |
| 9 | 79.518 € | 1.559 € | 71.928 € | 7.590 € |
| 10 | 89.260 € | 1.750 € | 79.920 € | 9.340 € |
| 11 | 99.197 € | 1.945 € | 87.912 € | 11.285 € |
| 12 | 109.333 € | 2.144 € | 95.904 € | 13.429 € |
| 13 | 119.672 € | 2.347 € | 103.896 € | 15.776 € |
| 14 | 130.217 € | 2.553 € | 111.888 € | 18.329 € |
| 15 | 140.973 € | 2.764 € | 119.880 € | 21.093 € |
| 16 | 151.944 € | 2.979 € | 127.872 € | 24.072 € |
| 17 | 163.135 € | 3.199 € | 135.864 € | 27.271 € |
| 18 | 174.550 € | 3.423 € | 143.856 € | 30.694 € |
| 19 | 186.193 € | 3.651 € | 151.848 € | 34.345 € |
| 20 | 198.068 € | 3.884 € | 159.840 € | 38.228 € |
| 21 | 210.181 € | 4.121 € | 167.832 € | 42.349 € |
| 22 | 222.537 € | 4.363 € | 175.824 € | 46.713 € |
| 23 | 235.140 € | 4.611 € | 183.816 € | 51.324 € |
| 24 | 247.994 € | 4.863 € | 191.808 € | 56.186 € |
| 25 | 261.106 € | 5.120 € | 199.800 € | 61.306 € |
| 26 | 274.480 € | 5.382 € | 207.792 € | 66.688 € |
| 27 | 288.121 € | 5.649 € | 215.784 € | 72.337 € |
| 28 | 302.036 € | 5.922 € | 223.776 € | 78.260 € |
| 29 | 316.228 € | 6.201 € | 231.768 € | 84.460 € |
| 30 | 330.704 € | 6.484 € | 239.760 € | 90.944 € |

**Gráfico 6.** Ahorro igualando la inflación

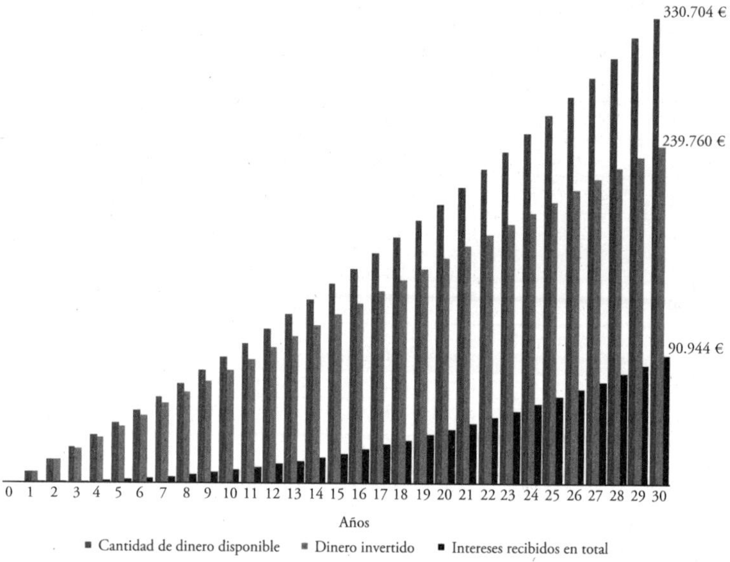


1.000 euros definidos previamente en el ejemplo que hemos seguido. Para alcanzar la paga de 1.000 euros, no sólo hay que igualar la inflación, sino que hay que aumentar a lo largo de los años la cantidad que se destina a inversión año tras año.

**Para alcanzar el objetivo en la jubilación, no sólo hay que igualar la inflación, sino que hay que aumentar la cantidad que se destina a inversión año tras año.**

Esto es así porque a medida que el tiempo pasa, en teoría, no sólo aumentan los precios de los bienes de consumo, sino que también aumentan tus ingresos, y con dicho aumento, en paralelo debería aumentar la cantidad que destinas a inversión. Por eso hablaré en forma de porcentajes cuando indique lo que debes destinar a inversión y no en términos absolutos, como en el ejemplo que estamos utilizando. En el siguiente escenario descubrirás la cantidad que se debe destinar mes tras mes para garantizar los 435.000 euros a los sesenta y siete años que garanticen la paga complementaria de 1.000 euros en la jubilación.

## Escenario 3: Aumentar el ahorro e igualar la inflación

Para acumular los 435.000 euros necesarios que garanticen la paga complementaria de 1.000 euros en la jubilación, es necesario aumentar la cantidad destinada a invertir hasta los 875 euros constantes durante los treinta años, lo que supone invertir de forma acumulada 315.000 euros a lo largo de treinta años. La inversión constante de 875 euros constantes a lo largo de los treinta años es equivalente a empezar destinando a la inversión el primer año 666 euros mensuales y aumentar cada año un 1,82 por ciento sobre la cantidad que se destina a inversión, de manera que el segundo año se destinarían a invertir 678 euros al mes, el tercer año 690 euros, y así sucesivamente hasta los 1.123 euros el último año.

Llegada la edad de jubilación, tras haber invertido los 315.000 euros en productos financieros que aportan una rentabilidad igual a la inflación del 2 por ciento, la cantidad acumulada con la reinversión de los intereses generados es de 435.000 euros tal y como puedes ver en la tabla 7.

Los 435.000 euros es justo la cantidad necesaria que garantiza el nivel de gasto definido. Los 435.000 euros futuros equivalen a 240.000 euros hoy. Esta cantidad acumulada a lo largo de los veinte años de vida restante, desde que se jubila a los sesenta y siete años hasta la esperanza de vida

**Tabla 7.** Aumentar el ahorro e igualar la inflación

| Años | Cantidad de dinero disponible | Intereses recibidos ese año | Dinero invertido | Intereses recibidos en total |
|---|---|---|---|---|
| 0 | -€ | -€ | -€ | -€ |
| 1 | 10.716 € | 210 € | 10.506 € | 210 € |
| 2 | 21.646 € | 424 € | 21.012 € | 635 € |
| 3 | 32.795 € | 643 € | 31.518 € | 1.278 € |
| 4 | 44.167 € | 866 € | 42.023 € | 2.144 € |
| 5 | 55.766 € | 1.093 € | 52.529 € | 3.237 € |
| 6 | 67.598 € | 1.325 € | 63.035 € | 4.563 € |
| 7 | 79.665 € | 1.562 € | 73.541 € | 6.125 € |
| 8 | 91.975 € | 1.803 € | 84.047 € | 7.928 € |
| 9 | 104.530 € | 2.050 € | 94.553 € | 9.978 € |
| 10 | 117.337 € | 2.301 € | 105.058 € | 12.278 € |
| 11 | 130.399 € | 2.557 € | 115.564 € | 14.835 € |
| 12 | 143.723 € | 2.818 € | 126.070 € | 17.653 € |
| 13 | 157.314 € | 3.085 € | 136.576 € | 20.738 € |
| 14 | 171.176 € | 3.356 € | 147.082 € | 24.094 € |
| 15 | 185.316 € | 3.634 € | 157.588 € | 27.728 € |
| 16 | 199.738 € | 3.916 € | 168.094 € | 31.644 € |
| 17 | 214.449 € | 4.205 € | 178.599 € | 35.849 € |
| 18 | 229.454 € | 4.499 € | 189.105 € | 40.348 € |
| 19 | 244.759 € | 4.799 € | 199.611 € | 45.148 € |
| 20 | 260.370 € | 5.105 € | 210.117 € | 50.253 € |
| 21 | 276.293 € | 5.418 € | 220.623 € | 55.670 € |
| 22 | 292.535 € | 5.736 € | 231.129 € | 61.406 € |
| 23 | 309.102 € | 6.061 € | 241.634 € | 67.467 € |
| 24 | 326.000 € | 6.392 € | 252.140 € | 73.859 € |
| 25 | 343.235 € | 6.730 € | 262.646 € | 80.589 € |
| 26 | 360.816 € | 7.075 € | 273.152 € | 87.664 € |
| 27 | 378.748 € | 7.426 € | 283.658 € | 95.091 € |
| 28 | 397.039 € | 7.785 € | 294.164 € | 102.876 € |
| 29 | 415.696 € | 8.151 € | 304.670 € | 111.027 € |
| 30 | 434.726 € | 8.524 € | 315.175 € | 119.551 € |

definida de ochenta y siete años, permitirían un gasto mensual de 1.000 euros, que, sumados a los 1.500 euros de pensión pública, alcanzan los 2.500 euros de paga mensual, el objetivo marcado.

En el gráfico 7 puedes ver cómo tras treinta años invirtiendo 875 euros constantes al 2 por ciento de tipo de interés, los intereses acumulados son 119.500 euros.

**Gráfico 7:** Aumentar el ahorro e igualar la inflación

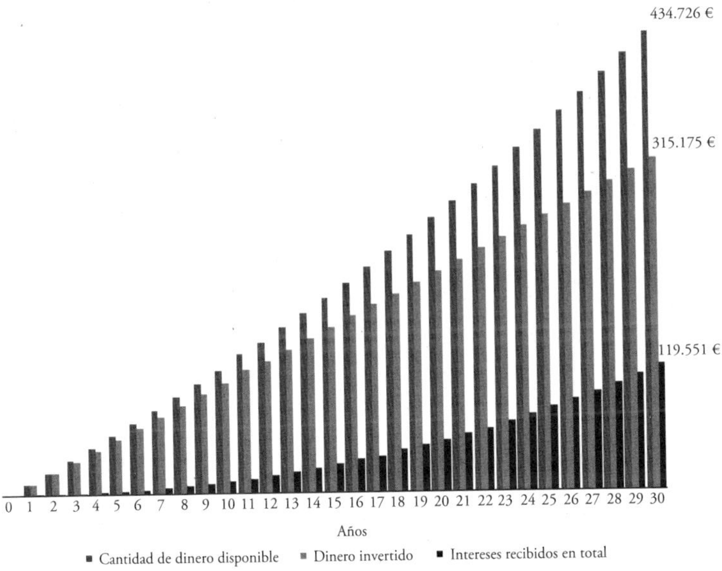


El siguiente paso es aprender a distribuir el dinero en inversiones para así poder reducir la cantidad que se debe destinar a inversión.

# Guía para estimar la pensión de jubilación pública paso a paso

Mediante una sencilla guía y paso a paso podrás calcular cuál puede ser la pensión pública aproximada que cobrarás en la jubilación: este apartado está dividido en siete subapartados que contienen fórmulas, tablas y enlaces web.

El objetivo de todo ello es que seas capaz de estimar cuánto vas a cobrar llegada tu jubilación, aunque para ser más precisa, debería formular la frase así: «El objetivo de todo ello es calcular el importe aproximado que probablemente tendrás en el momento de tu jubilación», pues recuerda que no hay nada seguro. Te voy a guiar paso a paso en el cálculo de la pensión pública aproximada que probablemente cobrarás en la jubilación, aportando las herramientas necesarias para dicho cálculo. Adicionalmente, comparto alternativas rápidas en forma de tablas ya construidas en el caso de que decidas no seguir todos los pasos anteriores y tan sólo quieras un dato aproximado para continuar la lectura.

El sistema de pensiones se ha transformado a lo largo del tiempo y va a seguir haciéndolo mediante reformas que hagan que sea sostenible. Y llegará un momento a lo largo de la historia en el que el sistema de pensiones desaparecerá. Nada dura eternamente.

Como ocurre en el seguimiento de tus finanzas personales, conocer la situación de partida es el primer paso. En un primer momento, para conocer tu pensión de jubilación, dado que se trata de un evento a largo plazo en el que influyen numerosas variables y posibles reformas futuras, bastará con conocer tu situación personal de forma aproximada, pues será la base para tomar decisiones posteriores y poder complementar tu pensión si así te lo propones.

Una vez has entendido los distintos aspectos que influyen en tu pensión de jubilación, ahora debes trabajarlos desde el punto de vista práctico. Las bases de cotización, la base reguladora, los años de cotización, tu edad real y otros factores como la maternidad influirán en dicho cálculo.

¡Empezamos!

## Paso 1: Conoce tu edad de jubilación

En el sistema de pensiones de reparto existe una edad de jubilación definida, que va desde los sesenta y cinco años y aumenta de forma progresiva hasta los sesenta y siete años, según la reforma del año 2013. Pero no descartes que se produzcan nuevas reformas que sigan retrasando la edad de jubilación si sigue aumentando la esperanza de vida como hasta ahora.

En la siguiente tabla puedes ver cómo, a medida que pasan los años, tu edad de jubilación aumenta hasta los sesenta y siete años, pero recuerda que esta edad podría ir aumentando más todavía si lo hace la esperanza de vida. Lo ideal en cualquier sociedad sería que existiera libertad para jubilarte con un mínimo de años cotizados, con una pensión que refleje lo aportado durante los años laborales, y que además las personas pudiesen posponer de forma voluntaria su edad de jubilación porque disfrutan de lo que hacen.

También existe la posibilidad de la jubilación anticipada.

**Tabla 8.** Aumento progresivo de la edad de jubilación

| Años | Periodos cotizados | Edad de jubilación |
|---|---|---|
| 2018 | 36 años y 6 meses o más<br>Menos de 36 años y 6 meses | 65 años<br>65 años y 6 meses |
| 2019 | 36 años y 9 meses o más<br>Menos de 36 años y 9 meses | 65 años<br>65 años y 8 meses |
| 2020 | 37 años o más<br>Menos de 37 años | 65 años<br>65 años y 10 meses |
| 2021 | 37 años y 3 meses o más<br>Menos de 37 años y 3 meses | 65 años<br>66 años |
| 2022 | 37 años y 6 meses o más<br>Menos de 37 años y 6 meses | 65 años<br>66 años y 2 meses |
| 2023 | 37 años y 9 meses o más<br>Menos de 37 años y 9 meses | 65 años<br>66 años y 4 meses |
| 2024 | 38 años o más<br>Menos de 38 años | 65 años<br>66 años y 6 meses |
| 2025 | 38 años y 3 meses o más<br>Menos de 38 años y 3 meses o más | 65 años<br>66 años y 8 meses |
| 2026 | 38 años y 3 meses o más<br>Menos de 38 años y 3 meses | 65 años<br>66 años y 10 meses |
| A partir de 2027 | 38 años y 6 meses o más<br>Menos de 38 años y 6 meses | 65 años<br>67 años |

## Paso 2: Recopila todas las bases de cotización a lo largo de tu carrera laboral

En el subapartado *«¿Dónde conocer tu base de cotización?»* descubriste cómo puedes obtener este dato a través de una solicitud en línea o presencial al Instituto Nacional de la Seguridad Social.*

* Puedes realizar la solicitud en línea a través del siguiente enlace: <https://sede.seg-social.gob.es>. También puedes recibir la información por correo ordinario rellenando el siguiente impreso: <https://w6.seg-

Una vez dispones de las bases de cotización de todos los meses que has trabajado, ahora debes conocer el periodo de tiempo que debes tener en cuenta para hacer la media de las cantidades correspondientes. No es lo mismo utilizar todas las bases de cotización desde que empezaste a trabajar, que de los últimos años de tu vida laboral.

## Paso 3: Conoce el periodo de referencia

El periodo de referencia es, como adelantaba en el paso 1, el intervalo de tiempo, medido en número de años, que se tiene en cuenta para calcular la base reguladora a partir de las bases de cotización que ya tienes en tu poder.

En la tabla 3, en el subapartado *«¿Dónde conocer tu base de cotización?»*, dispones del número de años que debes tener en cuenta en función del año en el que estimas jubilarte. De manera que si te vas a jubilar en el año 2022 o posterior, tu periodo de referencia es veinticinco años. Reproduzco de nuevo la tabla.

| Año de jubilación | 2013 | 2014 | 2015 | 2016 | 2017 | 2018 | 2019 | 2020 | 2021 | 2022 |
|---|---|---|---|---|---|---|---|---|---|---|
| Bases de cotización utilizadas | 16 años | 17 años | 18 años | 19 años | 20 años | 21 años | 22 años | 23 años | 24 años | 25 años |

Es importante mencionar que para el cálculo de la base reguladora, debes tener en cuenta las bases de cotización desde el momento en el que solicitas la jubilación o cesa tu trabajo hacia atrás, lo que se conoce como «hecho causante».

social.es/ProsaInternetAnonimo/OnlineAccess?ARQ.SPM.ACTION=LOGIN&ARQ.SPM.APPTYPE=SERVICE&ARQ.IDAPP=SINC0004>.

Figura 1

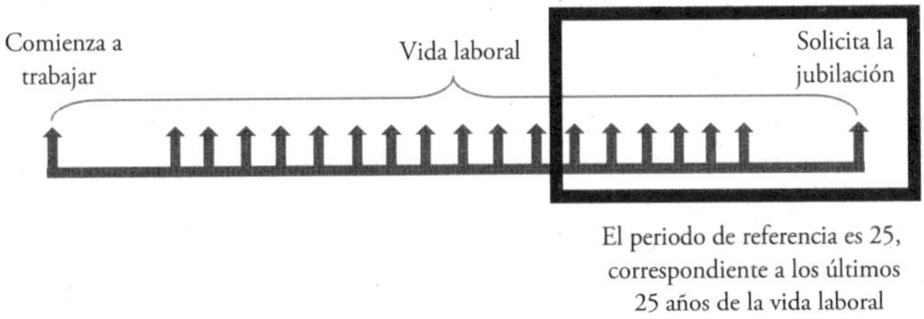


Lo explico con la figura 1 en el supuesto de que una persona se jubila en el año 2025, es decir, pasado el año 2022. En tal caso, el número de años a tener en cuenta es veinticinco.

## Paso 4: Actualiza las bases de cotización con el IPC

Para el cálculo de la base reguladora, debemos sumar todas las bases de cotización del periodo de referencia, actualizando aquellas bases de cotización que deban ser actualizadas. Para ello, utiliza la siguiente fórmula:

$$Base\ Reguladora = \sum_{i=1}^{24} Base_i + IPC_{25} x \sum_{i=25}^{300} \frac{Base_i}{IPC_i}$$

Donde:

- $Base_i$: la base de cotización del mes *i*.
- $IPC_i$: el IPC del mes *i*.

Hay veinticuatro meses que no se actualizan: se trata del primer sumando, dado que estos meses toman su valor nominal sin actualizar. Son, en concreto, los veinticuatro meses inmediatamente anteriores al mes previo al momento en el que solicitas la jubilación. Por tanto, hay dos meses de desfase entre el momento en el que pides la jubilación y los meses que se tienen en cuenta para el cálculo. Es decir, para el cálculo de la base reguladora, anota las bases de cotización que aparezcan en la documentación que has obtenido en el paso 1.

Las restantes bases de cotización se actualizarán de acuerdo con la evolución del índice de precios al consumo (IPC) desde el mes veinticinco hasta el mes que te indique el periodo de referencia calculado en el subapartado anterior.

Te voy a mostrar dos maneras de realizar esa actualización, una manual y otra a través de la calculadora en línea que pone a disposición el Instituto Nacional de Estadística.*

En dicha página introduces cada uno de los meses que quieres actualizar con el IPC en el rango del periodo y vas apuntando todas las cantidades, que luego debes sumar.

Si prefieres hacer el cálculo manual, divide cada base de cotización mensual por el IPC del mes correspondiente. Así obtienes todos los sumandos del sumatorio de la fórmula de la base reguladora desde el mes veinticinco hasta el mes del periodo de referencia, que serán trescientos en el caso de jubilarte a partir de 2022.

$$Base\ Reguladora = \sum_{i=1}^{24} Base_i + IPC_{25}\, x \boxed{\sum_{i=25}^{300} \frac{Base_i}{IPC_i}}$$

Donde:

- $Base_i$: la base de cotización del mes $i$.
- $IPC_i$: el IPC del mes $i$.

* Si decides hacerlo a través del INE, accede a la siguiente dirección: <https://www.ine.es/calcula/>.

La tabla 9 se ha extraído del Instituto Nacional de Estadística y contiene el IPC en España de los últimos años por meses.

**Tabla 9.** IPC en España por meses desde 2002 hasta la actualidad

| Año | Ene. | Feb. | Mar. | Abr. | May. | Jun. | Jul. | Ago. | Sep. | Oct. | Nov. | Dic. |
|---|---|---|---|---|---|---|---|---|---|---|---|---|
| 2002 | 74,59 | 74,65 | 75,27 | 76,29 | 76,56 | 76,57 | 76,04 | 76,25 | 76,54 | 77,30 | 77,42 | 77,67 |
| 2003 | 77,35 | 77,52 | 78,06 | 78,69 | 78,62 | 78,67 | 78,18 | 78,54 | 78,77 | 79,30 | 79,56 | 79,70 |
| 2004 | 79,14 | 79,17 | 79,73 | 80,82 | 81,29 | 81,42 | 80,81 | 81,16 | 81,31 | 82,14 | 82,35 | 82,27 |
| 2005 | 81,58 | 81,79 | 82,43 | 83,62 | 83,78 | 83,98 | 83,46 | 83,83 | 84,34 | 85,03 | 85,16 | 85,34 |
| 2006 | 84,99 | 85,04 | 85,64 | 86,85 | 87,16 | 87,29 | 86,77 | 86,95 | 86,81 | 87,16 | 87,38 | 87,62 |
| 2007 | 87,03 | 87,09 | 87,75 | 88,96 | 89,20 | 89,37 | 88,72 | 88,84 | 89,13 | 90,29 | 90,93 | 91,31 |
| 2008 | 90,75 | 90,89 | 91,70 | 92,68 | 93,31 | 93,85 | 93,40 | 93,20 | 93,18 | 93,50 | 93,10 | 92,62 |
| 2009 | 91,48 | 91,49 | 91,64 | 92,54 | 92,50 | 92,91 | 92,12 | 92,44 | 92,22 | 92,88 | 93,38 | 93,36 |
| 2010 | 92,42 | 92,25 | 92,94 | 93,93 | 94,14 | 94,31 | 93,88 | 94,12 | 94,18 | 95,05 | 95,56 | 96,15 |
| 2011 | 95,44 | 95,57 | 96,28 | 97,48 | 97,45 | 97,31 | 96,79 | 96,91 | 97,14 | 97,91 | 98,31 | 98,43 |
| 2012 | 97,35 | 97,45 | 98,11 | 99,49 | 99,34 | 99,15 | 98,92 | 99,48 | 100,46 | 101,31 | 101,19 | 101,26 |
| 2013 | 99,96 | 100,14 | 100,49 | 100,86 | 101,05 | 101,20 | 100,68 | 100,99 | 100,80 | 101,21 | 101,42 | 101,51 |
| 2014 | 100,16 | 100,12 | 100,34 | 101,24 | 101,26 | 101,29 | 100,33 | 100,49 | 100,65 | 101,11 | 101,04 | 100,46 |
| 2015 | 98,84 | 99,04 | 99,68 | 100,59 | 101,07 | 101,34 | 100,40 | 100,07 | 99,76 | 100,40 | 100,77 | 100,47 |
| 2016 | 98,56 | 98,21 | 98,84 | 99,53 | 100,07 | 100,54 | 99,81 | 99,93 | 99,94 | 101,08 | 101,45 | 102,05 |
| 2017 | 101,49 | 101,12 | 101,10 | 102,07 | 102,01 | 102,06 | 101,35 | 101,55 | 101,73 | 102,67 | 103,14 | 103,18 |
| 2018 | 102,07 | 102,21 | 102,33 | 103,17 | 104,10 | 104,38 | 103,63 | 103,78 | 104,03 | 104,99 | 104,88 | 104,41 |
| 2019 | 103,07 | 103,32 | 103,70 | 104,74 | 104,95 | 104,82 | 104,17 | 104,12 | 104,12 | 105,13 | 105,30 | 105,23 |
| 2020 | 104,20 | 104,078 | | | | | | | | | | |

Es importante que tengas en cuenta que, dependiendo del mes en el que te jubiles, cobrarás más o menos pensión. Esto es debido al IPC del mes veinticinco anterior a la fecha de jubilación, ya que se trata de un multiplicador que afecta a todo el sumatorio.* Es el factor recuadrado a continuación:

$$Base\ \ Reguladora = \sum_{i=1}^{24} Base_i + \boxed{IPC_{25}}\ x\ \sum_{i=25}^{300} \frac{Base_1}{IPC_i}$$

Analizando los patrones del IPC por meses entre los años 2002 y 2013,** los mejores meses para jubilarse son abril, mayo o junio. Hay que tener en cuenta si existe un desfase desde el hecho causante hasta el cálculo de la pensión de jubilación. Lo importante es que cuando se acerque la edad de jubilación, hagas supuestos de cálculo y no te precipites, pues la pensión que cobres el resto de tu vida puede variar hasta el 1 por ciento dependiendo del mes de solicitud con los datos analizados de principios del año 2000.

A modo de resumen, hasta el momento ya sabes que tu pensión de la Seguridad Social dependerá de varios factores: por un lado, de los años que hayas cotizado, por otro de las bases de cotización, es decir, de la evolución salarial que hayas tenido a lo largo de tu carrera laboral, asumiendo que hay políticas que marcan los máximos y los mínimos en su cálculo, además de la evolución del IPC.

## Paso 5: Suma todas las bases de cotización y divide

Recuerda la tabla 2 en el subapartado *«Conoce tu base reguladora»*. Busca el año de jubilación en la primera fila. El

* Encontrarás más información sobre el mes ideal para jubilarte en el siguiente enlace: <https://www.prodespachos.com/art%C3%ADculos/el-mes-idoneo-para-jubilarse-factor-i25/>.

** <https://institutosantalucia.es/wp-content/uploads/2017/11/estudio-sobre-el-modelo-de-cuentas-nocionales-en-espana.pdf>.

número por el que debes dividir la suma de todas tus bases de cotización actualizadas de los años que corresponda, es decir, el dato obtenido en el apartado anterior, se encuentra en la fila llamada «14 pagas al año». Si el año de jubilación es posterior al año 2022, utiliza la información de la última columna, es decir, el denominador es 350. El factor es 350. Reproduzco de nuevo la tabla.

| **Año de jubilación** | **2013** | **2014** | **2015** | **2016** | **2017** | **2018** | **2019** | **2020** | **2021** | **2022** |
|---|---|---|---|---|---|---|---|---|---|---|
| Bases de cotización utilizadas | 16 años | 17 años | 18 años | 19 años | 20 años | 21 años | 22 años | 23 años | 24 años | 25 años |
| Meses por año | 192 | 204 | 216 | 228 | 240 | 252 | 264 | 276 | 288 | 300 |
| 14 pagas al año | 224 | 238 | 252 | 266 | 280 | 294 | 308 | 322 | 336 | 350 |

La base reguladora mensualizada se calcula como sigue:

$$Base\ \ Reguladora\ mensualizada = \frac{\sum_{i=1}^{24} Base_i + IPC\ \ 25x\sum_{i=25}^{300} \frac{Base_i}{IPC_i}}{Factor}$$

$$Base\ \ Reguladora\ mensualizada = \frac{Base\ \ Reguladora}{Factor}$$

Donde el factor es el denominador de la tabla anterior correspondiente al número de meses del periodo de referencia, incluyendo las pagas extraordinarias.

## Paso 6: Calcular el porcentaje aplicable

Sólo cobrarás la totalidad de la cifra que has calculado en el paso 5 si cumples con los requisitos de años de cotización.

Pero recuerda que también hay una pensión máxima que cobrarás, que en 2019 estaba definida en 2.659,4 euros mensuales, 37.231,7 euros anuales. En 2027 y en los años posteriores, para cobrar la totalidad de la base reguladora mensualizada, deberás tener cotizados al menos treinta y siete años.

El porcentaje que vas a calcular ahora es un dato variable que depende de los años de cotización a la Seguridad Social. La cosa es que si accedes a la jubilación antes de cumplir la edad ordinaria, verás reducida tu base reguladora en función del tiempo que anticipes tu edad de jubilación. Si, por el contrario, retrasas tu jubilación más allá de la edad ordinaria, tu base reguladora se verá incrementada en función del número de años que retrases tu jubilación.

Cobrarás la totalidad de la base reguladora si has cotizado como mínimo treinta y cinco años y seis meses. El número de años de cotización va aumentando con el paso de los años, y en el caso de 2027, deberás tener cotizados al menos treinta y siete años para cobrar el ciento por ciento de la base reguladora.

Para acceder a la pensión, deberás tener cotizados al menos quince años, de los cuales dos de ellos deben estar comprendidos en los últimos quince años naturales antes de la fecha de solicitud de jubilación, además de tener la edad correspondiente para solicitar la pensión de jubilación. Por ejemplo, en 2018 podías pedir la jubilación a los sesenta y cinco años si habías cotizado por lo menos treinta y seis años. Si, por el contrario, habías cotizado menos de treinta y seis años, la edad de jubilación era de sesenta y cinco años y cuatro meses.

Para conocer el porcentaje que aplica en tu caso entre el mínimo, que es el 50 por ciento, y el máximo que puedes llegar a cobrar, que es el ciento por ciento, la ley establece una progresión por meses que podría variar en un futuro, y que, a su vez, también depende del año en el que te jubiles.

La siguiente tabla está disponible en la página web de la Seguridad Social, y muestra el detalle de la progresión por meses.

**Tabla 10.** Porcentaje de jubilación según el número de años cotizados

| Periodo de aplicación | Primeros 15 años | | Años adicionales | | | | Total | |
|---|---|---|---|---|---|---|---|---|
| | Años | % | Meses adicionales | Coeficiente | % | Años | Años | % |
| 2013 a 2019 | 15 | 50 | 1 al 163<br>83 restantes | 0,21<br>0,19 | 34,23<br>15,77 | | | |
| | 15 | 50 | **Total 246 meses** | | **50,00** | **20,5** | **35,5** | **100** |
| 2020 a 2022 | 15 | 50 | 1 al 106<br>146 restantes | 0,21<br>0,19 | 22,26<br>27,74 | | | |
| | 15 | 50 | **Total 252 meses** | | **50,00** | **21** | **36** | **100** |
| 2023 a 2026 | 15 | 50 | 1 al 49<br>209 restantes | 0,21<br>0,19 | 10,29<br>39,71 | | | |
| | 15 | 50 | **Total 258 meses** | | **50,00** | **21,5** | **36,5** | **100** |
| A partir de 2027 | 15 | 50 | 1 al 248<br>16 restantes | 0,21<br>0,19 | 47,12<br>2,88 | | | |
| | 15 | 50 | **Total 264 meses** | | **50,00** | **22** | **37** | **100** |

Según la tabla anterior, para acceder a la pensión máxima de jubilación posible atendiendo al criterio de años cotizados, tendrás que cumplir el siguiente requisito:

- Si te jubilas entre 2013 y 2019, debes tener 35,5 años cotizados, es decir, 426 meses.
- Si te jubilas entre 2020 y 2022, debes tener 36 años cotizados, es decir, 432 meses.
- Si te jubilas entre 2023 y 2026, debes tener 36,5 años cotizados, es decir, 438 meses.
- Si te jubilas a partir de 2027, debes tener 37 años cotizados, es decir, 444 meses.

Con un ejemplo quedará todo más claro.

Supongamos que una persona ha cotizado treinta y tres años. Como son menos de treinta y seis años, se jubilará a los sesenta y cinco años y cuatro meses. Al haber cotizado como mínimo quince años, y dos de ellos están dentro de los últimos quince años antes de jubilarse, tiene derecho a cobrar pensión.

Para conocer el porcentaje que debe aplicarse a la base reguladora mensualizada, que suponemos de 1.400 euros, ya calculados en apartados anteriores, la aplicamos sobre los años cotizados, es decir, sobre treinta y tres años.

Lo primero es traducir a meses los años cotizados. En nuestro ejemplo, treinta y tres años equivalen a 396 meses. Para cobrar el máximo de la jubilación, deberá tener cotizados al menos la cantidad de meses concreta que varía en función del momento de la jubilación. En este caso, como suponemos que se jubila en 2020, debería tener 432 meses cotizados para poder acceder a la pensión máxima. Al no ser éste el caso, hay que calcular el porcentaje.

Éste se calcula por tramos, que luego se suman. Para poder aplicar los porcentajes, en la tabla de la Seguridad Social observa la fila correspondiente al año en el que te jubilas.

En nuestro ejemplo debemos utilizar la información del 2020 al 2022.

PORCENTAJE-JUBILACIÓN-COTIZADOS

| Periodo de aplicación | Primeros 15 años | | Años adicionales | | | | Total | |
|---|---|---|---|---|---|---|---|---|
| | Años | % | Meses adicionales | Coeficiente | % | Años | Años | % |
| 2020 a 2022 | 15 | 50 | 1 al 106<br>145 restantes | 0,21<br>0,19 | 22,26<br>27,74 | | | |
| | 15 | 50 | Total 252 meses | | 50,00 | 21 | 35 | 100 |

Por los primeros quince años, es decir, 180 meses, se aplica un porcentaje del 50 por ciento.

A partir de los quince años, hay dos filas, que equivalen a dos opciones. La fila inferior indica el número de meses que te llevarían al supuesto de cobrar el ciento por ciento. Como éste no es el caso, pues la persona no llega a tener 432 meses cotizados, la fila que se debe utilizar es la primera, en la que hay dos tramos más. El tramo que va de los 181 meses a los 286 meses cotizados sumará 0,21 por ciento por cada mes adicional cotizado. Este tramo completo suma 22,26 por ciento. Y el tramo que va de los 287 a los 432 meses cotizados sumará 0,19 por ciento por cada mes adicional cotizado. Este tramo completo suma 27,74 por ciento.

Llevado de nuevo al ejemplo, a los siguientes 106 meses se aplica un 0,21 por ciento por cada mes adicional. Y los siguientes 110 meses restantes, sumarán 0,19 por ciento.

En el ejemplo, los 396 meses cotizados supondrían el siguiente porcentaje a aplicar sobre la base reguladora:

- Por los primeros 180 meses: 50 %.
- Por los siguientes 106 meses: 106 × 0,21 % = 22,26 %.
- Por los restantes 110 meses: 110 × 0,19 % = 20,90 %.

Si sumamos todo lo anterior, recibirá el 93,16 por ciento de la base reguladora mensualizada, que en el ejemplo es de 1.400 euros, lo que supone una pensión de 1.304,24 euros:

Pensión final = Base reguladora mensualizada × Porcentaje
1.304,24 € = 1.400 € × 93,16 %

Una apreciación: a medida que pasan los años, hasta llegar al 2027, la pensión que cobrarán las personas será inferior en igualdad de condiciones. En el ejemplo, si otra persona con las mismas características y años cotizados, en lugar de jubilarse en el año 2020, lo hubiera hecho en 2019, habría cobrado el 94,3 por ciento del total de la base reguladora, en lugar del 93,16 por ciento, es decir, el 94,3 por ciento de 1.400 euros, lo que suponen 1.320,20 euros mensuales. Esto implica unos 16 euros mensuales menos, lo que equivale a 4.224 euros menos si contamos los veintidós años restantes supuestos de vida desde la jubilación. Esto es así porque se van realizando pequeños ajustes en el sistema de pensiones que lo van haciendo actuarialmente equitativo, ya que actualmente no lo es. El sistema de pensiones público, tal y como lo conocemos se va a ir transformando hasta que éste sea sostenible. Este tipo de decisiones y ajustes pasan desapercibidos entre el grueso de la población, pero implican miles de millones de ahorro para el Estado.

Como puedes ver, todas las decisiones que tomes sobre tu pensión de jubilación afectarán al cobro futuro que tendrás el resto de tu vida.

En España, la pensión media roza los 1.000 euros. La máxima pensión de jubilación en 2016 asciende a 2.567 euros al mes. La mínima, es de 636 euros.

Recuerda que la pensión máxima y mínima ya están definidas, y para 2020 las cantidades son las siguientes:

- La pensión máxima es de 2.683,34 euros mensuales.
- La pensión mínima varía en función de la situación personal o familiar de cada persona. Si el titular tiene sesenta y cinco años o más, y vive solo, la pensión mínima es de 683,50 euros. Si tienes un cónyuge a tu cargo, serán 843,32 euros. Y si tienes cónyuge, pero no a tu cargo, la pensión mínima es 648,70 euros.

## Paso 7: Estimación de pensión sin cálculo

Siguiendo los seis pasos anteriores podrás obtener una estimación de lo que cobrarás en tu jubilación.

Sería ideal que trabajases distintos supuestos para poder tomar aquellas decisiones que te lleven a cobrar el máximo durante tu jubilación.

A continuación, comparto contigo dos tablas que te pueden servir de orientación en función de la edad y de tu salario actual, bajo una serie de supuestos.

**Tabla 11.** Pensión estimada para salarios comprendidos entre 20.000 y 30.000 euros

| Salario bruto hoy | 20.000 € | | 25.000 € | | 30.000 € | |
|---|---|---|---|---|---|---|
| **Edad** | **14 pagas** | **Pensión estimada** | **14 pagas** | **Pensión estimada** | **14 pagas** | **Pensión estimada** |
| 25 | 1.280 € | 17.914 € | 1.636 € | 22.901 € | 1.963 € | 27.482 € |
| 27 | 1.280 € | 17.914 € | 1.636 € | 22.901 € | 1.963 € | 27.482 € |
| 30 | 1.280 € | 17.914 € | 1.636 € | 22.901 € | 1.963 € | 27.482 € |
| 32 | 1.280 € | 17.914 € | 1.636 € | 22.901 € | 1.963 € | 27.482 € |
| 35 | 1.280 € | 17.914C | 1.636 € | 22.901 € | 1.963 € | 27.482 € |
| 37 | 1.280 € | 17.914 € | 1.636 € | 22.901 € | 1.963 € | 27.482 € |
| 40 | 1.280 € | 17.914C | 1.599 € | 22.392 € | 1.963 € | 27.482 € |
| 42 | 1.343 € | 18.796 € | 1.678 € | 23.494 € | 2.014 € | 28.193 € |
| 45 | 1.363 € | 19.085 € | 1.704 € | 23.857 € | 2.045 € | 28.629 € |
| 47 | 1.378 € | 19.293 € | 1.723 € | 24.117 € | 2.067 € | 28.940 € |
| 50 | 1.401 € | 19.609 € | 1.751 € | 24.511 € | 2.101 € | 29.413 € |
| 52 | 1.364 € | 19.097 € | 1.705 € | 23.871 € | 2.101 € | 29.413 € |
| 55 | 1.441 € | 20.168 € | 1.801 € | 25.210 € | 2.161 € | 30.252 € |

Busca tu edad actual en la primera columna y el nivel de ingresos que tienes en la actualidad. Suponiendo que llevas trabajando desde los veinticuatro años, un crecimiento salarial del 1 por ciento, una revalorización de las pensiones del 1 por ciento, un aumento de los precios anual del 1 por ciento y un factor de sostenibilidad del 87 por ciento, la columna «Pensión estimada» indica en lo que se puede convertir tu pensión futura. Es importante mencionar que estos datos se han calculado bajo el supuesto de jubilación a los sesenta y siete años y trabajando desde los veinticuatro años.

**Tabla 12.** Pensión estimada para salarios comprendidos entre 35.000 y 45.000 euros

| Salario bruto hoy | 35.000 € | | 40.000 € | | 45.000 € | |
|---|---|---|---|---|---|---|
| **Edad** | **14 pagas** | **Pensión estimada** | **14 pagas** | **Pensión estimada** | **14 pagas** | **Pensión estimada** |
| 25 | 2.239 € | 32.062 € | 2.617 € | 36.642 € | 2.683 € | 37.567 € |
| 27 | 2.239 € | 32.062 € | 2,617 € | 36.642 € | 2.683 € | 37.567 € |
| 30 | 2.239 € | 32.062 € | 2.617 € | 35.642 € | 2.683 € | 37.567 € |
| 32 | 2.239 € | 32.062 € | 2.617 € | 36,642 € | 2.683 € | 37.567 € |
| 35 | 2.239 € | 32.062 € | 2.617 € | 36.642 € | 2.683 € | 37.567 € |
| 37 | 2.239 € | 32.062 € | 2.617 € | 36.642 € | 2.683 € | 37.567 € |
| 40 | 2.239 e | 32.062 € | 2.617 € | 36.642 € | 2.683 € | 37.567 € |
| 42 | 2.349 € | 32.892 € | 2.683 € | 37.567 € | 2.683 € | 37.567 € |
| 45 | 2.386 € | 33.400 € | 2.683 € | 37.567 € | 2,683 € | 37.567 € |
| 47 | 2.412 € | 33.763 € | 2.683 € | 37.567 € | 2.683 € | 37.567 € |
| 50 | 2.451 € | 34.316 € | 2.683 € | 37.567 € | 2.683 € | 37.567 € |
| 52 | 2.387 € | 33.420 € | 2.683 € | 37.567 € | 2.683 € | 37.567 € |
| 55 | 2.521 € | 35.294 € | 2.683 € | 37.567 € | 2.683 € | 37.567 € |

Observa que a partir de un salario determinado se alcanza la pensión máxima fijada por el Estado. Lo que supondría una pérdida de poder adquisitivo llegada la edad de jubilación si no compensas esta limitación durante tu vida laboral.

Puedes utilizar alguno de los simuladores disponibles en internet ajustando los distintos parámetros, como la edad de jubilación, el IPC, la revalorización del salario, el salario y los años cotizados.*

* Para las tablas anteriores, yo he utilizado el disponible en el siguiente enlace: <https://www.jubilaciondefuturo.es/es/simuladores/quiero-conocer-la-pension-publica-que-cobrare/>.

# ¿Cómo complementar tu pensión?

Has estimado la primera porción de la tarta, aquella que hace referencia al pago probable que recibirás del Estado llegado el momento. El siguiente paso para alcanzar la meta definida de gasto es complementar la pensión de manera que los ingresos cubran dicha meta durante los años de diferencia entre la esperanza de vida en la que ya trabajaste y la edad de jubilación. El siguiente ejercicio es calcular el dinero necesario que deberías acumular en forma de ahorro y de rentas para complementar el ingreso público, punto en el que entran en juego aspectos ya definidos previamente, como la actualización del dinero, la pérdida de poder adquisitivo y la necesidad no sólo de ahorrar, sino de invertir lo ahorrado, aun asumiendo el riesgo de pérdida. En este apartado se tratan aspectos como definir cuándo ahorrar y cuándo invertir, para lo que incluyo una fórmula fácil que te va a permitir dimensionar cuándo merece la pena invertir o cuándo no, teniendo en cuenta no sólo la rentabilidad esperada, sino los impuestos asociados. Aprenderás a recuperar la inversión de forma periódica, a elegir fondos de inversión que conformarán tu cartera de inversión, pautas para elegir un buen banco o bróker para invertir, a rebalancear la cartera construida de forma periódica y a diversificar a lo largo de la vida laboral.

## Estimación de cuánto puedes generar llegada la jubilación en función de cuánto inviertas, la rentabilidad y el tiempo

La cantidad de dinero destinada a invertir va a estar limitada por los ingresos que seas capaz de generar. Es esencial que no te limites al momento y las circunstancias que estés viviendo. Intenta aumentar tus ingresos a través de fórmulas compatibles con tu situación. No pares. La mejor forma es tratar de monetizar tus pasatiempos, ya que es tiempo placentero y voluntario que dedicas a algo que te gusta.

Voy a compartir contigo una serie de escenarios de inversión, suponiendo que inviertes cantidades constantes a lo largo de un número determinado de años. Estas tablas pueden ser orientativas para establecer de forma realista tu situación particular. Tomo como ejemplo que tienes unos ingresos netos mensuales de 2.000 euros y que eres capaz de invertir todos los meses el 25 por ciento, esto es, 500 euros, en un horizonte temporal de veinte años y una rentabilidad neta del 4 por ciento, suponiendo que la rentabilidad media a lo largo de los años es del 5 por ciento y la inflación del 1 por ciento. La cantidad de dinero disponible es de 185.215 euros y la cantidad de dinero invertida ha sido de 120.000 euros. Si en lugar de veinte años de horizonte temporal, eres una persona de veinte años y asumes más riesgo en tus inversiones, de manera que finalmente la rentabilidad neta sea del 5 por ciento, restada ya la inflación, al cabo de cuarenta años tendrías acumulados 761.039 euros, cuando en realidad has invertido 240.000 euros y el medio millón restante proviene de la acumulación de intereses. Ese año y los restantes recibirías unos intereses anuales de 36.000 euros.

Recuerda que los ejemplos anteriores los he construido destinando una cantidad fija a lo largo de toda una vida, y que esto no debe ser así, ya que, igual que hay inflación, los salarios e ingresos personales suelen aumentar con el paso del tiempo. Lo que debes hacer es destinar como mínimo el 30 por ciento de tu ingreso neto al mes.

**Destina a inversión como mínimo el 30 por ciento de tu ingreso neto mensual.**

## Escenarios de rentabilidad

Para utilizar los siguientes escenarios debes buscar la tabla correspondiente al tipo de interés neto que eres capaz de obtener después de restar la inflación, que suele estar entre el 1 por ciento y el 2 por ciento. Observa que hablo en términos netos, de manera que si obtienes una rentabilidad media de tus inversiones del 4 por ciento, por ejemplo, y la inflación media de esos años es del 1 por ciento, la tabla que debes utilizar es la del tipo de interés neto del 3 por ciento. Una vez identificada, busca la columna correspondiente a la inversión mensual realizada. Busca el múltiplo de 100 que más se aproxime a tu inversión mensual: el valor más bajo para invertir es 100 euros y el más alto 1.000 euros, en tramos de 100 en 100.

| Tipo de interés neto 1% | Inversión mensual | | | | | | | | | |
|---|---|---|---|---|---|---|---|---|---|---|
| Años de inversión | 100 € | 200 € | 300 € | 400 € | 500 € | 600 € | 700 € | 800 € | 900 € | 1.000 € |
| 5 | 6.182 € | 12.365 € | 18.547 € | 24.730 € | 30.912 € | 37.095 € | 43.277 € | 49.459 € | 55.642 € | 61.824 € |
| 10 | 12.680 € | 25.360 € | 38.041 € | 50.721 € | 63.401 € | 76.081 € | 88.761 € | 101.442 € | 114.122 € | 126.802 € |
| 15 | 19.509 € | 39.019 € | 58.528 € | 78.038 € | 97.547 € | 117.057 € | 136.566 € | 156.075 € | 175.585 € | 195.094 € |
| 20 | 26.687 € | 53.374 € | 80.061 € | 106.748 € | 133.435 € | 160.122 € | 186.809 € | 213.496 € | 240.183 € | 266.870 € |
| 25 | 34.231 € | 68.462 € | 102.692 € | 136.923 € | 171.154 € | 205.385 € | 239.615 € | 273.846 € | 308.077 € | 342.308 € |
| 30 | 42.159 € | 84.319 € | 126.478 € | 168.637 € | 210.796 € | 252.956 € | 295.115 € | 337.274 € | 379.434 € | 421.593 € |
| 35 | 50.492 € | 100.985 € | 151.477 € | 201.969 € | 252.461 € | 302.954 € | 353.446 € | 403.938 € | 454.430 € | 504.923 € |
| 40 | 59.250 € | 118.501 € | 177.751 € | 237.001 € | 296.251 € | 355.502 € | 414.752 € | 474.002 € | 533.253 € | 592.503 € |
| 45 | 68.455 € | 136.910 € | 205.365 € | 273.820 € | 342.275 € | 410.730 € | 479.185 € | 547.641 € | 616.096 € | 684.551 € |
| 50 | 78.129 € | 156.259 € | 234.388 € | 312.518 € | 390.647 € | 468.776 € | 546.906 € | 625.035 € | 703.164 € | 781.294 € |

Tipo de interés neto 2% — Inversión mensual

| Años de inversión | 100 € | 200 € | 300 € | 400 € | 500 € | 600 € | 700 € | 800 € | 900 € | 1.000 € |
|---|---|---|---|---|---|---|---|---|---|---|
| 5 | 6.370 € | 12.739 € | 19.109 € | 25.479 € | 31.849 € | 38.218 € | 44.588 € | 50.958 € | 57.328 € | 63.697 € |
| 10 | 13.402 € | 26.805 € | 40.207 € | 53.610 € | 67.012 € | 80.415 € | 93.817 € | 107.220 € | 120.622 € | 134.025 € |
| 15 | 21.167 € | 42.334 € | 63.501 € | 84.669 € | 105.836 € | 127.003 € | 148.170 € | 169.337 € | 190.504 € | 211.671 € |
| 20 | 29.740 € | 59.480 € | 89.220 € | 118.960 € | 148.700 € | 178.440 € | 208.180 € | 237.920 € | 267.660 € | 297.400 € |
| 25 | 39.205 € | 78.410 € | 117.615 € | 156.820 € | 196.025 € | 235.231 € | 274.436 € | 313.641 € | 352.846 € | 392.051 € |
| 30 | 49.655 € | 99.311 € | 148.966 € | 198.621 € | 248.277 € | 297.932 € | 347.587 € | 397.243 € | 446.898 € | 496.553 € |
| 35 | 61.193 € | 122.386 € | 183.580 € | 244.773 € | 305.966 € | 367.159 € | 428.353 € | 489.546 € | 550.739 € | 611.932 € |
| 40 | 73.932 € | 147.864 € | 221.796 € | 295.728 € | 369.660 € | 443.592 € | 517.524 € | 591.456 € | 665.388 € | 739.320 € |
| 45 | 87.997 € | 175.993 € | 263.990 € | 351.987 € | 439.983 € | 527.980 € | 615.977 € | 703.973 € | 791.970 € | 879.967 € |
| 50 | 103.525 € | 207.050 € | 310.576 € | 414.101 € | 517.626 € | 621.151 € | 724.676 € | 828.201 € | 931.727 € | 1.035.252 € |

Tipo de interés neto 3% — Inversión mensual

| Años de inversión | 100 € | 200 € | 300 € | 400 € | 500 € | 600 € | 700 € | 800 € | 900 € | 1.000 € |
|---|---|---|---|---|---|---|---|---|---|---|
| 5 | 6.562 € | 13.124 € | 19.686 € | 26.248 € | 32.810 € | 39.373 € | 45.935 € | 52.497 € | 59.059 € | 65.621 € |
| 10 | 14.169 € | 28.339 € | 42.508 € | 56.677 € | 70.847 € | 85.016 € | 99.185 € | 113.355 € | 127.524 € | 141.694 € |
| 15 | 22.988 € | 45.977 € | 68.965 € | 91.953 € | 114.941 € | 137.930 € | 160.918 € | 183.906 € | 206.894 € | 229.883 € |
| 20 | 33.212 € | 66.424 € | 99.635 € | 132.847 € | 166.059 € | 199.271 € | 232.482 € | 265.694 € | 298.906 € | 332.118 € |
| 25 | 45.064 € | 90.127 € | 135.191 € | 180.255 € | 225.318 € | 270.382 € | 315.446 € | 360.509 € | 405.573 € | 450.637 € |
| 30 | 58.803 € | 117.606 € | 176.410 € | 235.213 € | 294.016 € | 352.819 € | 411.622 € | 470.426 € | 529.229 € | 588.032 € |
| 35 | 74.731 € | 149.462 € | 224.193 € | 298.925 € | 373.656 € | 448.387 € | 523.118 € | 597.849 € | 672.580 € | 747.311 € |
| 40 | 93.196 € | 186.392 € | 279.588 € | 372.784 € | 465.980 € | 559.176 € | 652.372 € | 745.568 € | 838.764 € | 931.960 € |
| 45 | 114.602 € | 229.203 € | 343.805 € | 458.407 € | 573.009 € | 687.610 € | 802.212 € | 916.814 € | 1.031.416 € | 1.146.017 € |
| 50 | 139.417 € | 278.834 € | 418.251 € | 557.668 € | 697.085 € | 836.502 € | 975.918 € | 1.115.335 € | 1.254.752 € | 1.394.169 € |

Tipo de interés neto 4% — Inversión mensual

| Años de inversión | 100 € | 200 € | 300 € | 400 € | 500 € | 600 € | 700 € | 800 € | 900 € | 1.000 € |
|---|---|---|---|---|---|---|---|---|---|---|
| 5 | 6.760 € | 13.519 € | 20.279 € | 27.038 € | 33.798 € | 40.557 € | 47.317 € | 54.077 € | 60.836 € | 67.596 € |
| 10 | 14.984 € | 29.967 € | 44.951 € | 59.934 € | 74.918 € | 89.902 € | 104.885 € | 119.869 € | 134.853 € | 149.836 € |
| 15 | 24.909 € | 49.979 € | 74.968 € | 99.958 € | 124.947 € | 149.937 € | 174.926 € | 199.915 € | 224.905 € | 249.894 € |
| 20 | 37.163 € | 74.326 € | 111.489 € | 148.652 € | 185.815 € | 222.978 € | 260.141 € | 297.304 € | 334.467 € | 371.630 € |
| 25 | 51.974 € | 103.948 € | 155.922 € | 207.896 € | 259.870 € | 311.845 € | 363.819 € | 415.793 € | 467.767 € | 519.741 € |
| 30 | 69.994 € | 139.988 € | 209.982 € | 279.976 € | 349.970 € | 419.964 € | 489.958 € | 559.952 € | 629.946 € | 699.940 € |
| 35 | 91.918 € | 183.836 € | 275.754 € | 367.672 € | 459.590 € | 551.508 € | 643.426 € | 735.344 € | 827.262 € | 919.180 € |
| 40 | 118.592 € | 237.184 € | 355.776 € | 474.367 € | 592.959 € | 711.551 € | 830.143 € | 948.735 € | 1.067.327 € | 1.185.918 € |
| 45 | 151.045 € | 302.089 € | 453.134 € | 604.179 € | 755.223 € | 906.268 € | 1.057.313 € | 1.208.357 € | 1.359.402 € | 1.510.447 € |
| 50 | 190.529 € | 381.057 € | 571.586 € | 762.114 € | 952.643 € | 1.143.171 € | 1.333.700 € | 1.524.228 € | 1.714.757 € | 1.905.285 € |

Tipo de interés neto 5% — Inversión mensual

| Años de inversión | 100 € | 200 € | 300 € | 400 € | 500 € | 600 € | 700 € | 800 € | 900 € | 1.000 € |
|---|---|---|---|---|---|---|---|---|---|---|
| 5 | 6.962 € | 13.925 € | 20.887 € | 27.849 € | 34.811 € | 41.774 € | 48.736 € | 55.698 € | 62.661 € | 69.623 € |
| 10 | 15.848 € | 31.696 € | 47.544 € | 63.393 € | 79.241 € | 95.089 € | 110.937 € | 126.785 € | 142.633 € | 158.481 € |
| 15 | 27.189 € | 54.378 € | 81.567 € | 108.756 € | 135.945 € | 163.134 € | 190.323 € | 217.512 € | 244.701 € | 271.890 € |
| 20 | 41.663 € | 83.326 € | 124.989 € | 166.652 € | 208.316 € | 249.979 € | 291.642 € | 333.305 € | 374.968 € | 416.631 € |
| 25 | 60.136 € | 120.272 € | 180.408 € | 240.545 € | 300.681 € | 360.817 € | 420.953 € | 481.089 € | 541.225 € | 601.361 € |
| 30 | 83.713 € | 167.426 € | 251.139 € | 334.852 € | 418.565 € | 502.278 € | 585.991 € | 669.704 € | 753.417 € | 837.129 € |
| 35 | 113.804 € | 227.607 € | 341.411 € | 455.214 € | 569.018 € | 682.822 € | 796.625 € | 910.429 € | 1.024.232 € | 1.138.036 € |
| 40 | 152.208 € | 304.415 € | 456.623 € | 608.831 € | 761.039 € | 913.246 € | 1.065.454 € | 1.217.662 € | 1.369.869 € | 1.522.077 € |
| 45 | 201.222 € | 402.444 € | 603.667 € | 804.889 € | 1.006.111 € | 1.207.333 € | 1.408.555 € | 1.609.778 € | 1.811.000 € | 2.012.222 € |
| 50 | 263.778 € | 527.557 € | 791.335 € | 1.055.114 € | 1.318.892 € | 1.582.671 € | 1.846.449 € | 2.110.228 € | 2.374.006 € | 2.637.785 € |

Tipo de interés neto 6% — Inversión mensual

| Años de inversión | 100 € | 200 € | 300 € | 400 € | 500 € | 600 € | 700 € | 800 € | 900 € | 1.000 € |
|---|---|---|---|---|---|---|---|---|---|---|
| 5 | 7.170 € | 14.341 € | 21.511 € | 28.682 € | 35.852 € | 43.022 € | 50.193 € | 57.363 € | 64.533 € | 71.704 € |
| 10 | 16.766 € | 33.532 € | 50.298 € | 67.064 € | 83.830 € | 100.596 € | 117.362 € | 134.128 € | 150.894 € | 167.660 € |
| 15 | 29.607 € | 59.214 € | 88.821 € | 118.428 € | 148.035 € | 177.642 € | 207.249 € | 236.856 € | 266.463 € | 296.070 € |
| 20 | 46.791 € | 93.583 € | 140.374 € | 187.165 € | 233.956 € | 280.748 € | 327.539 € | 374.330 € | 421.121 € | 467.913 € |
| 25 | 69.788 € | 139.575 € | 209.363 € | 279.151 € | 348.938 € | 418.726 € | 488.514 € | 558.301 € | 628.089 € | 697.877 € |
| 30 | 100.562 € | 201.124 € | 301.686 € | 402.248 € | 502.810 € | 603.372 € | 703.934 € | 804.496 € | 905.058 € | 1.005.620 € |
| 35 | 141.745 € | 283.490 € | 425.235 € | 566.980 € | 708.725 € | 850.470 € | 992.215 € | 1.133.960 € | 1.275.705 € | 1.417.450 € |
| 40 | 196.857 € | 393.714 € | 590.572 € | 787.429 € | 984.286 € | 1.181.143 € | 1.378.001 € | 1.574.858 € | 1.771.715 € | 1.968.572 € |
| 45 | 270.610 € | 541.219 € | 811.829 € | 1.082.439 € | 1.353.049 € | 1.623.658 € | 1.894.268 € | 2.164.878 € | 2.435.488 € | 2.706.097 € |
| 50 | 369.307 € | 738.615 € | 1.107.922 € | 1.477.229 € | 1.846.536 € | 2.215.844 € | 2.585.151 € | 2.954.458 € | 3.323.765 € | 3.693.073 € |

Tipo de interés neto 7% — Inversión mensual

| Años de inversión | 100 € | 200 € | 300 € | 400 € | 500 € | 600 € | 700 € | 800 € | 900 € | 1.000 € |
|---|---|---|---|---|---|---|---|---|---|---|
| 5 | 7.384 € | 14.768 € | 22.152 € | 29.536 € | 36.920 € | 44.304 € | 51.688 € | 59.072 € | 66.456 € | 73.839 € |
| 10 | 17.740 € | 35.481 € | 53.221 € | 70.961 € | 88.702 € | 106.442 € | 124.182 € | 141.923 € | 159.663 € | 177.403 € |
| 15 | 32.266 € | 64.531 € | 96.797 € | 129.063 € | 161.328 € | 193.594 € | 225.860 € | 258.125 € | 290.391 € | 322.657 € |
| 20 | 52.638 € | 105.276 € | 157.915 € | 210.553 € | 263.191 € | 315.829 € | 368.467 € | 421.106 € | 473.744 € | 526.382 € |
| 25 | 81.212 € | 162.424 € | 243.635 € | 324.847 € | 406.059 € | 487.271 € | 568.482 € | 649.694 € | 730.906 € | 812.118 € |
| 30 | 121.288 € | 242.575 € | 363.863 € | 485.151 € | 606.438 € | 727.726 € | 849.014 € | 970.301 € | 1.091.589 € | 1.212.876 € |
| 35 | 177.496 € | 354.992 € | 532.488 € | 709.985 € | 887.481 € | 1.064.977 € | 1.242.473 € | 1.419.969 € | 1.597.465 € | 1.774.962 € |
| 40 | 256.331 € | 512.663 € | 768.994 € | 1.025.326 € | 1.281.657 € | 1.537.989 € | 1.794.320 € | 2.050.652 € | 2.306.983 € | 2.563.315 € |
| 45 | 366.902 € | 733.804 € | 1.100.706 € | 1.467.608 € | 1.834.511 € | 2.201.413 € | 2.568.315 € | 2.935.217 € | 3.302.119 € | 3.669.021 € |
| 50 | 521.983 € | 1.043.966 € | 1.565.949 € | 2.087.933 € | 2.609.916 € | 3.131.899 € | 3.653.882 € | 4.175.865 € | 4.697.848 € | 5.219.831 € |

Tipo de interés neto 8% Inversión mensual

| Años de inversión | 100 € | 200 € | 300 € | 400 € | 500 € | 600 € | 700 € | 800 € | 900 € | 1.000 € |
|---|---|---|---|---|---|---|---|---|---|---|
| 5 | 7.603 € | 15.206 € | 22.809 € | 30.412 € | 38.016 € | 45.619 € | 53.222 € | 60.825 € | 68.428 € | 76.031 € |
| 10 | 18.775 € | 37.549 € | 56.324 € | 75.098 € | 93.873 € | 112.648 € | 131.422 € | 150.197 € | 168.971 € | 187.746 € |
| 15 | 35.189 € | 70.378 € | 105.567 € | 140.757 € | 175.946 € | 211.135 € | 246.324 € | 281.513 € | 316.702 € | 351.891 € |
| 20 | 59.308 € | 118.615 € | 177.923 € | 237.230 € | 296.538 € | 355.845 € | 415.153 € | 474.460 € | 533.768 € | 593.075 € |
| 25 | 94.745 € | 189.491 € | 284.236 € | 378.981 € | 473.726 € | 568.472 € | 663.217 € | 757.962 € | 852.708 € | 947.453 € |
| 30 | 146.815 € | 293.630 € | 440.445 € | 587.260 € | 734.075 € | 880.890 € | 1.027.705 € | 1.174.520 € | 1.321.335 € | 1.468.150 € |
| 35 | 223.323 € | 446.645 € | 669.968 € | 893.290 € | 1.116.613 € | 1.339.935 € | 1.563.258 € | 1.786.581 € | 2.009.903 € | 2.233.226 € |
| 40 | 335.737 € | 671.474 € | 1.007.212 € | 1.342.949 € | 1.678.686 € | 2.014.423 € | 2.350.161 € | 2.685.898 € | 3.021.635 € | 3.357.372 € |
| 45 | 500.911 € | 1.001.823 € | 1.502.734 € | 2.003.645 € | 2.504.556 € | 3.005.468 € | 3.506.379 € | 4.007.290 € | 4.508.202 € | 5.009.113 € |
| 50 | 743.606 € | 1.487.212 € | 2.230.818 € | 2.974.424 € | 3.718.031 € | 4.461.637 € | 5.205.243 € | 5.948.849 € | 6.692.455 € | 7.436.061 € |

Tipo de interés neto 9% Inversión mensual

| Años de inversión | 100 € | 200 € | 300 € | 400 € | 500 € | 600 € | 700 € | 800 € | 900 € | 1.000 € |
|---|---|---|---|---|---|---|---|---|---|---|
| 5 | 7.828 € | 15.656 € | 23.484 € | 31.312 € | 39.140 € | 46.968 € | 54.796 € | 62.624 € | 70.452 € | 78.280 € |
| 10 | 19.872 € | 39.745 € | 59.617 € | 79.489 € | 99.362 € | 119.234 € | 139.106 € | 158.979 € | 178.851 € | 198.724 € |
| 15 | 38.404 € | 76.808 € | 115.212 € | 153.616 € | 192.020 € | 230.424 € | 268.829 € | 307.233 € | 345.637 € | 384.041 € |
| 20 | 66.917 € | 133.835 € | 200.752 € | 267.670 € | 334.587 € | 401.505 € | 468.422 € | 535.339 € | 602.257 € | 669.174 € |
| 25 | 110.789 € | 221.578 € | 332.366 € | 443.155 € | 553.944 € | 664.733 € | 775.521 € | 886.310 € | 997.099 € | 1.107.888 € |
| 30 | 178.290 € | 356.581 € | 534.871 € | 713.161 € | 891.451 € | 1.069.742 € | 1.248.032 € | 1.426.322 € | 1.604.612 € | 1.782.903 € |
| 35 | 282.150 € | 564.299 € | 846.449 € | 1.128.599 € | 1.410.748 € | 1.692.898 € | 1.975.048 € | 2.257.197 € | 2.539.347 € | 2.821.497 € |
| 40 | 441.950 € | 883.900 € | 1.325.851 € | 1.767.801 € | 2.209.751 € | 2.651.701 € | 3.093.652 € | 3.535.602 € | 3.977.552 € | 4.419.502 € |
| 45 | 687.823 € | 1.375.646 € | 2.063.470 € | 2.751.293 € | 3.439.116 € | 4.126.939 € | 4.814.763 € | 5.502.586 € | 6.190.409 € | 6.878.232 € |
| 50 | 1.066.129 € | 2.132.259 € | 3.198.388 € | 4.264.517 € | 5.330.646 € | 6.396.776 € | 7.462.905 € | 8.529.034 € | 9.595.164 € | 10.661.293 € |

Tipo de interés neto 10% Inversión mensual

| Años de inversión | 100 € | 200 € | 300 € | 400 € | 500 € | 600 € | 700 € | 800 € | 900 € | 1.000 € |
|---|---|---|---|---|---|---|---|---|---|---|
| 5 | 8.059 € | 16.117 € | 24.176 € | 32.235 € | 40.294 € | 48.352 € | 56.411 € | 64.470 € | 72.529 € | 80.587 € |
| 10 | 21.037 € | 42.075 € | 63.112 € | 84.150 € | 105.187 € | 126.224 € | 147.262 € | 168.299 € | 189.337 € | 210.374 € |
| 15 | 41.940 € | 83.879 € | 125.819 € | 167.759 € | 209.698 € | 251.638 € | 293.578 € | 335.517 € | 377.457 € | 419.397 € |
| 20 | 75.603 € | 151.206 € | 226.809 € | 302.412 € | 378.015 € | 453.618 € | 529.221 € | 604.824 € | 680.427 € | 756.030 € |
| 25 | 129.818 € | 259.636 € | 389.454 € | 519.272 € | 649.091 € | 778.909 € | 908.727 € | 1.038.545 € | 1.168.363 € | 1.298.181 € |
| 30 | 217.132 € | 434.264 € | 651.396 € | 868.528 € | 1.085.661 € | 1.302.793 € | 1.519.925 € | 1.737.057 € | 1.954.189 € | 2.171.321 € |
| 35 | 357.752 € | 715.504 € | 1.073.256 € | 1.431.009 € | 1.788.761 € | 2.146.513 € | 2.504.265 € | 2.862.017 € | 3.219.769 € | 3.577.522 € |
| 40 | 584.222 € | 1.168.444 € | 1.752.667 € | 2.336.889 € | 2.921.111 € | 3.505.333 € | 4.089.555 € | 4.673.777 € | 5.258.000 € | 5.842.222 € |
| 45 | 948.954 € | 1.897.909 € | 2.846.863 € | 3.795.818 € | 4.744.772 € | 5.693.726 € | 6.642.681 € | 7.591.635 € | 8.540.589 € | 9.489.544 € |
| 50 | 1.536.359 € | 3.072.719 € | 4.609.078 € | 6.145.437 € | 7.681.796 € | 9.218.156 € | 10.754.515 € | 12.290.874 € | 13.827.233 € | 15.363.593 € |

Aunque rentabilidades pasadas no garanticen rentabilidades futuras, a lo largo de la historia, la bolsa ha tenido una rentabilidad media del 6,9 por ciento, los bonos del 3,5 por ciento y las letras del 2,9 por ciento.

Sería razonable que si finalmente inviertes diversificando tus inversiones y eres constante a lo largo de tu vida, te fijes en las tablas de las rentabilidades del 4 por ciento, el 5 por ciento e incluso la del 6 por ciento, descontada ya la inflación.

Y si eres alguien más experimentado, incluso podrías mirar las tablas de rentabilidades superiores.

Como curiosidad, algunos de los mejores inversores de la historia han conseguido a lo largo de su carrera rentabilidades que superan con creces el 10 por ciento. Warren Buffett, entre 1965 y 2008, lideró el fondo Berkshire Hathaway: a lo largo de esos cuarenta y cuatro años obtuvo una rentabilidad anual del 20,7 por ciento. Peter Lynch, con el fondo Magellan Fund, alcanzó el 29 por ciento de rentabilidad a lo largo de catorce años. Paramés, con Bestinfond, donde yo tengo parte de mi patrimonio, alcanza el 15 por ciento de rentabilidad anual. Entre los años 1969 y 1980, el fondo liderado por Jim Rogers obtuvo una rentabilidad del 38 por ciento anual en sus inversiones.

A medida que pase el tiempo, la cuantía de las pensiones que cobrarán los jubilados irá viendo reducido su importe. Es un sistema que está en constante cambio y que, debido a su magnitud dentro del sistema de bienestar, para garantizar la estabilidad del mismo se va a seguir reformando en la dirección de aumentar los años de cotización necesarios, ampliar el periodo a tener en cuenta para el cómputo y reducir la pensión que se va a percibir en el momento de la jubilación. De hecho, para el año 2050, el organismo que coordina las políticas económicas y sociales de 36 países, la Organización para la Cooperación y el Desarrollo Económicos (OCDE), prevé que la pensión en España será de menos de la mitad del último salario. En el momento de escribir este libro, la última pensión representa aproximadamente el 80 por ciento del último salario.

**Para el año 2050, la OCDE prevé que en España la pensión será de menos del 50 por ciento del último salario.**

## Diseña tu propia cartera de inversión

Ahora que ya has calculado tus ingresos deseados en el momento de jubilarte y además tienes la información suficiente para dimensionar el límite superior al que puedes llegar en función de tus características y circunstancias, voy a profundizar en cómo puedes diseñar tu propia cartera de inversión, teniendo en cuenta la oferta de los distintos productos financieros. La composición de tu cartera la va a definir el perfil inversor que tengas, que oscila entre el conservador y el arriesgado. Se conoce como *Asset Allocation* el proceso previo de elegir los activos financieros que compondrán tu cartera de inversión entre acciones, bonos, bienes inmuebles, oro o líquidos.

Tu juventud es directamente proporcional al riesgo que puedes asumir en tus inversiones. A mayor juventud, mayor capacidad de asumir riesgos; es decir, el peso de la renta variable será mayor cuanto más joven seas. A medida que te acercas a la edad de jubilación, más conservadora debe ser tu inversión. La tolerancia al riesgo depende de tus circunstancias. Por un lado, tu perfil psicológico, determinado por tu genética y tu entorno, define una parte de la misma. La explicación que hay detrás es que a medida que te acercas a tu retiro, tus esfuerzos deben enfocarse en proteger el capital acumulado más que en hacerlo crecer. No obstante, como siempre, la última palabra la tienes tú, y el tipo de cartera de inversión que elijas la adaptarás según tu personalidad.

Invertir en renta fija busca un riesgo controlado, aunque ofrece menores rentabilidades que la renta variable, y unas condiciones preestablecidas por el emisor, como son precio, vencimiento y cobro de cupones, entre otras, así como una rentabilidad *a priori* conocida por el inversor. Por el contrario, invertir en el mercado de renta variable nos vincula con los resultados de la empresa o sector en el que se invierte, asumiendo así mayor riesgo, pero también la rentabilidad esperada.

La renta fija se compone de instrumentos financieros de deuda, llamados bonos, que son emitidos por instituciones públicas y privadas. A diferencia de la renta variable, tienen una fecha de vencimiento y unos intereses asociados. De ahí que la rentabilidad sea menor, porque el riesgo asumido también lo es, ya que de antemano conoces cuándo recuperarás el capital prestado y los intereses asociados. El riesgo que tiene la renta fija es que el emisor no pague. El riesgo de impago, o *default*, se puede minimizar analizando la calidad del emisor. Un país con una prima de riesgo elevada tiene mayor riesgo de impago o quiebra que uno con una prima de riesgo baja. Esa información la obtendrás a través de las agencias de calificación o *rating*. Las entidades también te analizan a ti, y en función de los datos obtenidos, te asignan lo que se conoce como *scoring*, un valor que indica lo solvente que eres. Esa información se utiliza cuando vas a pedir prestado dinero a los bancos, y te permitirá acceder a mejores condiciones cuanto mejor sea tu puntuación. Tú debes hacer el mismo ejercicio cuando prestes dinero: analiza la capacidad de devolución cuando contrates un producto de renta fija no sólo mediante las agencias de *rating*, sino con tu propia investigación, con las noticias de actualidad. Haz tu propio estudio de mercado.

Una buena opción para invertir en renta fija es hacerlo en los fondos de inversión que estén compuestos de bonos. Analiza bien en qué inviertes, pues además de los bonos, existen otro tipo de productos, como los bonos ligados a la inflación, la deuda perpetua o los bonos convertibles.

La renta variable, basada en las acciones, está pensada para inversores más agresivos, ya que no se garantiza la recuperación del capital invertido, ni el pago periódico. El precio varía por factores externos, como son los políticos, sociales o macroeconómicos, y también por factores internos, como las ganancias y pérdidas de la empresa, las inversiones realizadas o el endeudamiento.

## Distribución de activos por edades

**De 15 a 35 años:** en esta franja de edad debes dirigir tus inversiones a productos de mayor riesgo y mayor beneficio potencial, ya que hay margen a lo largo de la vida de recuperar pérdidas en caso de incurrir en ellas.

Si tu perfil de inversión es más agresivo, la composición de la cartera debe ser del 95 por ciento en renta variable y el 5 por ciento en renta fija.

Si tu perfil de inversión es más conservador, la composición de la cartera debe ser del 80 por ciento en renta variable y el 20 por ciento en renta fija.

**De 35 a 45 años:** es la franja de edad en la que se produce un mayor gasto en la etapa vital de la persona, ya que es cuando las personas constituyen la familia, se compran una casa contrayendo una hipoteca e históricamente compran un vehículo. El esfuerzo por minimizar el gasto y aumentar

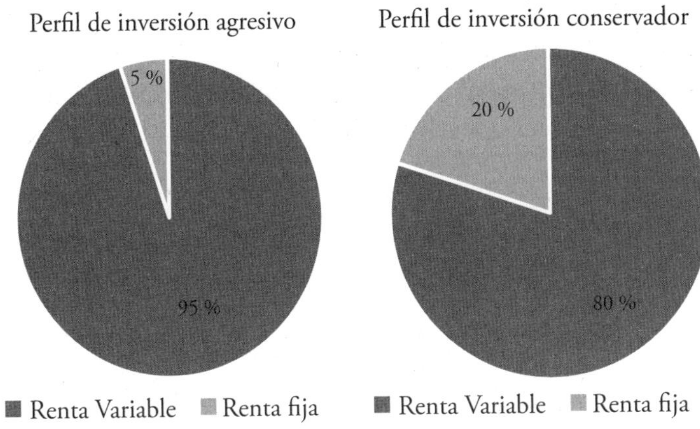


la inversión en esta etapa es diferencial en tu patrimonio futuro, ya que es la etapa en la que los ingresos aumentan progresivamente y hay más gasto potencial.

Si tu perfil de inversión es más agresivo, la composición de la cartera debe ser del 85 por ciento en renta variable y el 15 por ciento en renta fija.

Si tu perfil de inversión es más conservador, la composición de la cartera debe ser del 70 por ciento en renta variable y el 30 por ciento en renta fija.

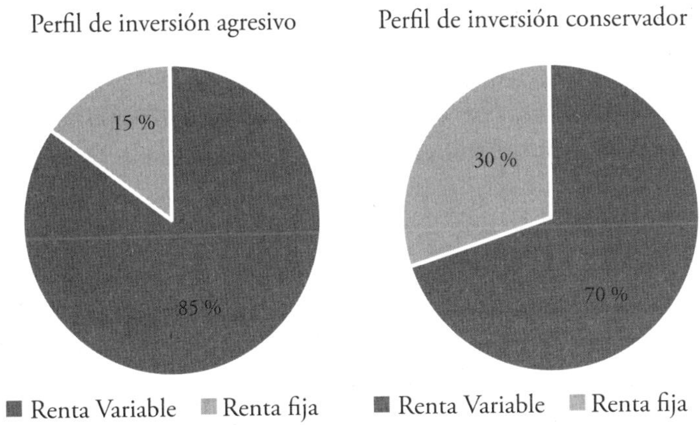

**De 45 a 55 años:** en este periodo los gastos pueden minimizarse y los salarios aumentar, y así puede aumentar la capacidad de ahorro. Así, pues, es importante que destines un mayor porcentaje a inversión y controles el nivel de gasto.

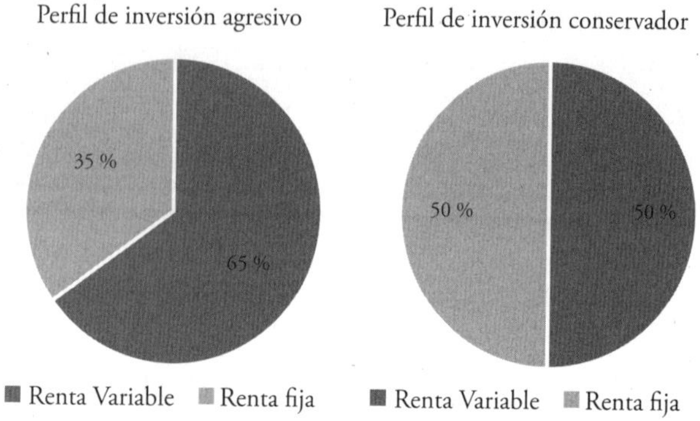


Si tu perfil de inversión es más agresivo, la composición de la cartera debe ser del 65 por ciento en renta variable y el 35 por ciento en renta fija.

Si tu perfil de inversión es más conservador, la composición de la cartera debe ser del 50 por ciento en renta variable y el 50 por ciento en renta fija.

**De 55 a 65 años:** en esta etapa el porcentaje de gasto sobre los ingresos se reduce por diversas causas, como terminar de pagar las deudas contraídas durante la etapa laboral como puede ser una hipoteca, la emancipación de posibles hijos y, por otro lado, culmina la etapa laboral con los salarios más altos.

Si tu perfil de inversión es más agresivo, la composición de la cartera debe ser del 45 por ciento en renta variable y el 55 por ciento en renta fija.

Si tu perfil de inversión es más conservador, la composición de la cartera debe ser del 30 por ciento en renta variable y el 70 por ciento en renta fija.

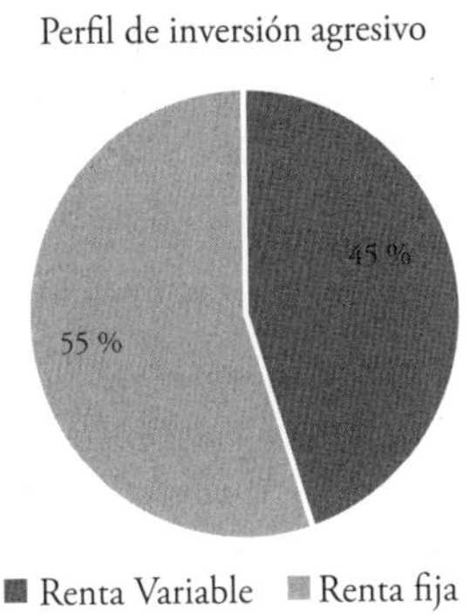


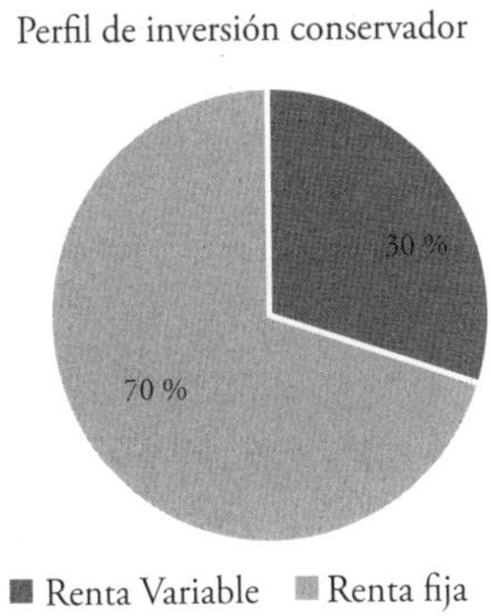


**Más de 65:** a partir de los sesenta y cinco años, el esfuerzo debe ponerse en desinvertir y deshacer posiciones que combinen la disposición de liquidez con el mantenimiento de rentas generado.

Si tu perfil de inversión es más agresivo, la composición de la cartera debe ser del 20 por ciento en renta variable y el 80 por ciento en renta fija.

Si tu perfil de inversión es más conservador, la composición de la cartera debe ser del 10 por ciento en renta variable y el 90 por ciento en renta fija.

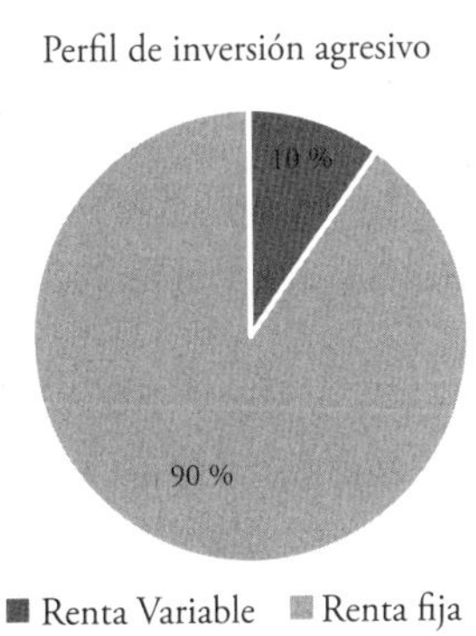


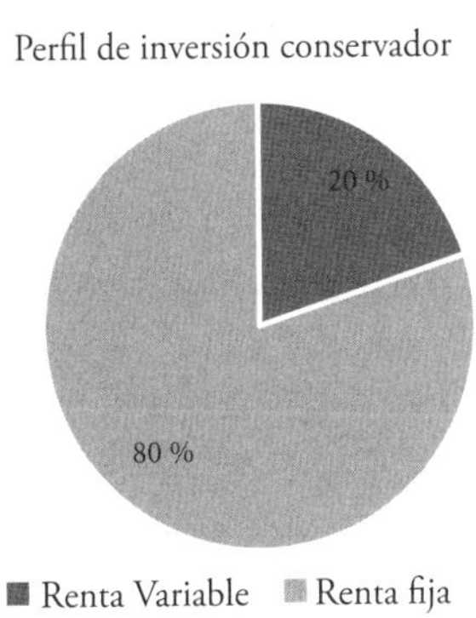

## Aprende a redistribuir los pesos de tu cartera

En el subapartado anterior has aprendido a definir los pesos que deben tener la renta variable y la renta fija en la composición de tu cartera. Además, la variable de aversión al riesgo mitiga los efectos de la edad en la distribución. Existen otras variables, como la estabilidad financiera a lo largo de tu vida, que también deben ser tomadas en cuenta como factor de ponderación. Si te encuentras en momentos de inestabilidad financiera o sin trabajo, es conveniente aumentar el peso en renta fija, al igual que si pasas de una etapa vital a otra o si la distribución por inversión cambia. Debes aprender a adecuar la inversión según tu edad y redistribuir tu cartera con los cambios.

Lo ideal es que revises periódicamente la distribución de tu cartera para garantizar que la estrategia elegida se mantiene o precisa acciones por tu parte, así como reequilibrar en función de los resultados. Por ejemplo, supongamos una persona de cuarenta años que, por su perfil más agresivo, dispone de una cartera compuesta por un 85 por ciento de renta variable y un 15 por ciento de renta fija. Tras un año de inversión en el que el perfil inversor no ha cambiado, quiere aumentar el peso de la renta variable hasta el 90 por ciento por los buenos resultados obtenidos. En tal caso, para el reajuste de la cartera, puede optar por dos alternativas principales: una es trasvasar dinero de una tipología a la otra hasta conseguir los pesos deseados y la otra es realizar nuevas aportaciones de dinero. Si opta por los trasvases, pasará un 5 por ciento de la renta fija a la renta variable para dejarla según su estrategia deseada. Si las inversiones consisten en fondos de inversión de renta fija y variable, los trasvases entre fondos no tienen penalizaciones fiscales y es muy sencillo rebalancear inversiones asegurándote de que los pesos que has escogido se mantienen con el paso del tiempo. La otra opción consiste en aportar dinero nuevo que tengas acumulado para la inversión a aquel activo cuyo peso esté más alejado de su asignación deseada.

A medida que pases de una franja de edad a otra, recuerda que lo aconsejable es aumentar el peso en renta fija para minimizar riesgos.

Por tanto, revisa todos los meses la distribución de tu cartera, y rebalancea cuando cambies de fase vital o cuando el peso de tus activos supere un límite establecido previamente, que puedes definir en el 5 por ciento sobre la cartera, como en el ejemplo anterior, y hazlo siempre una vez al año como mínimo. También puedes observar las variaciones en los activos sobre el total de tu cartera; no es lo mismo que un fondo que representa el 50 por ciento de tu cartera pase a representar el 55 por ciento, que un fondo que representa el 5 por ciento pase a representar el 10 por ciento. En ambos ejemplos se ha producido un aumento absoluto del 5 por ciento sobre el total de la cartera; sin embargo, en el caso del fondo que pasa a representar el 55 por ciento, su aumento representa un 10 por ciento del peso del fondo, mientras que en el caso del fondo que aumenta al 10 por ciento, dicho aumento ha sido del ciento por ciento, pues ha pasado del 5 al 10 por ciento. Por tanto, debes observar las variaciones no sólo de la cartera de forma global, sino de los distintos componentes de forma específica, y establecer un criterio para rebalancear cuando un fondo varía un porcentaje definido.

Recuerda que por hacer trasvases entre fondos de inversión no pagas impuestos, pero sí los pagarás si deshaces la inversión. Así, pues, no deshagas tus inversiones cuando hagas trasvase de dinero entre tus fondos.

**No deshagas la inversión para rebalancear tu cartera entre fondos de inversión para beneficiarte de las ventajas fiscales.**

Una opción interesante que te mostraré en próximos apartados es la inversión en renta fija y renta variable a través de fondos de inversión, de manera que puedas invertir en fondos de inversión compuestos de bonos de Estado o de empresas, que es la deuda pública o privada con bajo riesgo y baja volatilidad como parte de la renta fija, y también puedes invertir en fondos compuestos de acciones de empresas con mayor riesgo y volatilidad como parte de la renta variable.

## Invertir en fondos de inversión

El fondo de inversión es una de las opciones más interesantes que hay en el mercado para trabajar en tu retiro. La oferta actual, el acceso a la liquidez, los beneficios fiscales que hay detrás y la sencillez del producto lo posicionan como una excelente opción frente a otros existentes. El fondo de inversión se conoce como Institución de Inversión Colectiva (IIC), ya que está formado por el patrimonio de las aportaciones de un conjunto de ahorradores que gestionan los profesionales con la finalidad de obtener la máxima rentabilidad cuando es un fondo de gestión activa, pero también existen los fondos indexados, o de gestión pasiva, que consisten en fondos asociados a un índice de referencia. Un dato interesante es que la mayoría de los fondos de gestión activa no logran superar a largo plazo el índice de referencia asociado. El patrimonio se invierte en instrumentos financieros que abarcan tanto la renta fija como la variable. Un fondo puede invertir en bonos, acciones, divisas, derivados, materias primas, tecnología o bienes inmuebles, y hacerlo en cualquier zona geográfica, mientras se respeten las características detalladas en el contrato que tenga el fondo. Éste es uno de los beneficios de invertir en fondos de inversión, su diversificación, el acceso a distintos tipos de mercado, tanto de inversión como de geografía, y el hecho de que lo gestionan profesionales. Como inversor, tú eres el partícipe, y tu perfil de riesgo es el que marca el acceso a un tipo de fondo u otro. La participación es la unidad de inversión del fondo. Cuando inviertes en un fondo de inversión, te suscribes a dicho fondo, es decir, compras participaciones, y la venta de esas participaciones constituye el reembolso. El valor liquidativo del fondo puede consultarse en la página web de la entidad que lo gestiona, de forma que se pueden tomar decisiones sobre las posiciones. La rentabilidad del fondo depende del valor liquidativo, que se calcula dividiendo el patrimonio total entre el número de participaciones de ese momento, y cada participación varía según la evolución de los instrumentos que componen el fondo.

Puede haber comisiones por suscribirse a un fondo o por los reembolsos. Por los servicios de gestión profesional de los fondos se pagan unas comisiones de gestión y depósito, que se cargan directamente al vender participaciones, por lo que la rentabilidad que se obtiene por la venta se reduce. Si el fondo es indexado, las comisiones son menores que si es de gestión activa, lo cual es una de las ventajas de invertir en ese tipo de fondos.

Si se obtiene un beneficio por haber invertido en un fondo de inversión, se considera una plusvalía, y cuando se incurre en una pérdida, es una minusvalía. Los beneficios se consideran ganancias patrimoniales y, por tanto, hay que integrarlas en la base imponible del ahorro.

Los fondos de inversión tienen una gran ventaja que no existe en otro tipo de productos financieros, y es que sólo hay que pagar impuestos por ellos cuando se venden las participaciones, pero mientras se tiene el fondo, las ganancias o pérdidas que genere no hay que declararlas. Puedes traspasar dinero de un fondo a otro en función de las rentabilidades que te estén generando sin la necesidad de declarar. Por eso rebalancear tu cartera de inversión no tiene coste alguno.

Cuando construyas tu propia cartera de inversión, debes tener cuidado con las comisiones asociadas. Utiliza comparadores, investiga en foros, pregunta a tu banco o bróker acerca de las comisiones, pues podrías incurrir en comisiones elevadas.

Cuando investigues la información de un fondo de inversión, por ejemplo para saber si es o no verdaderamente un fondo indexado a un índice, lee la información de la documentación asociada, donde debe especificar todas las características propias del producto, incluido el objetivo de reproducir la rentabilidad de un índice específico.

En cuanto a la cantidad que debes invertir si tienes una elevada suma de dinero, ¿qué interesa más, invertirlo todo de una o hacerlo poco a poco? La respuesta a esta pregunta, como otras muchas cuando hablamos de inversión, es que depende. Depende de tu aversión al riesgo y del conocimiento que tengas.

Si no tienes un buen conocimiento de los mercados, invertirlo todo de golpe puede ser una decisión arriesgada con nefastos resultados, pues una bajada pronunciada en los mercados hará que pierdas dinero y el impacto psicológico supondrá una vivencia en la que tendrás que invertir mucha energía para superarla. Imagina haber invertido una gran cantidad de dinero antes de la crisis del Covid-19 con un perfil conservador y escaso conocimiento de los mercados.

Si, por el contrario, eres decidido, capaz de asumir riesgos y tienes conocimiento suficiente, invertir todo el capital de una hace que esté rindiendo desde ese mismo momento, por lo que la rentabilidad a largo plazo puede ser superior. Eso sí, asumiendo el riesgo mencionado.

La otra opción, de la que soy partidaria porque tengo un perfil más conservador, no porque en realidad sea la mejor, es invertir dicha cantidad de forma periódica, poco a poco. Esta opción permite mayor control económico y emocional, ya que si se produce una bajada en los mercados por una crisis repentina, tienes más margen de maniobra, aunque la rentabilidad esperada es menor, pues tienes menos capital invertido a lo largo del tiempo. En caso de escoger la estrategia de invertirlo poco a poco, no debe extenderse más de un año y medio o dos, pues el beneficio de disminuir el riesgo al invertir poco a poco sería menor al coste de oportunidad y estarías perdiendo dinero. Por tanto, una opción equilibrada y conservadora sería realizar aportaciones según los pesos ya definidos previamente a tu cartera de inversión durante un año o un año y medio.

## ¿Qué fondos de inversión elegir?

Una vez tienes definidos los pesos que componen tu cartera, el siguiente punto es elegir, entre toda la oferta disponible, los fondos que la compondrán. Es importante que minimices riesgos a través de la diversificación en sectores y sobre todo en geografías. Nadie conoce el comportamiento de los mercados del mundo y es importante invertir en él en su conjunto. Cada banco o bróker tiene una oferta diferente de fondos de inversión; hay entidades que permiten la contratación más amplia de fondos y otras más limitada. Voy a compartir contigo una selección que abarca distintas geografías y sectores del mundo para que te sirva de base.

Éstos son algunos de los índices de renta variable que se utilizan de referencia:

- El índice MSCI World es un índice bursátil elaborado por la empresa MSCI Inc., conocida como Morgan Stanley Capital International. Este índice refleja el desarrollo de unas 1.600 empresas de gran capitalización de veintitrés países desarrollados.

- El índice MSCI World Small Caps abarca 4.300 empresas de pequeña capitalización de veintitrés países desarrollados.
- El índice S&P 500 engloba las 500 empresas mejor posicionadas de Estados Unidos.
- El Nikei 225 es un índice en yenes compuesto por las 225 principales empresas que cotizan en la Bolsa de Tokyo.
- El mercado español lo representa el índice IBEX 35, que lo componen las 35 empresas más solventes de España.
- El MSCI Emerging Markets está compuesto por alrededor de 1.100 empresas de veinticuatro países emergentes de todo el mundo.
- Los valores de renta fija no cotizan en mercados abiertos y, en consecuencia, los precios de los bonos son más opacos. Por tanto, los índices utilizados son los creados por las grandes sociedades de valores que compran y venden emisiones de renta fija, entre las que se incluyen Barclays Capital, Citigroup, J. P. Morgan y BofA Merrill Lynch.
- El índice Barclays U. S. Aggregate Bond aglutina a los mayores emisores de bonos de Estados Unidos.
- El índice Barclays Global Aggregate Bond representa los emisores de bonos de mayor tamaño a escala mundial.
- El índice J. P. Morgan Government Bond Index Global es un índice del mercado de bonos representativo de los valores gubernamentales de renta fija.

Los índices que elijas han de estar definidos con claridad, ser transparentes, deben ser accesibles de manera que puedas adquirir los valores que lo componen en el mercado, su rentabilidad ha de estar calculada a diario, debes disponer de datos históricos de rentabilidades pasadas, tener cierta estabilidad con una baja rotación de los activos que lo componen y el riesgo ha de estar calculado y ser público.

Si tienes dudas sobre algún fondo de inversión, puedes buscarlo en el proveedor de servicios financieros Morningstar por su número identificativo, conocido como ISIN.

Algunos bancos o brókeres referentes para invertir en fondos de inversión son Bestinver, Renta 4, BNP Paribas, Selfbank, ING, Openbank, BBVA, Bankinter y MyInvestor, entre otros.

Es importante que analices la inversión mínima para entrar a invertir en el fondo, porque a veces solicitan una inversión mínima elevada que puede limitar el acceso. Por ejemplo, en MyInvestor no hay inversión mínima y tampoco cobra comisiones adicionales para los fondos Amundi y Vanguard; Openbank tampoco tiene mínimos, ni comisiones adicionales para los fondos Amundi, y Renta 4 tiene una entrada de 200 euros y además comisiones de custodia en los fondos indexados. Analiza muy bien las comisiones comparando las distintas ofertas en el momento de contratación, ya que en los bancos tradicionales te pueden ofrecer fondos sin comisiones de mantenimiento, y, sin embargo, el coste agregado de tener el fondo puede ser hasta diez veces superior a otras opciones en el mercado por la cantidad de comisiones explícitas e implícitas que puede haber asociadas al fondo, lo que puede suponer una gran pérdida para tu bolsillo a largo plazo. Así que mucha precaución y contabiliza todas las comisiones.

Para que tengas nociones de las comisiones que te vas a encontrar, comparto contigo las principales comisiones de un fondo de inversión:

- Las comisiones de gestión y depósito: son las implícitas que cobran la gestora y el depositario, es decir, se cargan directamente al fondo de inversión.

- Las comisiones de suscripción y reembolso: son las explícitas que cobran la gestora o el propio fondo. Te las cobran cuando te suscribes o cuando reembolsas el fondo.

Un concepto que debes utilizar cuando compares fondos de inversión en distintas casas es la TER (*Total Expense Ratio*), la ratio de costes totales de un fondo, que te permite conocer la cantidad de dinero total que vas a destinar a gasto, no sólo en forma de comisiones de gestión y depósito, sino también incluyendo otros costes que el propio fondo tiene, como la comisión de éxito, las comisiones legales, las comisiones de auditoría y otros gastos. Cuando compares TER de distintos fondos, asegúrate de que forman parte de la misma categoría, ya que inversiones en distintos activos tendrán gastos distintos.

Comparto contigo una tabla que contiene algunos fondos interesantes para analizar, comercializados por una o varias de las entidades mencionadas, y con los que puedes construir tu cartera, que puede estar compuesta de dos o más fondos. Lo importante es ser constante en las aportaciones con la periodicidad que definas y rebalancear los activos una vez al año o cuando los porcentajes definidos se desvían de tu objetivo. Algunas plataformas permiten la aportación automática de una cantidad definida por tu parte y en otras la aportación deberá ser manual.

**Tabla 13.** Selección de fondos de inversión

| Nombre fondo | Índice de referencia | ISIN | Activo | Sector/Zona |
|---|---|---|---|---|
| Amundi Index MSCI World - AE | MSCI World NR EUR | LU0996182563 | Renta Variable | Países desarrollados del mundo |
| Bestinfond F.I. | MSCI World NR EUR | ES0114673033 | Renta Variable | Compañías europeas |
| Amundi FD ID EQ EM MKTS "AE" (EUR) | MSCI Emerging Markets Index NR EUR | LU0996177134 | Renta Variable | Países emergentes |
| Naranja Standard & Poor's 500 | S&P 500 TR USD | ES0152769032 | Renta Variable | Compañías estadounidenses |
| BBVA Bolsa Tecnología y Telecomunicaciones FI | MSCI World/ Information | ES0147711032 | Renta Variable | Empresas de telecomunicación del mundo |
| Vanguard Emerging Markets Stock Index Fund | MSCI EM NR USD | IE0031786142 | Renta Variable | Países emergentes |
| Vanguard Japan Stock Index Fund | MSCI Japan | IE0007281425 | Renta Variable | Compañías japonesas |
| Amundi Index MSCI EMU - AE (C) | MSCI EMU | LU0389811372 | Renta Variable | Compañías europeas |
| Amundi Index J.P. Morgan GBI Global Govies-AHE (C) | 100% JPM GBI Global Traded Index Hedged Euro | LU0389812933 | Renta Fija | Bonos gubernamentales de países desarrollados del mundo |
| Vanguard Global Bond Index Fund Investor EUR Hedged Accumulation | Bloomberg Barclays Global Aggregate Float Adjusted Bond Index Hedged | IE00BGCZ0933 | Renta Fija | Países desarrollados del mundo |

## ¿Cómo realizar aportaciones a tus fondos de inversión?

Comprar barato es algo que todos queremos, una práctica que con el tiempo puedes perfeccionar, pues a medida que te informas y dominas los mercados en los que inviertes, y siempre que tengas excedente de liquidez, puedes conseguir mejores opciones.

No obstante, comprar barato requiere tiempo, y el error humano siempre va a estar ahí. Además, en un horizonte temporal como es el de toda una vida laboral, comprar barato es una práctica que lo más seguro es que no puedas mantener en el tiempo. Así, pues, creo que la mejor opción es automatizar tu inversión. Al hacerlo, tu influencia emocional sobre la inversión queda al margen, una práctica positiva, pues las emociones suelen jugar un papel reactivo y subjetivo, cuando en la inversión lo que interesa es el análisis objetivo y evitar las reacciones emocionales del mercado, que hacen perder cantidades no desdeñables de dinero a los pequeños inversores. Además, al automatizar tu inversión, una parte de tus ingresos ya se destinarán automáticamente al producto seleccionado, evitando que gastes dinero que debe destinarse a tu bienestar financiero global y no a satisfacer eventualmente esa parte emocional que quiere gratificación inmediata.

**Infórmate sobre el servicio de inversión periódica y ordena a tu banco una transferencia periódica.**

Cuando compras un producto que lleva tiempo al alza, estás comprando caro. Si, por el contrario, compras otro que lleva tiempo bajando de precio, estás comprando barato. Al destinar de forma automática una cantidad definida a renta fija y variable, unas veces comprarás barato y otras veces comprarás caro. Esta estrategia de inversión en la que no tienes que preocuparte si compras caro o barato, porque compras de forma periódica las mismas cantidades de dinero de renta variable y renta fija, se conoce como *Dollar Cost Averaging* (DCA). Las ventajas que destaco son dos: por un lado, la eliminación del lado emocional en la inversión y por otro la adquisición del hábito de ahorro. Al convertirlo en un hábito, finalmente te estás beneficiando a ti mismo, porque estás destinando una parte de tus ingresos a tu futuro.

## Abraza la incertidumbre

Si ya sabes leer, es probable que ya hayas descubierto que no hay un momento óptimo para ningún evento vital.

**No hay un momento óptimo para ningún evento vital.**

Si quieres empezar un proyecto en tu vida, busca la información básica para poder iniciarlo y aprende cuando ya te encuentras en el camino. Pero da el primer paso. Realmente hay muchas razones para no llevar a cabo eso que lleva tiempo rondando en tu cabeza, pero también hay muchas otras para iniciarlo. Empecé el libro compartiendo contigo que todo es una ilusión, nada es seguro. La inmensa mayoría de los proyectos que lleves a cabo no tendrán un momento óptimo para iniciarlos, ocurre con la tenencia de hijos, la compra de una vivienda, comenzar nuevos estudios o empezar a invertir. En la mayoría de los momentos vitales hacen falta ganas y actitud de aprendizaje constante.

## El mejor momento para invertir es ahora.

Por un lado, la seguridad es una ilusión, y por otro, la incertidumbre sobre absolutamente todo está ahí. Abrázala y asume la ignorancia de no saber lo que harán los mercados. Lánzate y obsérvate; cómo te sientas, cómo gestiones ese miedo a lo desconocido, a los movimientos del mercado, te irán definiendo igual que tu identidad se va definiendo con cada interacción en la vida. La introspección inversora es llegar a conocer tu perfil y sentir comodidad con tus actos, con lo que tú eres, utilizando las pautas y conocimientos que puedes extraer de estas páginas, pero adaptándolas a ti.

Cuando lleves a cabo tus inversiones, verás que algunos activos, en momentos determinados del tiempo, pueden ser muy volátiles en función de las condiciones externas y también de la naturaleza del producto elegido. La inversión constante puede hacer que tu activo gane un 20 por ciento, pero también que pierda el mismo porcentaje. Haber hecho previamente los deberes para saber qué porcentaje destinar, cómo hacerlo y seguir el plan te ayudará a sobrellevar las emociones de pánico o euforia que pueden acompañar esos periodos. La volatilidad a largo plazo se minimiza, y tu horizonte temporal es precisamente a largo plazo: hasta que no deshagas tu inversión, ni ganas ni pierdes. Es en el momento de la venta de tus participaciones cuando tendrás una plusvalía o una minusvalía. El estado que debes alcanzar y luego mantener a lo largo del tiempo es llegar a la composición ideal en la que sientas cierta comodidad con los pesos de renta variable y renta fija de tu cartera. Por tanto, balancea los pesos de tu cartera si los sentimientos te superan, idealmente sin deshacer posiciones.

La probabilidad de perderlo todo en este tipo de productos es remota, pues son una composición de un número más amplio de empresas, sectores o geografías. Las probabilidades de que todas ellas pierdan todo su valor es prácticamente nula, aunque existe.

## Una fórmula para incluir la inflación en tus inversiones

En el apartado anterior has podido ver lo traicionera que puede ser la inflación.

En este subapartado te voy a proporcionar una útil herramienta para que puedas comprobar realmente cuánto vas a obtener con tu inversión, es decir, la rentabilidad neta, restando aquellos aspectos que reducen tu inversión, como son la inflación y los impuestos.

Con esta fórmula, podrás ver realmente si te compensa entrar o no en un producto financiero determinado o en alguna inversión, ya que podrás dimensionar realmente cuánto dinero vas a obtener. Descubrirás que la mayoría de los productos de inversión no son tan rentables si los analizas de forma global, pues en realidad, entre la inflación, los impuestos añadidos, las comisiones y los gastos asociados, así como los gastos indirectos que debes valorar, como el coste de oportunidad por el tiempo y recursos que deberías contabilizar por aprender el máximo posible acerca de la opción elegida, no compensa. Este ejercicio lo deberás hacer en tu situación particular. Debes llegar a dominar el proceso de toma de decisiones. Cuantas más decisiones tomes en los distintos planos vitales, mejores resultados obtendrás con el paso del tiempo, porque con cada decisión aprendes algo que interiorizas, hasta que adquieres cierta soltura. En el mundo de la inversión a menudo será una mejor opción asumir una pérdida segura por la inflación, y destinar tu liquidez, tiempo y energía a otro tipo de elecciones que de forma conjunta aportan más valor a tu patrimonio neto a largo plazo.

Lo ilustro a través de un ejemplo.

Supongamos que quieres invertir 10.000 euros en un producto financiero, y que el tipo de interés garantizado que vas a recibir es del 3 por ciento. Por cierto, este tipo de interés fijo garantizado está muy lejos de la realidad que se ha vivido en todo lo que llevamos del siglo XXI, pero quiero utilizarlo porque una vez llegues al resultado y lo interiorices, descubrirás a partir de qué tipo de interés ganas dinero.

Por un lado, está la inflación, que en España es un porcentaje que oscila entre el 1 y el 2 por ciento. Ya sabes, además, que el porcentaje no es exacto, dependerá de tu caso particular. Supongamos que la inflación en nuestro ejemplo es del 1 por ciento.

Además, has de tener en cuenta la fiscalidad: el importe recibido como intereses está sujeto a una retención variable en función de la plusvalía y este porcentaje, como todo, puede cambiar a lo largo del tiempo. Lo importante es que recuerdes que siempre se pagan impuestos por las ganancias que obtienes. En concreto, los impuestos que pagas oscilan entre el 19 por ciento y el 23 por ciento, dependiendo de la plusvalía que obtengas.

Así, pues, ten en cuenta que la fórmula de lo que deberás pagar es aproximada, e incluye los impuestos que pagas por tus inversiones y la pérdida por la inflación. Pero será más exacta que la lectura parcial que te van a vender los comerciales de los productos de inversión, pues conviene no olvidar que, tanto si son personas como entidades, ganan dinero con la contratación de estos productos a través de las comisiones asociadas, las comisiones de estudio o un sinfín de comisiones más.

Volviendo al ejemplo, debemos anualizar los intereses. En un año, los intereses brutos que recibirás por tu inversión de 10.000 euros al 3 por ciento son 300 euros.

$$\text{Intereses percibidos} = 10.000\,€ \times 3\,\% = 300\,€$$

Sin embargo, ésta es una visión limitada. La lectura correcta es que sobre la ganancia de 300 euros, debes pagar los impuestos asociados a la plusvalía, que en este caso son del 19 por ciento.

$$\text{Impuestos} = 300\,€ \times 19\,\% = 57\,€$$

La ganancia neta de la inversión sin tener en cuenta la inflación es de 243 euros.

$$\text{Ganancia neta sin incluir inflación} = 300\,€ - 57\,€ = 243\,€$$

Pero recuerda que la inflación hace que tus ahorros pierdan poder adquisitivo, en este caso el 1 por ciento.

$$\text{Pérdida por exposición a la inflación} = 10.000\,€ \times 1\,\% = 100\,€$$

$$\text{Ganancia real} = 243\,€ - 100\,€ = 143\,€$$

La ganancia neta real incluyendo impuestos e inflación de invertir 10.000 euros a un tipo de interés anual del 3 por ciento es de 143 euros.

He creado una fórmula que te aporta información sobre la rentabilidad real que obtienes con una inversión teniendo en cuenta la inflación y la fiscalidad que lleva asociada cualquier inversión. Utiliza como aproximación la siguiente fórmula para estimar la ganancia neta de una inversión.

$$\text{Rentabilidad neta} = \text{Capital} \times \left( \left( 100\,\% - \text{Impuestos} \right) \times \times \text{Intereses} - \text{Inflación} \right)$$

Donde:

- Capital: es el capital invertido.
- Impuestos: son los impuestos asociados a la plusvalía esperada. Si la ganancia es menor a 6.000 euros, son del 19 por ciento.
- Intereses: son los intereses anuales percibidos por la inversión.
- Inflación: es la inflación anual esperada.

Con esta fórmula, descubrirás que con cualquier inversión que arroje rentabilidades inferiores a la inflación anual, en realidad se está perdiendo dinero. Por ejemplo, si los intereses asociados a invertir 10.000 euros durante un año son de 0,5 por ciento, y la inflación es del 1 por ciento, la pérdida neta es de -59,5 euros.

$$\text{Rentabilidad neta} = \text{Capital} \times \left( \left( 100\,\% - \text{Impuestos} \right) \times \times \text{Intereses} - \text{Inflación} \right) = = 10.000\,€ \times \left( \left( 100\,\% - 19\,\% \right) \times 0{,}5\% - 1\% \right) = -59{,}5\,€$$

Para ganar dinero año tras año, hay que batir la suma de la inflación más los impuestos que se pagan por la ganancia.

# La vivienda como complemento en la jubilación

Teniendo en cuenta que casi el 90 por ciento de los mayores de sesenta y cinco años tiene una vivienda en propiedad, este concepto merece un apartado específico como complemento a la pensión de jubilación, ya que culturalmente es muy probable que llegues a la jubilación con una vivienda en propiedad y es enriquecedor que conozcas las distintas fórmulas que han surgido alrededor de la vivienda para hacer líquida esa parte del patrimonio personal. A medida que se endurezcan las características de la pensión de jubilación pública, seguirán emergiendo nuevos productos en torno a las propiedades más extendidas en una determinada sociedad; el hecho de que un alto porcentaje de la población tenga vivienda en propiedad, aumenta la probabilidad de que las entidades inviertan esfuerzos en crear productos en torno a los bienes inmuebles, de manera que ganen tanto los que los comercializan como los propietarios, con la finalidad de proporcionar liquidez a una persona en la última etapa de su vida.

Para exponer las alternativas existentes, que de hecho pueden ser la base de nuevas invenciones, diferenciaré en dos grupos las opciones de conversión inmobiliaria: las que están basadas en la hipoteca de la vivienda y las que se basan en su venta. Cualquiera de las opciones a continuación analizadas conllevan un pago de impuestos asociado que nunca debes olvidar incluir. Además, la historia de cada persona es única siempre, también en la jubilación, y factores como el apego a la propia vivienda de toda la vida pueden pesar tanto o más que el mero hecho de conseguir una renta. La clave es poner de manifiesto las opciones disponibles, y aunque en determinados países, en momentos históricos concretos, estas opciones no sean interesantes, pueden serlo en un futuro. La conversión líquida de la vivienda nació en el Reino Unido en la década de 1930, y poco a poco se ha ido extendiendo al resto de los países desarrollados del mundo.

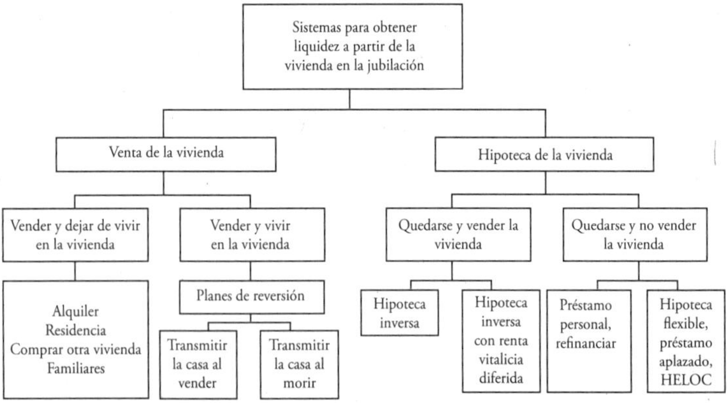


A modo de resumen, en este esquema muestro las distintas opciones disponibles, diferenciando entre la venta de la vivienda en propiedad y la constitución de una hipoteca sobre la vivienda para conseguir liquidez.

## Opciones basadas en la venta de la vivienda

Esta opción da lugar a dos escenarios principales alternativos: vivir en una casa de menor importe o pasar a vivir de alquiler una vez ejecutada la venta y tener liquidez para ello.

Es decir, si tienes una vivienda en propiedad llegada la jubilación, puedes venderla, y con la liquidez de la venta puedes alquilar otra casa, pagar una residencia o comprar otra vivienda más pequeña. Pero también existen otras alternativas, como vender la casa y seguir viviendo en ella. Esta modalidad se conoce como «plan de reversión de la vivienda» o «venta con reserva de usufructo vitalicio». Para hacer esto atractivo, la casa se vende a un precio muy inferior al precio de mercado, a cambio, tú vives en ella. Como vendedor, puedes recibir una renta, una cantidad determinada o una combinación de ambas.

Con el plan de reversión de vivienda, puedes transmitir la vivienda al venderla y vivir en la que era tu casa de alquiler, o puedes vender tu casa a una empresa de reversión y contraer una hipoteca avalada por el bien, y transmitir la propiedad cuando te mueras o decidas dejarla de forma voluntaria.

## Opciones basadas en la hipoteca de la vivienda

Aquellos productos instrumentados en la hipoteca de la vivienda se conocen como «productos de hipoteca inversa». Si tienes una casa en propiedad llegada la jubilación, puedes constituir una hipoteca sobre tu vivienda como garantía hipotecaria, de manera que recibes una cantidad de dinero que dependerá del valor de tu casa. Además, existen multitud de productos que hacen que recibas el dinero como mejor te convenga. Puedes recibir todo el dinero de una vez, puedes recibirlo en forma de renta periódica, por lo que habría que sumarlo dentro del plan de tu jubilación como una renta más, además del pago de la pensión pública y aquellas rentas que tú hayas generado previamente, o también lo puedes recibir como si de una línea de crédito se tratase. Las líneas de crédito sobre el valor neto de la vivienda se conocen como HELOC, por sus siglas en inglés. A través de este producto, dispones de un saldo que puedes utilizar como si de una tarjeta de crédito se tratase, y que está garantizado por la vivienda. La diferencia entre el préstamo y la línea de crédito es que pagas intereses por el monto que hayas utilizado, y no por la cantidad total de la línea de crédito, devolviendo mes a mes una cantidad, igual que con una tarjeta de crédito.

Este tipo de modalidad tiene ventajas fiscales asociadas, y es que las cantidades que recibas no están sujetas a tributación en el IRPF.

Los planes de ingresos de vivienda son aquellos en los que recibes un único pago en forma de préstamo cuya garantía es la propia vivienda. El préstamo se paga cuando se vende la vivienda.

En la otra modalidad de pagos recurrentes, el banco te dará una paga por tu casa mientras sigues viviendo en ella, y cuando mueras, tus herederos pueden elegir entre devolver el préstamo y recuperar la vivienda, o cobrar lo que quede de préstamo. Los intereses asociados al préstamo que recibes del banco se pagan al cancelarlo, normalmente tras tu fallecimiento, y son los herederos los que tienen que decidir qué hacer. Al cancelar el préstamo, la entidad financiera recibe el dinero prestado, más los intereses asociados y los gastos iniciales.

En la formalización del préstamo de hipoteca inversa, hay que pagar el impuesto de actos jurídicos documentados (AJD), que oscila entre el 0,5 por ciento y el 1,5 por ciento del valor de compraventa, si no se trata de vivienda habitual; en caso de serlo, no habría que pagarlo. Además, habría que añadir los propios gastos de notaría y registro que están asociados a la compra de una vivienda. Dichos gastos se pueden descontar con el mismo préstamo. Adicionalmente, hay que tasar la casa para que la entidad pueda calcular cuánto dinero te presta a partir de su valor, y cuyo importe varía en función de las características asociadas, pero que suele rondar los 400 euros.

Hay dos riesgos principales que debes considerar antes de plantear este tipo de fórmulas. El primero es la inflación: como la renta no se actualiza con la inflación, podría darse el caso de que la vivienda valga menos que el préstamo, y, por tanto, tus herederos tendrían que afrontar esa carga. El segundo está asociado a la contratación del seguro de rentas vitalicias derivadas. La contratación de este tipo de seguros en combinación con la hipoteca inversa garantiza que la vivienda no se transmita, además de unos ingresos garantizados durante toda la vida. Por contra, estos ingresos son inferiores y el pago de la prima de este seguro encarece la operación. Existen opciones suficientes en el mercado que evitan la contratación de este tipo de seguros.

A modo de resumen, con la hipoteca inversa obtienes una renta que está exenta de tributación hasta la edad pactada, con la opción de seguir viviendo en tu casa o alquilarla. Cuando falleces, tus herederos adquieren la casa con la obligación de pagar el préstamo.

La hipoteca inversa con renta vitalicia diferida es igual que la anterior, pero con el beneficio de disponer de una renta vitalicia cuando finaliza la edad pactada y con el inconveniente del pago elevado de la prima. También existe la posibilidad de renta vitalicia inmediata, de manera que la renta que se obtiene con esta modalidad es más alta cuanto mayor seas al contratarla, ya que las probabilidades de que mueras aumentan cuanto mayor eres.

Comparto contigo algunas modalidades de entre todas las existentes de hipoteca inversa:

a) Aquellas hipotecas en las que pagas sólo intereses y el principal se devuelve con la venta de la vivienda.

Si no necesitas un porcentaje de liquidez elevado, puedes conseguir mejores condiciones con las hipotecas acumuladas, que son aquellas en las que no se paga ni el principal ni los intereses hasta que se produce la venta de la vivienda. A cambio de esta ventaja, el importe que se concede es menor que en otras modalidades.

b) Análoga a la hipoteca acumulada, con la variante de que, en lugar de recibir una cantidad fija, recibes pagos periódicos, es la hipoteca de disposición.

c) Otra modalidad de hipoteca es la de pago fijo vitalicia, en la que, en lugar de pagar intereses sobre el préstamo, éstos se pagan al vender la vivienda, por lo que finalmente la cantidad pagada es mayor que si se pagan sobre el préstamo.

En cualquier caso, si tienes mala salud, eres muy mayor cuando contratas este tipo de productos o tienes un estilo de vida arriesgado, puedes acceder a las hipotecas vitalicias mejoradas, que son aquellas en las que te conceden un mayor importe o los intereses son menores.

Lo que debes recordar a grandes rasgos es que con la fórmula que elijas de hipoteca inversa, puedes vivir en el inmueble y se vende al finalizar el contrato, con la característica general de que el préstamo se devuelve con la venta de la casa cuando mueres o te mudas voluntariamente.

# Fiscalidad asociada a tus inversiones

Voy a hacer un repaso de los impuestos que pagarás dependiendo del producto financiero que tengas, para luego simplificar este dato en el apartado siguiente. De todas formas, cuando decidas invertir, es posible que estos datos hayan cambiado. Es tu responsabilidad informarte sabiendo que los impuestos varían en función de los productos y a lo largo del tiempo.

De hecho, la fiscalidad asociada a los productos de inversión es tan importante como la rentabilidad esperada que vas a obtener por ellos. Lo más común es que la tributación de los instrumentos financieros sea como renta del ahorro, integrándose en la base imponible del ahorro del impuesto sobre la renta de las personas físicas, conocido como IRPF. Estas rentas del ahorro pueden ser rendimientos del capital mobiliario, como las cuentas corrientes, o ganancias y pérdidas patrimoniales, como los fondos de inversión y las acciones.

El impuesto que vas a pagar en las rentas del ahorro va a depender del beneficio obtenido, de manera que a mayor beneficio, mayor impuesto, y a menor beneficio, menor impuesto. Hay algo importante que debes saber, y es que el pago del impuesto se hará en un momento u otro en función del producto financiero de que se trate.

Me referiré a la siguiente escala como «tramos de tributación»:

- Si el beneficio obtenido es inferior a 6.000 euros, el impuesto es del 19 por ciento.
- Si el beneficio obtenido está entre los 6.000,01 euros y los 50.000 euros, el impuesto es del 21 por ciento.
- Si el beneficio obtenido es superior a 50.000,01 euros, el impuesto es del 23 por ciento.

Debes tener en cuenta que estas retenciones son progresivas. Es decir, que no vas a tributar el 23 por ciento si has obtenido una ganancia de 55.000 euros por tu inversión, sino que vas a pagar el 19 por ciento por los primeros 6.000 euros, el 21 por ciento por la cantidad comprendida entre 6.000 euros y 50.000 euros, es decir, por los 44.000 euros siguientes, y un 23 por ciento por la cantidad restante, que en este caso son 5.000 euros. En el ejemplo pagarías un total de 11.530 euros, lo que supone un 20,96 por ciento sobre el total.

También es importante que conozcas que puedes compensar pérdidas y ganancias patrimoniales. Esto significa que puedes restar las pérdidas a tus ganancias, de manera que sólo vas a tributar por la ganancia neta. Éste es un ejercicio muy interesante, ya que, además, las pérdidas las puedes diferir durante cuatro años, de manera que, al tener menos beneficios, pagarás menos impuestos en la declaración de la renta.

¿Sabías que si recibes un regalo de tu entidad bancaria por vincularte a ella debe tributar como un rendimiento más?

Esta práctica ha estado muy extendida en los últimos años por parte de las entidades bancarias debido a que no es rentable para los bancos remunerar las cuentas de sus clientes. En caso de que te den un regalo, debes traducir su valor a euros, tarea que suele hacer la propia entidad, y pagar posteriormente los impuestos correspondientes, que salvo que superen los 6.000 euros, serán el 19 por ciento.

## Fiscalidad de las cuentas corrientes

Una cuenta corriente que tenga rendimientos bancarios tributará según los tramos de tributación ya mencionados. En la actualidad existen pocas cuentas corrientes remuneradas, y en caso de existir, exigen unas condiciones de vinculación y limitan la cantidad a remunerar, lo que reduce su atractivo financiero considerablemente. Los impuestos se pagan en el momento en el que la entidad te abona los intereses en la cuenta, y es la propia entidad la que se encarga del pago de los impuestos.

**Tabla 14.** Fiscalidad de las rentas del ahorro

| Beneficio | Impuesto |
|---|---|
| Menor a 6.000 euros | 19 % |
| Entre 6.000,01 y 50.000 euros | 21 % |
| Mayor a 50.000,01 euros | 23 % |

## Fiscalidad de los depósitos

Los depósitos están integrados dentro de los rendimientos de capital mobiliario, y el impuesto se paga cuando vence el depósito. La fiscalidad aplicada, como ya he mencionado, se aplica sobre el beneficio obtenido, no sobre todo lo que inviertes, y si pierdes dinero, la pérdida es compensada con las ganancias del resto de tus inversiones. Al igual que en la cuenta corriente remunerada, los impuestos son descontados por la entidad en el momento en el que te abonan los intereses.

## Fiscalidad de los depósitos estructurados

La fiscalidad es la misma que en los depósitos a plazo fijo. Aunque se trata de un producto que combina los depósitos con la evolución de una cesta de valores, la tributación es la misma que la de cualquier plazo fijo.

## Fiscalidad de las acciones

Hay que diferenciar dos tipos de fiscalidad dentro del universo de las acciones, la que está asociada a los dividendos y la referida a la venta de las acciones.

Los dividendos tributan como rendimientos de capital mobiliario y la venta de acciones tributa como una ganancia o pérdida patrimonial.

Así, pues, la venta de acciones pagará impuestos según los tramos de tributación mencionados. Hay que tener en cuenta que hasta que no se venden, no se pagan impuestos.

Los dividendos, por el contrario, son retribuciones periódicas consideradas capital mobiliario, pero su fiscalidad ha evolucionado recientemente. Antes de la reforma de 2015, los dividendos suponían una estrategia de inversión, ya que los primeros 1.500 euros estaban exentos de tributación. Después de la reforma, los dividendos se incluyen dentro de las rentas del ahorro y tributan igual que las cuentas remuneradas o los depósitos, pagando entre el 19 por ciento y el 23 por ciento en función del beneficio obtenido. Si los dividendos los cobras como derechos de suscripción, es decir, que adquieres nuevas acciones como pago del dividendo, no pagarás impuestos hasta que no vendas dichas acciones.

## Fiscalidad de los fondos de inversión

Desde el punto de vista fiscal, es uno de los instrumentos financieros más atractivos, ya que sólo se pagan impuestos en el momento de su reembolso. Hasta que no vendes, no pagas impuestos. Esto se traduce en que se pueden realizar traspasos de un fondo a otro y entre entidades sin pagar impuestos hasta que no se reembolsa. En el momento de la venta, en el caso de que exista una ganancia patrimonial, se integra en la base imponible del ahorro y tributará entre el 19 por ciento y el 23 por ciento dependiendo de la plusvalía obtenida.

## Fiscalidad de los fondos de inversión cotizados (ETF)

Los fondos de inversión cotizados, conocidos como ETF, tienen la misma fiscalidad que las acciones, ya que no tienen la característica ventajosa de los fondos de inversión. Ésta es una de las razones por las que me decanto por la inversión en fondos de inversión. Un fondo de inversión indexado y un fondo de inversión cotizado son dos productos diferentes, con sus ventajas y sus desventajas. Un ETF de réplica física lo que hace es comprar replicando las mismas proporciones que tiene un índice concreto, las acciones que componen ese índice, y aunque no tienen comisiones de suscripción ni de reembolso, lo que es una ventaja, sí pagas comisiones al comprar y vender a través de un bróker, igual que si compras una acción. Es decir, que pagas comisiones por cada operación de compra y de venta, por lo que si vas a realizar aportaciones periódicas, a largo plazo la suma de estas comisiones puede superar las que pagues de suscripción y reembolso de un fondo indexado o tradicional.

## Fiscalidad de la deuda pública o privada: letras, bonos y obligaciones

Las ganancias obtenidas por los títulos de deuda tributan como rentas del ahorro. Sus rentas, tanto las que se obtienen por los cupones como las percibidas al transmitir el instrumento, se consideran rendimientos del capital mobiliario y tributarán entre el 19 por ciento y el 23 por ciento dependiendo de la plusvalía obtenida. Es decir, la tributación es la misma para todos los activos de deuda pública. La diferencia entre ellos reside en la retención: sobre las rentas que proceden de las letras del Tesoro no se aplica retención, tampoco sobre la renta obtenida por la transmisión, amortización, reembolso, canje o conversión de los bonos y obligaciones, pero sí existe una retención del 19 por ciento sobre los cupones.

Como resumen, en el caso de los activos de deuda pública a largo plazo (bonos y obligaciones), se tributa tanto por los intereses o cupones que se reciben como por la ganancia en su amortización o venta.

En el caso de las letras del Tesoro, que son los activos de deuda pública a corto plazo, sólo se tributa por la ganancia percibida, que viene definida como la diferencia entre el valor de reembolso y el valor de adquisición.

## Fiscalidad de los planes de pensiones

La fiscalidad de los planes de pensiones es diferente a la del resto de los productos.* Al considerarse rentas del trabajo, se integran en la base imponible general del IRPF, cuya fiscalidad es superior a la de los tramos de todos los demás

* Puedes ampliar la información sobre los planes de pensiones en este enlace: <https://www.economiasimple.net/como-funcionan-los-planes-de-pensiones.html>.

instrumentos financieros. Además, se tributa por la totalidad de la prestación, y no sólo por la ganancia, en caso de tenerla, asociada a las aportaciones realizadas. Esta particularidad reduce el atractivo de este tipo de productos frente a cualquier otro, además de eliminar durante largos periodos de tiempo la posibilidad de disponer del capital aportado. Es decir, es uno de los productos que reducen tu capacidad de liquidez, pues el dinero queda inmovilizado a largo plazo.

Una característica interesante es que el pago de los impuestos, al igual que en los fondos de inversión, se difiere hasta que se rescata el dinero, por lo que permite traspasos.

El principal atractivo de estos productos es la reducción de la base imponible del IRPF del importe equivalente a lo aportado en el ejercicio, hasta un máximo de 8.000 euros hasta 2020, limitado también al 30 por ciento de los rendimientos netos del trabajo, y un máximo de 2.000 euros a partir de 2021. Para compensar esta penalización, se eleva el límite conjunto para aportar a un plan individual y uno de empresa a 10.000 euros.

## Fiscalidad de los planes individuales de ahorro sistemático (PIAS)

Los seguros de ahorro a largo plazo son una alternativa a los planes de pensiones, pues tienen una ventaja fiscal si se mantiene el producto durante cinco años desde la primera aportación y se recupera lo invertido en forma de renta vitalicia. En caso de recuperar el dinero antes de los cinco años, se pierde el incentivo fiscal. Por otro lado, las aportaciones no permiten desgravar ni reducir la base imponible en la declaración de la renta, como sí ocurre con los planes de pensiones. En este sentido, se comportan como el resto de los productos de inversión.

Tienen limitaciones: por un lado, 8.000 euros es la prima máxima anual y, por otro, 240.000 euros es la prima máxima acumulada de un PIAS. Cuando se rescata el producto, se puede hacer en forma de renta vitalicia o se puede recuperar en un único pago.

Si se rescata todo el PIAS en un único pago, se pagan impuestos entre el 19 por ciento y el 23 por ciento, en función de los intereses generados como rendimiento de capital mobiliario, igual que ocurre en las cuentas corrientes remuneradas, a diferencia de los planes de pensiones y PPA, en los que se paga por todo el dinero rescatado y no sólo por el beneficio.

Si se rescata el PIAS en forma de renta vitalicia después de cinco años desde la primera aportación, y la persona que realiza las aportaciones es la misma que la persona asegurada y el beneficiario, se tributa por rendimientos del capital mobiliario a medida que se perciben las rentas; el importe por el que se tributa depende de la edad que se tiene al empezar a cobrar la renta vitalicia.

Los menores de cuarenta años tributan por el 40 por ciento de la renta obtenida, por tanto, como las prestaciones están sujetas a una retención del 19 por ciento, la tributación total es inferior al 8 por ciento.

Las personas que tienen entre cuarenta y cuarenta y nueve años, tributan por el 35 por ciento de la renta obtenida, y la tributación total será inferior al 7 por ciento.

Las personas que tienen entre cincuenta y cincuenta y nueve años, tributan por el 28 por ciento de la renta obtenida, y la tributación total estará en torno al 5 por ciento.

Las personas que tienen entre sesenta y sesenta y cinco años, tributan por el 24 por ciento de la renta obtenida, y la tributación total será del 4,5 por ciento.

Las personas que tienen entre sesenta y seis y sesenta y nueve años, tributan por el 20 por ciento de la renta obtenida, y la tributación total será inferior al 4 por ciento.

Las personas con más de setenta años en el momento de percibir la renta vitalicia tributan por el 8 por ciento de la renta obtenida, y la tributación total será del 1,5 por ciento.

Además, los PIAS cuentan con la posibilidad de traspasar el dinero difiriendo el impuesto hasta el momento en el que se recuperan, al igual que los fondos de inversión.

A modo de resumen, dispones de la tabla de fiscalidad siguiente.

**Tabla 15.** Rentas del ahorro

| **Renta del ahorro** | |
|---|---|
| **Rendimiento capital mobiliario** | **Ganancia y pérdida patrimonial** |
| – Intereses de cuentas, depósitos, cupones de bonos y letras del tesoro.<br>– Dividendos<br>– Seguros<br>– Renta fija | – Venta de acciones<br>– Reembolso de fondos de inversión |

# Claves de la inversión

## Clave 1: Construye un colchón financiero

Construye un colchón financiero equivalente a un tercio de tu salario anual neto. Si tu salario neto es 27.000 euros, debes conseguir tener un capital de 9.000 euros para imprevistos. A partir de esa cantidad, destínalo todo a inversión.

## Clave 2: Invierte como mínimo el 30 por ciento de tus ingresos

Una vez has acumulado ese colchón financiero, destina como mínimo el 30 por ciento de todas tus ganancias netas a inversión. Cuanto más alta sea esa cantidad, más probabilidades tienes de alcanzar el objetivo que has definido para tu jubilación.

## Clave 3: Minimiza la contratación de productos ilíquidos

Minimiza al máximo la contratación de los productos ilíquidos, es decir, aquellos que establecen plazos de más de cinco años de vencimiento, como los planes de pensiones. Los cambios en la era actual son constantes, en la legislación, en la economía, en la fiscalidad, en la sociedad y en la política. Es importante disponer de liquidez a lo largo de tu existencia, no sólo por los imprevistos que vas a tener a medida que pasa la vida, sino porque debes tener capacidad de reacción si de repente se establece una nueva política que elimina las condiciones ventajosas para alguno de tus productos financieros. En ese momento debes actuar y la única forma de hacerlo es teniendo siempre el control sobre tu patrimonio. Huye, por tanto, de los depósitos a diez años o de los planes de pensiones, así como de cualquier producto que mantenga tu dinero atado por más de cinco años. En caso de decidir saltarte esta regla, que sea porque el beneficio está por contrato, además de estar respaldado por un agente externo a quien te firmó el contrato y el dinero que inviertes es un excedente de tu plan. La liquidez a lo largo de tu vida es una ventaja que debes mantener.

## Clave 4: Minimiza al máximo las deudas

A no ser que solicites un préstamo para adquirir algo que a la larga te dará dinero, no pidas prestado. Sólo recomiendo endeudamiento en tales casos. La formación la considero una inversión siempre, pero aun así, hay que saber diferenciar cuando pagas por formación o por la entidad que te da esa formación. La cantidad de tiempo que debes dedicar sólo al pago de intereses te aleja del éxito de conseguir tu plan de jubilación. Los coches, aparatos tecnológicos, un viaje o cualquier otro *lujo* al que pretendas acceder págalos siempre al contado.

## Clave 5: Minimiza al máximo el consumo

Idealmente, prescinde de todo lo que abraza la frugalidad. Si consigues hacer bien los deberes a lo largo de los años, no te faltará nunca de nada; en caso de que no sea así, tu consumismo y mala gestión financiera serán los encargados de marcar tus límites. Minimiza el consumo de productos de cuidados personales y de ropa. Alarga la vida útil de cualquier artículo que esté bajo tu propiedad, incluyendo la de los aparatos tecnológicos. Compra de segunda mano y vende cuando no necesites. Alquila. Evita tener vehículos en propiedad. Compara antes de cualquier adquisición.

## Clave 6: Diversifica tus inversiones

La diversificación de tu patrimonio sirve para su protección. A lo largo de la vida, los activos en los que decidas invertir tendrán subidas y bajadas, y son pocos, muy pocos, los que consiguen batir al mercado con rentabilidades altas. Por tanto, unos activos subirán y otros bajarán, lo ideal es que vayas construyendo un sistema diversificado que, con el paso del tiempo, tienda a aumentar en su conjunto el capital. Mi opinión es que los activos que elijas sean líquidos, para poder disponer de lo invertido en cualquier momento vital. Un fondo de inversión puede ser un producto pensado para largo plazo dependiendo de su composición; sin embargo, siempre puedes deshacer posiciones, pero con un plan de pensiones no podrás hacerlo. Recuerda que a mayor plazo, menor es el riesgo, y la rentabilidad está ligada al riesgo asumido.

Gracias a la globalidad y a la oferta de productos financieros en el mercado, es fácil tener tu cartera de inversiones diversificada por áreas geográficas. Es muy importante que inviertas fuera de tu país, y por supuesto, que no tengas todo invertido en una única área geográfica.

También debes distribuir tu cartera de inversión en distintos mercados. Si te especializas o adquieres conocimientos específicos en una temática, puede constituir una ventaja competitiva para apostar, pero nunca te dejes llevar por lo que crees que sabes. Diversifica.

# Llegada la jubilación, ¿cómo recuperar la inversión?

Llegado el momento de tu jubilación, tendrás una composición determinada de patrimonio, en forma de activos y deudas, que darán lugar a un abanico amplio de posibles escenarios para rescatar tus inversiones. Compartiré contigo las buenas prácticas a la hora de mover todos los hilos. Divido este apartado en dos, uno dedicado al rescate del plan de pensiones y otro dedicado al esquema genérico de recuperación de la inversión a lo largo de una vida.

## El rescate del plan de pensiones

Aunque a lo largo de la lectura de este libro, el plan de pensiones no sea un producto que destaque frente a otras opciones por su ausencia de liquidez a lo largo de la vida, por las escasas rentabilidades que se pueden alcanzar y porque los impuestos que se pagan al final son sobre todo lo aportado más los beneficios si los hubiera, y no sobre la ganancia del producto, en caso de que la hubiera, merece mención especial su rescate, ya que esto tiene implicaciones a causa de los impuestos asociados. El acto de disponer del dinero que has depositado a lo largo de tu vida en el plan de pensiones se conoce como «rescate». El rescate lo puedes llevar a cabo disponiendo de todo el dinero de tu plan, caso en el que tendrías la totalidad del plan menos los impuestos asociados, pero también puedes hacerlo mediante retiros periódicos o combinar ambas opciones. Es decir, tienes las tres opciones siguientes:*

1. Recibir un pago único en forma de capital.
2. Como una renta periódica, cobrando una cantidad.
3. De forma mixta, una parte en capital y la otra en rentas.

La opción de cobrar la totalidad del plan es, en términos generales, y salvo justificación particular, una mala idea, ya que como el plan de pensiones tributa como renta del trabajo como si fuera parte de tu salario y no como renta del ahorro, como tributan por ejemplo los rendimientos de tus fondos, aumenta tu escala fiscal y pagarás una cantidad ingente de impuestos por haber ahorrado en dicho producto a lo largo de tu vida. Sin embargo, al rescatar el producto en forma de renta, la tributación corresponderá a los tramos inferiores a lo largo de los años.

A la hora de calcular el IRPF que pagas en España en la actualidad sobre la totalidad de rentas que percibes, es decir, la suma de la renta del trabajo y en este caso la de la pensión, debes saber que se aplica una escala de porcentajes en tramos progresivos.

* Te recuerdo de nuevo el enlace donde puedes ampliar la información sobre los planes de pensiones: <https://www.economiasimple.net/como-funcionan-los-planes-de-pensiones.html>.

**Tabla 16.** Tramos del IRPF

| Base imponible | | | Tipo |
|---|---|---|---|
| **Desde** | **Hasta** | **Traducción** | |
| 0 € | 12.450 € | Hasta 12.450 € | 19 % |
| 12.450 € | 20.200 € | Los siguientes 7.750 € | 24 % |
| 20.200 € | 35.200 € | Los siguientes 15.000 € | 30 % |
| 35.200 € | 60.000 € | Los siguientes 24.800 € | 37 % |
| A partir de 60.000 € | | A partir de 60.000 € | 45 % |

Lo primero es conocer cuándo puedes recuperar tu dinero en caso de tener un plan de pensiones en posesión. Lo podrás rescatar en la jubilación, si se da una situación de invalidez, en caso de fallecimiento o si el grado de dependencia de terceros es alta. Aunque también hay otras circunstancias extraordinarias, como enfermedad o desempleo de larga duración para poder rescatarlo.

La opción de rescatar todo el plan de pensiones en forma de capital en un solo pago es la menos ventajosa desde el punto de vista fiscal; por tanto, deberías plantearte rescatarlo en forma de rentas o a través de la modalidad mixta, que además es el objetivo que persigue este tipo de instrumento financiero.

Existe una buena práctica que te conviene conocer y es que, en caso de que tengas un plan de pensiones, no rescates el producto de ninguna de las maneras el mismo año de tu jubilación, ya que tu salario, como ya habrás podido comprobar será más alto que la pensión que vas a cobrar, por tanto, la tributación ese año será en una escala más alta que cuando sólo cobres la pensión pública.

No obstante, a lo largo de la historia han existido particularidades fiscales en forma de «ventajas» que te convendría investigar. Las ventajas fiscales son como las estaciones, llegan y se van. Vendrán otras parecidas y se irán. En caso de tener un plan de pensiones, infórmate pormenorizadamente. Pueden suponer miles de euros de ahorro.

Por tanto, lo ideal para diluir el impacto fiscal es cobrar el plan de pensiones en forma de renta, de manera que percibas una cantidad periódica, que normalmente es mensual, hasta que recibas la totalidad de tu plan de pensiones.

## El rescate de tu patrimonio personal

Llegada la jubilación, tendrás un patrimonio compuesto por activos y pasivos. Centraré la desinversión en el patrimonio neto, es decir, en la suma de todos tus activos, restando la deuda en caso de que exista algún préstamo o hipoteca en tu balance.

Tu activo neto, a su vez, estará compuesto por todos los bienes que están en tu posesión. El valor de los activos financieros viene determinado por el valor que tengan en el mercado en el momento de tu jubilación, y el valor de los activos no financieros también viene determinado por los organismos oficiales de tasación, ya sean metales preciosos, bienes inmuebles u obras de arte.

Además, los distintos componentes de ese activo se pueden catalogar, a su vez, en líquidos o rentas.

Activo renta es aquel que te proporciona un ingreso periódico, como una cartera de acciones, que te remunera en forma de dividendos varias veces al año, o un bien inmueble que tienes alquilado.

Activo líquido es todo aquel que no te proporciona un ingreso periódico y que puedes convertir en dinero tras su desinversión, como puede ser un fondo de inversión, el dinero ahorrado en la cuenta corriente, oro físico que tengas en tu vivienda o la casa en la que vives y que no te renta.

Como ves, dependiendo de la naturaleza y del uso que le des a un activo, puede ser activo renta o activo líquido, como ocurre en el caso de una vivienda en propiedad.

**Paso 1: Haz un inventario de todo tu patrimonio neto**

Lo ideal es que vayas calculando de forma rigurosa tu patrimonio neto cada cierto tiempo, de manera que el ejercicio que debes hacer sea una actualización del hábito financiero que ya tenías. Si no es así, debes hacer el ejercicio de calcular tu patrimonio neto y catalogar los activos en líquidos o rentas. El siguiente ejemplo te puede servir de base para llevar a cabo el tuyo.

- Líquidos acumulados: es la suma de todo el dinero que se tiene tanto en cuentas bancarias como en efectivo. Es un activo líquido.

  Líquidos = 10.000 euros.
- Fondos de inversión: es la suma de los valores de todos los fondos de inversión de renta fija y variable. Es un activo líquido.

  Fondos = 100.000 euros.
- Valores: es la suma de los valores de todas las acciones. Es un activo que tiene la naturaleza de líquido y renta por el pago de dividendos.

  Acciones = 54.000 euros con una rentabilidad neta después de impuestos del 4 por ciento, esto es, 2.160 euros anuales.
- Planes de pensiones: es la cantidad de dinero acumulado en un plan de pensiones. Es un activo renta.

  Plan de pensiones = 30.000 euros.
- Vivienda en propiedad de residencia: es la vivienda particular.

  Tasación de la vivienda = 200.000 euros.

- Vivienda en propiedad de alquiler: es una vivienda en propiedad cuya finalidad es la de alquiler. Es un activo renta.
  Tasación de la vivienda = 80.000 euros.
  Alquiler mensual neto restando gastos e impuestos = = 350 euros.

Supongamos que la persona del ejemplo no tiene deudas contraídas llegada su jubilación. En tal caso, su patrimonio neto en ese momento será la suma de los valores de todos sus activos, esto es, 474.000 euros, de los cuales 200.000 euros pertenecen a la vivienda en la que ha vivido toda la vida, por lo que en un primer nivel de activos se toman en cuenta sólo aquellos activos que son más fáciles de manipular, y por tanto su patrimonio neto es de 274.000 euros.

**Paso 2: Suma todas las rentas mensuales sin descapitalizarte**

El siguiente paso es conseguir aproximar los ingresos mensuales al objetivo marcado a través de todos los ingresos en forma de renta que percibes y percibirás llegada la jubilación sin deshacer ninguna posición, tal y como ya viste en la

Tarta de ingresos de tu jubilación

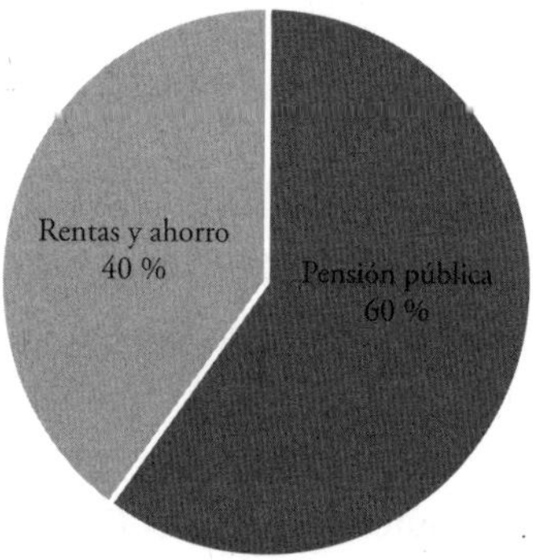

tarta de ingresos en tu jubilación, compuesta por la pensión pública y la suma de todas las rentas que debes construir para garantizar tu meta.

En el ejemplo, el objetivo de gasto mensual llegada la jubilación es de 2.000 euros y la pensión de jubilación es del 60 por ciento del ingreso deseado, esto es, 1.200 euros. Además, tiene una renta de 350 euros netos por el alquiler de una vivienda, lo que suman 1.550 euros. Tiene unas acciones que rentan 2.160 euros al año, lo que suponen 180 euros al mes, que, sumados a la renta anterior, es ya de 1.730 euros, un 86,5 por ciento del objetivo marcado, por lo que habría que deshacer posiciones de inversión para llegar al ingreso deseado de 2.000 euros.

Una herramienta útil en este momento es la fórmula Esmeralda, que diseñé en el libro *Tu llave a la libertad financiera*, publicado por Alienta. Esta fórmula te dará el número de años que puedes vivir con unas rentas que llamo ingresos pasivos mensuales, un gasto mensual y unos líquidos acumulados. Así, pues, ya conoces las rentas mensuales (1.730 euros), los gastos mensuales (2.000 euros), que son estimación sobre los ingresos deseados, y los líquidos totales, que son la suma de las cantidades que podrías convertir en líquidos: ésta es la suma del plan de pensiones, los fondos de inversión y los líquidos, que asciende a 140.000 euros.

$$\text{Años de libertad financiera} = \\ = \frac{-(\text{Líquidos totales} + \text{Ingresos pasivos mensuales} - \text{Gastos mensuales})}{12 \cdot (\text{Ingresos pasivos mensuales} - \text{Gastos mensuales})}$$

Aplicando la fórmula Esmeralda, la persona del ejemplo podría vivir 43,12 años, muchos más de lo que cualquier escenario de esperanza de vida pueda plantear tras los sesenta y siete años. Es un ejercicio que arroja unos resultados sobresalientes, ya que hay capital suficiente para cubrir el objetivo.

Lo ideal es que hicieras previamente el ejercicio en el que te enseñé cuánto dinero necesitabas acumular para complementar la jubilación y no el ejercicio inverso, sin planificación, ver si el dinero acumulado cubre tus necesidades.

**Paso 3: Convierte los activos necesarios en rentas hasta alcanzar o acercarte a tu ingreso mensual deseado**

Queda un plan de pensiones, los fondos de inversión y los líquidos. Estos últimos, al ser un fondo de emergencia, lo ideal es no tocarlos y mantener la cifra a lo largo del tiempo jugando con las entradas y las salidas de efectivo.

Respecto al plan de pensiones de 30.000 euros, tras una visita a un asesor fiscal y analizando la mejor opción de rescate, dada la situación particular, se queda en algo menos de 20.000 euros netos, una vez restados los impuestos, lo que supone un ingreso adicional de 90 euros netos al mes durante los próximos dieciocho años, hasta alcanzar los 1.820 euros. Faltaría un ingreso de 180 euros mensuales durante los dieciocho años de estimación de esperanza de vida, desde la jubilación a los sesenta y siete años hasta los ochenta y cinco años, para llegar a a la cifra de 2.000 euros al mes, lo que supone un capital acumulado sin tener en cuenta la inflación de 38.880 euros; como la cantidad acumulada en el fondo de inversión es de 100.000 euros, se alcanza el objetivo y queda un remanente. Lo ideal sería mantener una parte del fondo en una inversión conservadora que superase la inflación, pero ¿durante cuántos años estarías cobrando una paga determinada sobre un producto financiero que te está rentando a un tipo de interés determinado?

**Fórmula para calcular los años que te duraría la retirada de efectivo de una inversión que te está rentando un tipo de interés**

$$\text{Años inversión} = -\frac{\ln\left(1-\dfrac{\text{Capital invertido} \times \text{Tipo interés}}{\text{Renta percibida anual}}\right)}{\ln\left(1+\text{Tipo interés}\right)}$$

Para los amantes de las matemáticas, la fórmula es consecuencia de despejar los años de inversión de la siguiente fórmula:

$$\text{Capital invertido} = \text{Renta percibida anual} \times \frac{1-\left(1+\text{Tipo interés}\right)^{-\text{Años de inversión}}}{\text{Tipo interés}}$$

$$1-\frac{\text{Capital invertido} \times \text{Tipo interés}}{\text{Renta percibida anual}} = \left(1+\text{Tipo interés}\right)^{-\text{Años de inversión}}$$

$$\ln\left(1-\frac{\text{Capital invertido} \times \text{Tipo interés}}{\text{Renta percibida anual}}\right) = \text{Años inversión} \times \ln\left(1+\text{Tipo interés}\right)$$

$$\text{Años inversión} = -\frac{\ln\left(1-\dfrac{\text{Capital invertido} \times \text{Tipo interés}}{\text{Renta percibida anual}}\right)}{\ln\left(1+\text{Tipo interés}\right)}$$

Por ejemplo, si quisiera conocer cuántos años durarían los 100.000 euros del fondo de inversión, suponiendo una retirada mensual de 500 euros, es decir, 6.000 euros al año, y un tipo de interés del fondo de inversión del 3 por ciento, la desinversión duraría 20,47 años.

Esta herramienta es muy práctica y útil para poder hacer tus propias simulaciones en función de la composición y naturaleza de tus activos.

En este ejemplo he intentado reflejar el juego que se puede seguir hasta conseguir tu objetivo, pero no hay una única solución. Es un ejercicio que requiere tu tiempo y esfuerzo durante todos los años previos a la jubilación, para que simules distintos escenarios hasta que des con uno que satisfaga tus necesidades. Las condiciones del mercado van a cambiar, tus activos futuros pueden ser totalmente diferentes, o puede cambiar la política, la fiscalidad; pero si haces los ejercicios y los repites a lo largo del tiempo ajustando debidamente, impactará positivamente en tu planificación financiera.

# Pautas para maximizar las rentas pasivas

A lo largo de la lectura he ido entregándote pautas prácticas para llegar a saber cómo cobrar tu pensión de jubilación, y habrás podido comprobar que un gran peso de lo que percibirás en tu futuro depende exclusivamente de ti. En este apartado aludiré al aspiracional, al que dediqué el libro ya mencionado *Tu llave a la libertad financiera*, publicado por Alienta, en el que compartía los conocimientos para poder llegar a ser libre financieramente y vivir de las rentas, ese momento en el que la suma de tus ingresos pasivos supera tus gastos mensuales. En esencia, es el límite al que todas las personas que se enfoquen en sus finanzas deben tender, tanto si lo consiguen como si no; enfocarse y dedicar esfuerzos a ello supone una gran diferencia, no basta sólo con llegar, sino que después del viaje a la libertad financiera, hay que mantenerse. Se necesitan años de dedicación, centrarse en ello y constancia para avanzar en ese sentido. Como ves, avanzar hacia la libertad financiera es una derivada más de la planificación de tu jubilación. En este apartado compartiré contigo los hábitos que te ayudarán en la planificación de tus finanzas a lo largo de la vida, y en concreto, valores que te acercan tanto a una estructura financiera saludable como a la libertad económica.

## Hábito saludable 1: Haz un seguimiento de tus ingresos y gastos de por vida

Para poder tomar decisiones sobre tus finanzas, es fundamental conocer tu punto de partida y tener una trazabilidad de todo lo que ingresas y todo lo que gastas. En el apartado dedicado a calcular lo que gastarás en la jubilación en función de tus gastos pasados, presentes y futuros, puedes crear tu propia hoja de seguimiento de gasto e ingresos, conocido como flujo de caja. Esta información ha de ser rigurosa, actual y completa. No sirven las estimaciones ni la periodicidad excesivamente espaciada en su seguimiento. Una vez al mes, haz el ejercicio de recopilar todas las salidas y todas las entradas que han tenido lugar a lo largo del mes. No basta con acudir a las cuentas bancarias, debes anotar también los pagos e ingresos en efectivo, mientras éste siga en vigor. Apunta absolutamente cada pequeño gasto, e insisto, una vez al mes agrupa todos los gastos e ingresos en partidas mayores, hasta obtener una única cifra de gasto mensual y otra cifra de ingreso mensual.

## Hábito saludable 2: Incrementa tus ingresos a lo largo de tu vida

El flujo de entradas y salidas de dinero tiene dos palancas que puedes accionar: por un lado, la reducción o control minucioso de los gastos y, por otro lado, el aumento de las fuentes de ingreso a lo largo de tu vida, idealmente diversificándolas para que no dependas de una única fuente, ya que si ésta deja de suministrar ese entrante, pierdes grados de libertad. Sin embargo, si vas construyendo distintas fuentes de ingreso en forma de pequeños dividendos, royalties, rentas, alquiler de objetos que no utilizas, la monetización de una pasión o la creación de una tienda en línea, y las vas haciendo compatibles con tu sustento principal, aumentas tus grados de libertad al no depender única y exclusivamente de una única apuesta a la que dedicas todas tus cartas. El mundo avanza hacia perfiles versátiles, híbridos, adaptables y en constante crecimiento. Lo que aprendes sin aparente utilidad en un momento determinado de tu historia, puede ser utilizado en otro periodo y ser una sinergia que te aporta una ventaja competitiva. Lo que decidas hacer, hazlo bien. A medida que avances, al tener más libertad podrás elegir, y aquello que elijas, al tener menores niveles de esclavitud laboral, aprovéchalo y agradécelo. En cualquier caso, siempre será elección tuya y estarás supeditado al entorno en el que trabajes; la vida no es fácil y quizá las condiciones del entorno arrojen altas tasas de desempleo en tu franja de edad. Es tu responsabilidad formarte e ir más allá siempre. Recuerda la premisa principal de que no hay nada seguro, tampoco lo que parece que lo es.

Los gastos se pueden reducir hasta un punto, hay un límite, pero los ingresos no. Las ideas anteriores son sólo sugerencias, pero también puedes enfocarte en aumentar los ingresos a través del trabajo principal, negociar un aumento o estudiar otra carrera que te posicione en el mercado.

Deberías aumentar los ingresos al menos para cubrir la tasa de inflación de ese año, y eso a lo largo de los años, bien sea por un aumento de tu fuente principal de ingresos o a través de ingresos pasivos que construyas, y el gasto puede ir aumentando, pero siempre en menor proporción que los ingresos; es decir, tu tasa de ahorro mensual debe ir en aumento a lo largo de tu vida, de modo que el porcentaje de ahorro que puedas dedicar a la inversión comience en el 30 por ciento hasta que tengas el colchón financiero, y a partir de ese momento, dedicar casi todo tu ahorro a inversión, y aumentar todo lo que tu capacidad te permita, hasta un

**Gráfico 8.** Relación entre ingresos y gastos a lo largo de la vida laboral

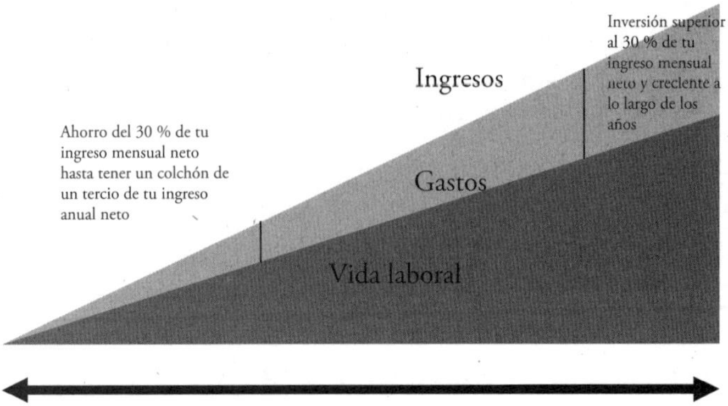


35 por ciento, un 40 por ciento o incluso un 50 por ciento de ahorro destinado a la inversión al mes. Llegar a estos niveles requiere años, pero con enfoque y disciplina se pueden alcanzar. A continuación, en el gráfico 8 te muestro cómo debería aumentar tu nivel de gasto respecto a tu nivel de ingreso: como puedes ver la brecha entre uno y otro aumenta y, por tanto, aumenta el dinero que destinas a la inversión.

## Hábito saludable 3: Reduce tu gasto al máximo

El subapartado anterior es como una marioneta de dos hilos: para que pueda andar, debe estar equilibrada, y ambos hilos son tremendamente importantes, el de los ingresos y el de los gastos. Debes desarrollar una disciplina militar con respecto a cómo manejas tu marioneta. Cada pequeño movimiento hará que la marioneta se mueva de forma fluida y elegante como si de una persona se tratara, o puede convertirse en un espectáculo esperpéntico con hilos enredados que se pueden romper al intentar su liberación.

A lo largo de la vida te vas a encontrar con distintas fuerzas que tiran en sentidos opuestos, así que no te dejes llevar por aquello que no contribuya a las metas que te has marcado. Desarrolla disciplina para no incurrir en gastos emocionales y banales, y pensamiento propio para saber qué es lo que más te conviene a largo plazo. No hagas las cosas porque se hacen, sino porque tú verdaderamente quieres hacerlas. Ahorra en viajes hasta que hayas construido unos ingresos suficientes que te permitan llevarlos a cabo. Ahorra reduciendo las comidas que realizas fuera de tu domicilio. Ahorra prescindiendo de transporte privado y utilizando transportes alternativos. Ahorra alquilando todo aquello que vas a utilizar una o dos veces en tu vida. Ahorra aplicando la economía circular en tu vida, las tres erres: recicla, reduce y reutiliza pueden aplicarse a tu día a día. Vigila cada interacción con tu dinero y valora cada moneda que sale de tu bolsillo recordando el esfuerzo que supuso ganarla.

## Cálculo de la ratio euro/hora

Para que puedas dimensionar cuánto vale una hora de tu tiempo, esto es, por cuánto te vendes, voy a compartir contigo una herramienta muy potente: la ratio euro/hora.

**La ratio euro/hora es el valor de una unidad de tu tiempo.**

La ratio euro/hora es la cantidad de dinero que te paga un tercero en una hora incluyendo en el cálculo todo el tiempo directo o indirecto para la realización de la actividad por la cual te pagan, ya sea a través de la renta de un producto financiero o la paga de terceros. Por ejemplo, para calcular la ratio euro/hora del salario habitual que cobra un trabajador por cuenta ajena, deben incluirse en el cálculo las horas directas que se trabajan para la empresa, que suelen oscilar entre las 35 y las 40 horas semanales, y aquellas horas indirectas que se dedican a cumplir con la actividad, como el tiempo dedicado a trasladarse al lugar de trabajo, el tiempo de comida en el lugar de trabajo o aquellas horas adicionales que se le dedica en casa. Al dimensionar el esfuerzo, se minimiza el gasto.

Para llevar a cabo el cálculo de la ratio euro/hora de tu trabajo habitual:

1. Suma las horas trabajadas al mes.
2. Suma las horas que dedicas al transporte al mes.
3. Suma todas las horas indirectas del trabajo al mes: comida, descanso, tiempo dedicado al trabajo fuera del horario habitual.
4. Divide tu salario neto mensual entre la suma de los tres puntos anteriores.

La fórmula es la siguiente:

$$\text{Ratio euro / hora} = \frac{\text{Salario neto mensual}}{\text{Horas trabajadas al mes} + \text{Horas de transporte al mes} + \text{Horas indirectas al mes}}$$

Por ejemplo, la ratio euro/hora de un trabajador que tiene un ingreso neto mensual de 1.000 euros, trabaja ocho horas al día, dedica al transporte diario dos horas de su tiempo y tarda una hora en comer y descansar, es de 4,5 euros. ¿Cuál es la tuya?

Una vez tienes esta información en tu poder, es una herramienta muy útil cuando decidas acometer un gasto determinado, por ejemplo, para la renovación del móvil que está de moda. Supón que la ratio euro/hora de una persona es 5 euros y quiere renovar un móvil que va a suponer un desembolso de 200, ¿cuánto tiempo se destinará a la adquisición de ese móvil?

- Ratio euro/hora = 5 €
- Coste de renovar el móvil = 200 €

$$\text{Unidades de tiempo que cuesta adquirir un producto o servicio} = \frac{\text{Coste del producto o servicio}}{\text{Ratio euro / hora}}$$

En el ejemplo, la renovación le costará 40 horas, lo que supone trabajar una semana íntegramente para la adquisición de ese móvil, pero no hay que olvidar que el día a día implica una serie de gastos fijos.

Ahora voy a mostrar lo que supone adquirir una vivienda de 100.000 euros si la ratio euro/hora fuese de 5 euros. Simplifico el ejemplo suponiendo que se adquiere con hipoteca, y que la suma de los intereses, que son de aproximadamente el 20 por ciento del valor de compra, y el desembolso de los gastos en forma de impuestos es el 10 por ciento, lo que implica que el coste de tiempo de la vida para adquirir esta propiedad es de 20.000 horas, resultado de dividir 100.000 entre 5; en total son 1.818 días, esto es, unos siete años y medio íntegros para adquirirla. Adicionalmente, la suma de los impuestos e intereses de solicitar el préstamo suponen un coste de tiempo adicional de dos años y cuarto, 545 días, 6.000 horas, resultado de dividir los 30.000 euros en concepto de intereses e impuestos entre 5. Una cantidad de tiempo más que notable para tomarse muy en serio la compra de una vivienda.

**Utiliza tu ratio euro/hora para calcular el número de horas que dedicarás de tu tiempo para adquirir un producto o servicio.**

## Hábito saludable 4: Calcula tu patrimonio neto y síguelo de por vida

El hábito saludable 1 es una parte del seguimiento periódico de tu patrimonio neto, conocido como flujo de caja. El patrimonio neto completo es el valor de todo lo que posees en un momento determinado de tu historia financiera. Una vez al mes, cuando anotes todo lo que has ingresado y todo lo que has gastado, haz una revisión de todos tus activos y todos tus pasivos. Aquellos activos financieros tendrán un valor determinado en el momento de la observación y ésa es la cifra que tendrás que anotar cada mes. Dicha cifra irá fluctuando, ya que los activos cambian su valor; si tienes 10.000 euros invertidos en un fondo de inversión, su valor aumentará o disminuirá a lo largo del tiempo. Debes anotar el valor que tienen tus propiedades como si deshicieras posiciones en ese momento de observación. A medida que pasen los meses, cuando tengas uno o dos años de histórico, tendrás un punto de partida para observar el patrimonio neto y sacar conclusiones sobre él. Lo ideal es que la tendencia de tu patrimonio neto, el activo total menos el pasivo total, sea ascendente, aunque eventualmente haya meses en los que sea negativo. Esto es completamente normal, ya que el mercado puede caer, habrá crisis y lo más probable es que pierdas en algunas de tus inversiones mientras otras suben, de ahí la importancia de diversificar tus activos. Tu deuda total nunca debería superar cuatro veces tu ingreso anual neto. Y la deuda que contraigas que sea idealmente para construir activos financieros, no te endeudes nunca para algo que no sea una inversión. El conocimiento es una inversión.

A continuación, comparto contigo una tabla de patrimonio neto que te puede servir de punto de partida para diseñar la tuya.

| | Ingresos | Gastos | Ahorro neto = Ingresos - Gastos | Ahorro en cuenta bancaria | Dinero en fondos | Dinero en valores | Dinero en planes de pensiones | Dinero en depósitos | Préstamos que has hecho a terceros | Dinero efectivo en casa | Valor de todas tus propiedades | Activo | Pasivo | Patrimonio Neto = Activo - Pasivo |
|---|---|---|---|---|---|---|---|---|---|---|---|---|---|---|
| Enero | | | | | | | | | | | | | | |
| Febrero | | | | | | | | | | | | | | |
| Marzo | | | | | | | | | | | | | | |
| Abril | | | | | | | | | | | | | | |
| Mayo | | | | | | | | | | | | | | |
| Junio | | | | | | | | | | | | | | |
| Julio | | | | | | | | | | | | | | |
| Agosto | | | | | | | | | | | | | | |
| Septiembre | | | | | | | | | | | | | | |
| Octubre | | | | | | | | | | | | | | |
| Noviembre | | | | | | | | | | | | | | |
| Diciembre | | | | | | | | | | | | | | |

Cuando tengas ante ti la situación y su evolución, tú serás la persona responsable de detectar puntos de mejora. Esta tabla tan sencilla tiene un poder incalculable, pues es tu brújula: léela, interprétala y descubrirás hacia dónde debes dirigirte, sabiendo dónde estás.

**Utiliza el patrimonio neto como una brújula, te indica la posición en la que te encuentras y el norte hacia el cual debes dirigirte.**

## Hábito saludable 5: Invierte todo lo que ahorres

El objetivo inicial antes de invertir es acumular un tercio de tu ingreso anual neto como fondo de emergencia. A partir de esa cantidad, invierte todo lo que ahorres. Empieza con un 30 por ciento de tu ingreso mensual neto y no bajes ese porcentaje. El truco para poder ahorrar un 30 por ciento de tus ingresos es pagarte a ti primero y no dejarlo para final de mes, ya que, por la propia naturaleza humana, vas a gastar todo lo que ingresas. Por tanto, es un hábito que va contra tu naturaleza, debes aprenderlo, perfeccionarlo y mantenerlo a lo largo del tiempo. Para ello, destina de forma automática, como ya te he indicado, una cantidad que suponga ese ideal 30 por ciento a tus inversiones, y ve aumentándolo a medida que reduzcas tu gasto y aumentes tus ingresos. Piensa que lo más difícil de toda esta planificación son los primeros años, y que si eres capaz de hacer bien las tareas, notarás una diferencia abismal en unos años respecto a no hacer nada. El control financiero y la inversión te convierten en responsable total de tu dinero, lo que te llevará a seguir formándote y a desarrollar la resiliencia financiera, la capacidad de sobreponerte a cualquier evento, invirtiendo cada vez menos energía por tu parte, y asumiendo las pérdidas y las ganancias como una consecuencia del juego voluntario.

**Destina un porcentaje de tus ingresos en el momento de percibirlos y no al final.**

## Hábito saludable 6: Construye ingresos pasivos

Los ingresos pasivos son muy especiales, que se diferencian de los ingresos activos y de los extraordinarios en que se producen sin necesidad de invertir energía ni esfuerzo por tu parte. La ratio euro/hora de los ingresos pasivos tiende a infinito, ya que el número de horas destinadas a cualquier ingreso pasivo tiende a cero a medida que pasa tiempo formando parte de tu propiedad tras su establecimiento. Al principio, cualquier ingreso pasivo tiene una ratio euro/hora casi nula, ya que el número de horas invertidas es elevado hasta que el ingreso pasivo empieza a dar sus frutos; pero una vez está construido, apenas necesitan inversión de energía y de tiempo por tu parte, y el tiempo es el bien más valioso que todos tenemos, que es igual para todos. Un ingreso pasivo es, por ejemplo, los dividendos que te pagan las acciones, los royalties que cobras por un infoproducto, los derechos de imagen que percibes durante años por ceder tu imagen o tu voz en un momento determinado a un tercero, el dinero que percibes por alquilar tus propiedades o los intereses que percibes por tener una cuenta bancaria remunerada. En definitiva, es cualquier ingreso que no requiere tu esfuerzo directo y te aporta ingresos de forma periódica.

## Hábito saludable 7: Cuida tu alimentación

Para garantizar una buena jubilación, la alimentación juega un papel relevante en tu salud financiera, pues influye directamente en tu energía, que es el motor que te permitirá acometer cualquier proyecto de envergadura como el planteado en esta obra. El campo de la nutrición es relativamente reciente. Nació como ciencia en el siglo XVIII con las primeras observaciones del francés Lavoisier sobre la materia. Pero no fue hasta principios del siglo XX cuando se comenzó a estudiar de forma oficial la dietética y la nutrición.

Como todo lo que se comercializa, hay una parte positiva para la sociedad y otra que está pervertida por el ánimo de lucro, que deja a un lado la salud de los individuos. Con los descubrimientos en la materia, también hay contradicciones a lo largo de los años conforme se va avanzando en el conocimiento contrastado. Como yo no soy una experta en el tema, lo que puedo aportar al respecto son las pautas básicas que desde mi propia experiencia me permiten llevar una vida en la que nunca he tenido la necesidad de hacer dieta, y con ayuda de investigaciones y lecturas hasta la fecha, compartir contigo los conocimientos de expertos en la materia, aunque, como en muchos campos, no haya unanimidad al respecto.

Cada alimento sienta de una manera diferente a cada persona.

Ingiere sólo la energía que necesites. Hay genes que se alteran con los cambios horarios, por eso es tan importante atender a tu ritmo circadiano. Intenta tener hábitos horarios para comer, ya que la hora también influye en cómo tu cuerpo metaboliza los alimentos. Si eres capaz de encontrar un equilibrio, habrás conseguido una serie de buenas prácticas que te permitirán comer de todo.

Evita los alimentos industrializados y los alimentos refinados. No te dejes guiar por la publicidad, ya que puede ser engañosa. De hecho, las industrias que venden alimentos en muchas ocasiones, y en muchos países, elaboran parte de los mensajes sanitarios que llegan a la población a través de distintos canales. Se trata de llevar una alimentación equilibrada de manera que se dé importancia al conjunto de la dieta y no a los alimentos por separado.

Ingiere alimentos naturales, evitando en la medida de lo posible los supermercados, ya que en grandes superficies es más fácil encontrar alimentos no deseables.

Aliméntate principalmente de hortalizas, cereales integrales, legumbres, semillas, frutas, frutos secos, pescado, carnes y huevos, pero sin obsesionarte. Da prioridad a los alimentos de temporada y cuida la forma de cocinarlos y la manera de ingerirlos, así como las cantidades.

Un consumo moderado de grasas buenas es saludable. E incluso las grasas saturadas tienen beneficios para la salud, pues son resistentes a los radicales libres. Según algunos estudios de hace siete años, por ejemplo, no hay evidencias significativas de que el consumo moderado de grasas saturadas produzca un aumento del riesgo cardiovascular.

La carne de animales que han pastado durante su vida, es decir, que han consumido alimentos libres de contaminantes, es buena para la salud y rica en omega3, a diferencia de la carne de animales alimentados con piensos, que no es buena.

Es muy importante la procedencia de los alimentos, ya que va a determinar la calidad de los mismos.

El colesterol es necesario para el cuerpo. Sin embargo, el aumento del colesterol en la sangre puede ser peligroso, como cualquier desequilibrio en el organismo. Mantener un equilibrio financiero es similar al equilibrio necesario en el organismo. Los distintos componentes de tu economía personal deben estar perfectamente interrelacionados y entre los rangos saludables.

La mayor parte del colesterol que se encuentra en el cuerpo se produce en el hígado, por tanto, éste es el mayor responsable de la cantidad de colesterol de un individuo; el resto, la menor parte, es aportado a través de la dieta.

Modera la ingesta de azúcar, que está en exceso en muchos alimentos y es peligroso para la salud, al igual que la deuda si no la sabes utilizar o las tarjetas de crédito. El 40 por ciento de los españoles tiene sobrepeso y el 20 por ciento tiene obesidad, por lo que el 60 por ciento de las personas españolas está por encima de su peso. Uno de cada tres niños también tiene sobrepeso. La salud financiera, como la alimentación variada y saludable, se inculca desde pequeños hasta que se convierte en un hábito. Si no has recibido los conocimientos para una correcta ingesta de alimentos de pequeño, cuando eres adulto es más difícil, porque según las estadísticas, tendrás que trabajar duro primero para aligerar esos kilos de más.

Si se mantiene una vida sedentaria y se ingiere más glucosa de la que se quema, se deposita como grasa entre los órganos vitales o bajo la piel. Si a lo largo de la vida tampoco inviertes energía en construir nuevas fuentes de ingreso y seguir adquiriendo nuevos conocimientos que te posicionen y mantengan en el mercado, seguramente dependas de las decisiones que tomen terceros, como el Estado o tu empleador.

Los refrescos, las bebidas energéticas, la bollería, las salsas son alimentos con una gran cantidad de azúcar, y debes evitarlos, del mismo modo que cualquier producto financiero que parezca igual de suculento.

Modera el consumo de sal. Se pierde calcio por la orina con el exceso de sal.

Masticar los alimentos es un proceso muy importante. Favorece la digestión en general, y en particular, la digestión de cereales, patatas, legumbres y pastas, es decir, de los carbohidratos complejos, ya que ésta comienza en la boca, cuando se descomponen los almidones mezclándose con la saliva. Otra de las razones por las que recomiendo masticar bien los alimentos es porque te sacias cuando debes, puesto que el cerebro necesita tiempo para detectar la saciedad. Idealmente hay que salivar hasta con los líquidos. Comer rápido es como el consumismo sin reflexión, de nada sirve invertir tiempo y esfuerzo en construir buenos ingresos si luego los despilfarras sin consciencia. Practica la frugalidad, modera tu alimentación y cuida la forma en la que te alimentas. Pon atención en cada comida, introduce en tu boca pequeños fragmentos y mastícalos mientras degustas su sabor. Haz lo mismo con cualquier flujo saliente de dinero de tu bolsillo.

Una curiosidad: un estudio realizado por la Universidad de Osaka sobre los hábitos alimentarios de tres mil japoneses demostró que las personas que comen rápido y mastican poco tienen el triple de probabilidades de sufrir obesidad. La obesidad a su vez, supone entre un 2 y un 9,5 % del gasto sanitario de un país, dependiendo de cuál sea. Por ejemplo, en España está estimado que la obesidad y sus patologías asociadas podría suponer el equivalente al 7% del coste sanitario del Sistema Nacional de Salud español.*

* Instituto Bernard Krieff, «Informe: estudio de costes sociales y económicos de la obesidad y sus patologías asociadas», Madrid, Instituto Bernard Krieff, 1999.

Pero no todo depende de ti, pues la alimentación adecuada de una población también se ve repercutida por cambios socioeconómicos de un país. Si los precios relativos de bienes saludables, como las frutas y las verduras, se incrementan mientras los de productos menos saludables disminuyen o aumentan en menor medida, los individuos tenderán a sustituir unos por otros. Si el coste de comer en el hogar se incrementa frente al de comer fuera del hogar, los individuos tenderán a comer fuera. Adicionalmente, los avances tecnológicos han afectado a la industria de la alimentación, aumentando la oferta de comida en general y de comida preparada en particular. Uniendo estos factores, el coste de oportunidad de preparar alimentos frescos no elaborados es notablemente superior al de hace unos años. Tus buenos hábitos deben acompañarse por un entorno favorable que los propicie, pues de lo contrario es difícil conseguir metas que no están alineadas con el conjunto.*

## Hábito saludable 8: Maximiza tu energía personal

La mente es otra gran poderosa herramienta que debes aprender a dominar. La actitud ante la vida es una elección. La vida consiste en una serie de eventos que tienen tantas lecturas como personas los observen. Aprende a ver el vaso medio lleno, a identificar oportunidades, a lanzarte y luego rectificar, a no pararte. La vida, *per se*, te traerá, como a todos, pérdidas, eventos traumáticos, enfermedades, injusticias, errores, caídas y penurias. Elige bien cómo vivirlas y cómo sobreponerte a todo eso. El realismo optimista te

* Oliva, Juan, Laura González, José M. Labeaga y Carlos Álvarez Dardet, «Salud pública, economía y obesidad: el bueno, el feo y el malo», <https://www.scielosp.org/article/gs/2008.v22n6/507-510/es/>.

aporta mayores beneficios en todos los planos que el realismo pesimista. Tu actitud tiñe todo lo que observas y eso marcará la capacidad para afrontar el día a día, la energía implícita, los amigos que hagas por el camino, las personas a las que puedas iluminar, la apertura de mente para cambiar de opinión, la actitud de ver el error y el acierto como consecuencias de tu actuación y la consecuencia directa de enfermar menos.

Desde que naces hasta que mueres, tu actividad se desarrolla a través de transformaciones de energía, combustiones a distintos niveles. Tu energía es el combustible que tu cuerpo necesita para vivir y producir. Todos y cada uno de los procesos que realizan tus células requieren energía para llevarse a cabo.

La energía necesaria para vivir se obtiene principalmente del descanso y de los alimentos. La alimentación y el descanso, por tanto, impactan directamente en el mantenimiento del buen desarrollo de tu cuerpo. Con la evolución del ser humano, éste toma conciencia de sí mismo y de su entorno a un nivel superior que el resto de las especies del planeta Tierra. Así, pues, la mente es otro motor que hay que alimentar para garantizar el balance energético que te compone.

Tu energía personal se compone de la energía física y la mental. La energía física se repone con alimentación y descanso, y la energía mental con alimentación saludable para la mente. Ambas están intrínsecamente relacionadas, como lo están la mente y el cuerpo, de manera que altos niveles de energía mental pueden proporcionar energía física, y viceversa.

Esta energía, a su vez, varía dependiendo de la etapa vital en la que te encuentres, al igual que varían los ciclos vitales y la apariencia física.

La clave del alto rendimiento personal es la gestión adecuada de la energía, y para ello es fundamental tener libertad de actuación y ser capaz de nadar a contracorriente como los salmones, eligiendo los alimentos físicos y mentales adecuados, que no siempre estarán alineados con los disponibles o los que se consideran adecuados.

El hecho de tener que nadar a contracorriente es sencillo de explicar. Suelen existir una moda predominante, una cultura, unas tradiciones, unos comportamientos aceptados socialmente, un grupo cercano de personas, una política, medios de comunicación, una religión predominante, todos esos aspectos que conforman tu vida en la actualidad. Debes ser capaz de evaluar todas y cada una de las piezas que conforman tu vida, poder cuestionarlas, y aunque el «efecto moda» inevitablemente te influye por supervivencia, debes ir más allá y analizar si te aporta valor, te da energía o te la resta, y si está alineado con tus objetivos y principios. Cada una de las piezas evaluadas que veas que te restan energía o no aportan deberías ignorarlas o eliminarlas de tu radar.

Tú eres diferente al resto de las personas que existen y existirán, y aunque hay conexiones y paralelismos, lo que yo te recomiendo es que profundices en tu individualidad y realices una introspección para que puedas identificar lo que te aporta energía y lo que te la resta.

Tu consumo de energía debe ser igual a tu gasto energético para poder así mantener el equilibrio. Si aumentas tu gasto energético, tendrás que aumentar tu consumo de energía, y viceversa.

¿Eres diurno o nocturno?

Es importante que conozcas tu propio biorritmo. El conocimiento de tu ritmo vital es muy útil, pues esta característica biológica te va a permitir trabajar en las horas de máximo rendimiento, que es diferente para cada persona.

Se da la circunstancia de que a medida que el individuo se desarrolla desde la niñez a la edad adulta, la duración del sueño y cuándo éste se produce varía, y es igual de importante respetar y conocer estos cambios para poder adaptarse a ellos.

Si eres una persona a la que no le cuesta o incluso le gusta madrugar, tu mente está más activa en ese periodo de tiempo que con la tarde avanzada y precisamente cuando cae la noche prefieres actividades que no requieran una alta demanda intelectual, eres una persona diurna. A este tipo de personas también se las conoce como sujetos matutinos o alondras.

Si por el contrario eres de los que les cuesta madrugar, necesitas tu tiempo hasta que tu mente se reactiva después del periodo de sueño, y es cuando cae la tarde cuando te despiertas y puedes llevar a cabo tareas intelectuales tales como estudio o trabajo, y prefieres acostarte tarde, eres una persona nocturna. Este tipo de personas se conocen como vespertinas o búhos.

Una vez hayas identificado de qué tipo eres tú, tu vida, estudios, horario laboral y proyectos vitales deben estar adaptados a este horario, pues tu fuente de energía es óptima por la mañana o por la noche. Sabiendo esto, el momento en el que no dispones de una energía óptima puedes decidir no dedicarlo a la producción como individuo, sino a actividades que, a su vez, te dan otro tipo de energía, como dormir o alguna actividad que te relaje y te aporte. Un error muy extendido es utilizar el momento del día en el que no se dispone de una fuente de energía natural para llevar a cabo actividades intelectuales sólo porque el resto lo hace así. Al hacerlo, en realidad te estás desgastando, pues necesitas hacer un sobreesfuerzo para llegar a un nivel aceptable, y eso merma tus capacidades y la capacidad de producción del entorno al que le estés dedicando esa energía precaria. Por tanto, buscar entornos en los que los horarios sean flexibles y no rígidos es una de las primeras tareas que deberías llevar a cabo.

El contexto importa.

Tu realidad, tu percepción del mundo siempre se produce

de acuerdo al contexto. Por tanto, el contexto de tu vida es sumamente importante. En la medida de lo posible, decidir sobre él supondrá un aumento o una disminución de tu energía.

Aunque después pretendo explicarte cómo puedes llevar a cabo esta selección intencionada, primero voy a mostrarte gráficamente el viaje de la energía en un día sin diferenciar entre los diurnos y los nocturnos.

Cada día te levantas con una cantidad de energía vital. Dicha cantidad, dependiendo de las circunstancias vitales que estés viviendo, estará más arriba o más abajo del punto medio.

En la rutina del día a día, una persona normal que no está viviendo algún tipo de situación traumática y que tampoco está inmersa en un proceso que requiere llegar a su nivel de excelencia personal, estará en el centro, tal y como muestro en la imagen siguiente.

Si no toma decisiones sobre su entorno y sobre los alimentos de su cuerpo y su mente, a nivel energético reaccionará a los condicionantes externos de manera que mermen o aumenten su energía.

Como si de un dado aleatorio se tratase, cada vivencia, cada estímulo, cada ínfimo detalle imperceptible por su limitada capacidad consciente le afectan, de forma positiva o negativa, hasta que al llegar la noche la energía vital se ha visto reducida.

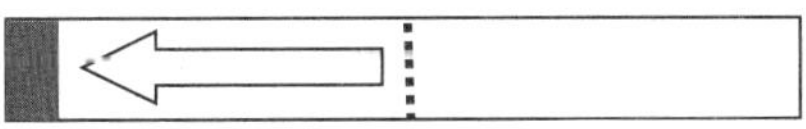

Llegada la noche, si la persona está exhausta en su conjunto —física y mentalmente agotada, muy diferente a realizar una actividad voluntaria incluso si requiere un esfuerzo superior, ya sea físico o mental— y además tiene un sentimiento de falta de control, ese estado se irá acumulando, y afectará al punto de partida del día siguiente, a nivel energético, mental y físico. La suma sucesiva de días como ése inclinará la balanza energética a la baja, haciendo que su punto de partida sea inferior al de la media, de manera que, al despertar, la energía disponible se sitúa en un punto de partida más bajo.

Evento 0: punto de partida

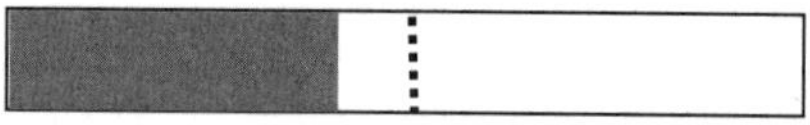

A lo largo del día de una persona hay miles de eventos que suman energía o la restan hasta que el día termina. De forma ilustrativa sería algo así:

Evento 1: desgaste de energía físico

Evento 2: aumento de energía físico

Evento 3: desgaste de energía mental

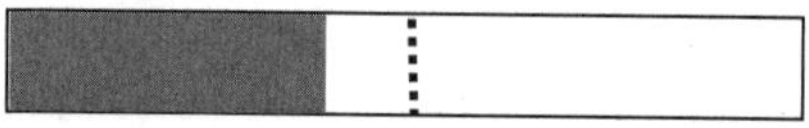

Evento 4: desgaste de energía mental

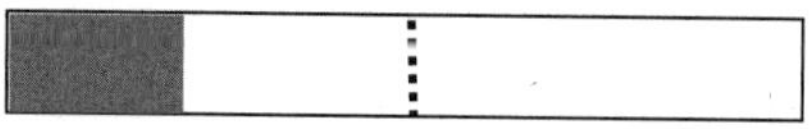

Evento 5: aumento de energía físico

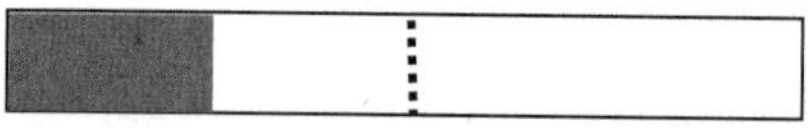

Evento 6: desgaste de energía físico

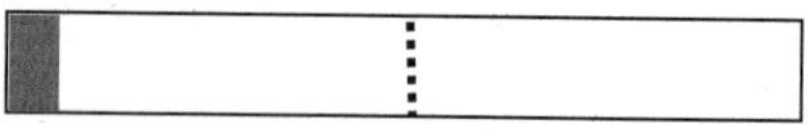

El ejemplo anterior pretende ilustrar que tu energía personal disminuye a lo largo del día por la disminución natural de energía física que produce y que ésta se ve alimentada o mermada por el combustible mental.

A través de una correcta alimentación y un descanso de calidad, dispondrás de la energía física necesaria para acometer un nuevo día. La clave está en la calidad y el equilibrio. Cualquier desequilibrio, por exceso o por defecto, en tu alimentación o descanso impactará directamente en tu salud y en tu energía. Idealmente deberías conocer los factores que influyen en tus necesidades de energía, así como en tu momento vital. Masticar los alimentos, una alimentación variada, escuchar a tu cuerpo más que a la industria alimentaria, comer hasta quedar satisfecho y no hasta llenarte, consumir alimentos que aporten energía para igualar su merma diaria y adquirir conocimiento de fuentes creíbles son algunas generalidades saludables.

La calidad de tu descanso es algo de gran importancia. El número de horas necesarias de descanso varía en función de la persona, de su momento vital y de las circunstancias individuales. Escuchar a tu cuerpo será, una vez más, una fuente valiosa de información, pues te indicará cuánto necesitas dormir en cada etapa. A medida que vivas etapas y adquieras la madurez suficiente para cuestionar el entorno, recuerda que lo que las estadísticas o terceras personas indican sobre tu descanso es menos importante que lo que tu propio cuerpo te diga. En cuanto a las condiciones idóneas para garantizar un sueño de calidad, adáptalo a tu cronotipo, es decir, a si eres diurno o nocturno, mantén un ciclo constante de vigilia y sueño, define las condiciones del ambiente en cuanto a temperatura y calidad de los elementos que influyen directa o indirectamente en tu descanso, y duerme la siesta siempre que tu cuerpo te la pida.

El siguiente paso es trabajar la energía mental. Para ello

debes identificar aquellas circunstancias que te aportan energía y las que te la restan. Puedes empezar por las generalidades e ir ahondando hasta los niveles con sutilezas aparentemente imperceptibles.

Imagina el siguiente ejemplo.

Te resta energía mental:

- Estar dentro de un atasco de tráfico
- Cocinar
- Tu jefe
- El desorden
- El frío
- La soledad

Te proporciona energía mental:

- El sol
- La música
- Reír a carcajadas con tus amigos
- Bailar
- Practicar deporte

Cuando redactes tu lista, idealmente por escrito, identificarás grandes grupos, personas, actividades, alimentos. Al hacerla, debes abstraerte de la sociedad, de tu familia, de tu entorno laboral, de tu cultura, de tu religión. Mira más allá y más adentro. Si dudas, obsérvate la próxima vez que experimentes esa vivencia y podrás determinar si te aporta o te resta energía. Esta primera observación es sólo el primer nivel.

Puedes actuar de tres maneras principales para cada una de las actividades que te restan energía:

1. Eliminarlas de tu radar:
   a) Ignóralas focalizando tu atención en otra experiencia.
   b) Evítalas.
2. Transformarlas.
3. Cambiarte a ti mismo.

Si la experiencia en cuestión está relacionada con uno de los pilares que te constituyen como persona, la opción de cambiarte a ti mismo es la más compleja, pues la energía necesaria para cambiar algo intrínseco será superior a la que obtendrías después de esa transformación. Lo más apropiado y eficiente en ese caso sería eliminar esa experiencia o transformarla. Por ejemplo, si eres una persona muy extrovertida a la que le resta energía la soledad, lo ideal sería invertir energía en estar rodeado de personas para así pasar esa experiencia de algo que te resta a algo que te aporta.

Transformar una experiencia que resta en una que suma es combinar esa vivencia con otra que te aporte mucha energía y aplicar el arte de ignorar la que resta al enfocar tu atención en la otra. En el ejemplo anterior, estar en un atasco puede no restar energía a esa persona si escucha su música favorita.

Cuanto más flexible seas, menor es el número de experiencias con potencial de restarte energía.

Cambiarte a ti mismo de forma intencionada es posible. Puedes cambiar tus gustos, tu cuerpo, tu cerebro, lo necesario para cambiar tu propia percepción. En el ejemplo anterior, el desorden puede pasar a no restar si la persona logra cambiar su percepción de la realidad, por ejemplo, estableciendo prioridades si el desorden es producto de sus propias acciones o interiorizando otros puntos de vista si es producto de terceras personas. El desorden para uno puede ser una forma de orden para otro.

Cuanto mayor sea tu control mental, mayores serán las probabilidades de enfocarte en eventos que te nutran con independencia de las circunstancias.

En lo que más tienes que prestar atención es en la relación con los demás y contigo mismo. Tanto lo que pienses como de quién te rodees van a afectar en gran medida a lo que eres y a la energía de que dispongas. Una persona tóxica en tu círculo más cercano puede mermar tu energía como individuo. Y si tú eres la persona tóxica, deberás trabajar para cambiarlo.

Si sientes envidia, celos, asco, odio hacia ti o hacia los demás, has de trabajar en esa toxicidad. Y si te rodeas de gente que tiene esos sentimientos, hay toxicidad en tu ambiente. A medida que aumentes tus grados de libertad, podrás actuar en consecuencia y alejarte o alejar de tu vida esa tipología de personas. Trabajar tu autonomía e independencia y fortalecerte a nivel mental y físico son dos palancas que te permiten tomar decisiones con respecto a las personas. Insisto, las más difíciles por nuestra propia naturaleza social.

Como individuo no necesitas a nadie, no necesitas una pareja, un jefe, un amigo o una familia. Eres completo por el hecho de existir. Puedes y debes elegir. Trabajar para tener relaciones saludables, ser transparente en lo que puedes dar y lo que no, en cómo eres. No tener expectativas acerca de nadie ni de nada. Elige cuidadosamente tu círculo más cercano. Sé selectivo. Busca relaciones sinceras, libres, genuinas, respetuosas, transparentes, o define tus propios parámetros de relación que te aportan valor y energía. Recuerda que eres naturaleza, y si algo es la naturaleza y la existencia a lo largo de la historia conocida, es selectiva. Elige.

A grandes rasgos, la crítica destructiva y vacía es la cosa más despreciable que hay. Aléjate de ella en la medida en que tú decidas, pues limitará tu potencial como ser humano.

Es importante que entiendas el siguiente matiz. Cada vez

que consigues cambiar una experiencia que te resta energía en una que te la da, no estás neutralizando una pérdida, estás convirtiéndola en una ganancia. Tu objetivo debe ser, como mínimo, neutralizarla.

Gráficamente ocurre lo siguiente:

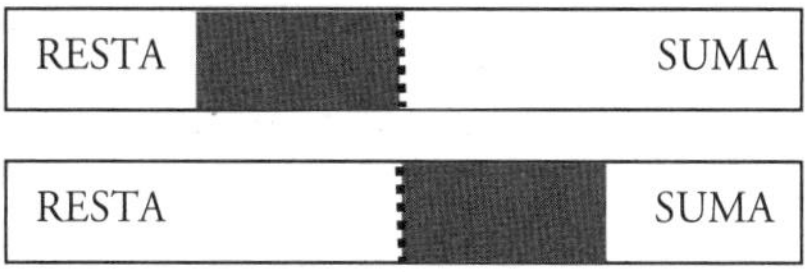


El siguiente aspecto es el más importante y también el más complicado. Lo que te da energía mental en un primer nivel no implica que a la larga contribuya a tu mejora individual. Observa e investiga las implicaciones a medio y largo plazo de las consecuencias de tus decisiones a corto plazo.

Por ejemplo, la decisión de renovar aparatos electrónicos puede producir un efecto positivo en tu cerebro a corto plazo, pues comprar produce placer; sin embargo, a medio y largo plazo es una decisión que afecta negativamente a tu economía y a la sostenibilidad del planeta. Por tanto, aunque puede parecer algo positivo para ti, en conjunto y a medio plazo es en realidad algo que te afecta negativamente.

A medida que conozcas más y mejor aquello que te aporta energía y seas capaz de analizarlo dentro del todo y, a su vez, dentro de tu propia vida a largo plazo, tendrás acceso a información con la que podrás tomar mejores decisiones. El siguiente paso será atreverte a elegir por el bien de todos y actuar conscientemente sobre todo aquello que te reste.

A medida que avances en esta dirección, la energía de la que dispondrás diariamente superará con creces tu punto de partida.

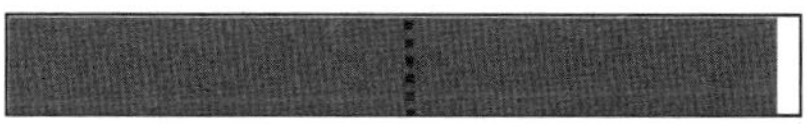

## Hábito saludable 9: Minimiza al máximo tu gasto en vivienda

La compra de una casa es uno de los mayores gastos que lleva a cabo una persona a lo largo de su vida, por ende, debería ser una de las actividades a la que se le debería dedicar más tiempo, pues hay muchísimos factores que hay que controlar antes de ejecutar la compra. Para adquirir mi primera vivienda dediqué tres años de mi vida hasta que encontré lo que andaba buscando, al precio que estaba dispuesta a pagar. Puesto que la actividad de comprar una casa no se enseña en ningún colegio hasta la fecha, es algo que debes aprender de forma proactiva. A raíz de la compra de mi primera casa, escribí una guía resumen autoeditada titulada *Cómo comprar una casa*.

El primer paso consiste en definir exactamente lo que deseas y lo que te puedes permitir. A grandes rasgos, una casa nunca debería costarte más que tu ingreso mensual neto multiplicado por 100. Si ganas 1.500 euros al mes, el coste máximo debería ser 150.000 euros, aunque esto es orientativo. Deberías comparar, negociar e intentar abstraerte del mercado. A veces los mercados se disparan y se venden las viviendas a precio de oro, a mucho más de su valor intrínseco.

Negocia siempre para conseguir una rebaja de entre un 10 por ciento y un 20 por ciento del valor de mercado.

Tan importante es lo que gastes en vivienda como el gasto mensual que ésta conlleve. Una vivienda bien aislada apenas demanda energía.

No caigas en modas y reutiliza muebles.

Minimiza al máximo la deuda para la hipoteca. Una hipoteca media implica un pago de intereses de un 20 por ciento del valor de compra, esto es, unos 20.000 euros para la compra de una casa de 100.000 euros sólo en concepto de intereses a lo largo de todo el plazo de amortización.

Al hablar de cantidades tan grandes, la gente tiende a incurrir en gastos elevados redondeando miles de euros como si fuera calderilla. Este comportamiento puede estar relacionado con la afirmación de Jacoby: «Cuanto más tiempo necesitamos en la toma de una decisión menos deseable se vuelve dicho proceso». La compra de una casa no es algo obligatorio, fórmate, infórmate durante años, ahorra para minimizar la deuda, define bien lo que quieres, lee contratos, empápate con el lenguaje de las inmobiliarias para hacer las preguntas adecuadas, negocia, observa el mercado y cuando llegue el momento y el mercado baje, compra. Nunca te precipites en algo así.

### Hábito saludable 10: Acepta tu cuerpo... y el de billones de huéspedes

Hay toda una industria alrededor de lo que han definido como imperfección corporal. Si aceptas tu cuerpo, lo cuidas y mantienes, además de llegar a la jubilación en un estado mental y físico saludable, ahorrarás cantidades ingentes de dinero. El cuerpo, por definición, es el conjunto de sistemas orgánicos que te componen como ser vivo. Nunca mejor dicho, pues en tu cuerpo habitan multitud de seres vivos. Se estima que hay unos 38 billones de bacterias en un cuerpo adulto y unos 30 billones de células. Esto sin contar el número de los 60 billones de virus. Además de varios miles de millones de hongos y millones de ácaros. Dicho de otro modo, eres el huésped de un número elevado de microorganismos, que posiblemente no sean conscientes de tu existencia y simplemente te habiten.

¡Estás ocupado!

No te alarmes, es una buena noticia para ti, pues las bacterias y tú tenéis una relación simbiótica: juegan un papel crucial en la digestión y están implicadas en el desarrollo del sistema inmunitario. Es más, investigaciones en ratones libres de microorganismos han dado como resultado un desarrollo inadecuado del sistema inmunitario, lo que les provocaba graves problemas. El microbioma, que es como se llama el conjunto de microorganismos del cuerpo, te protege contra enfermedades, estimula las defensas, hace digeribles los alimentos y te suministra vitaminas, entre otras cosas. Además, al tratarse de una relación tan duradera, las bacterias han evolucionado junto a la especie humana, adaptándose a sus estilos de vida y sus tipos de alimentación.

Si cambias tu perspectiva, a escala microscópica eres vacío. ¿Te vas a alarmar después de decirte que estás compuesto de billones de seres diminutos?

El átomo es la estructura más pequeña de la materia. Los átomos se agrupan formando moléculas, y éstas constituyen todos los materiales conocidos, incluido tu cuerpo.

¿Por qué eres mayormente vacío? Porque el átomo está compuesto por dos estructuras: el núcleo y la corteza. Estas dos estructuras concentran el 99,99 por ciento de la masa; el resto de la célula, desde nuestro punto de vista quizá limitado, es vacío. Para que te hagas una idea del vacío, si el núcleo de un átomo es del tamaño de un balón de fútbol, la corteza es la esfera que rodea al núcleo y tiene 30 kilómetros de diámetro. Alrededor de esta corteza es donde «bailan» los electrones. Y entre ésta y el núcleo sólo hay vacío.

Eres desproporcionadamente vacío. Estás mucho más cerca desde el punto de vista material de «no ser» que de «ser». Por lo que el soliloquio de Hamlet «ser o no ser, ésa es la cuestión», tendría una nueva lectura.

La postura corporal es muy importante, ya que afecta tanto a la salud fisiológica como a tu propia psicología. A través del cuerpo nos comunicamos con los demás. De la misma forma que tu estado anímico se ve reflejado en tu cara —cómo te encuentres y lo que pienses va a afectar directamente a tu fisionomía—, a la inversa también funciona: la forma en que te muestres va a afectar directamente a tu estado anímico. Ir con la espalda erguida y la mirada al frente al andar te hace más grande; por el contrario, andar encorvado y con la mirada gacha te hace más pequeño.

Lleva tu cuerpo siempre erguido.

Observa tu cuerpo.

Cuando pones atención al cuerpo y te observas, descubres cosas como que las uñas de las manos crecen más rápido que las de los pies, identificas qué alimentos te sientan bien y cuáles mal, con independencia de la creencia y las investigaciones generales, ya que lo general en este caso de observación con detalle sólo sirve como referencia. Observa con atención la unicidad de tu cuerpo, es único, no hay dos iguales. Al observarte percibes que el sabor de los alimentos es más intenso cuando espiras por la nariz que cuando inspiras; de esta forma puedes intensificar o mitigar el sabor si la ocasión lo requiere, por ejemplo, para ingerir algún alimento o sustancia cuyo sabor no te agrade.

Aprende de tu cuerpo tanto como de tu mente, ya que es el templo que vas a habitar en esta vida, y no sólo es importante hacer una buena planificación financiera para tu jubilación, sino que, llegado el momento, debes estar en óptimas condiciones para seguir disfrutando de la vida. Así que:

- Cuídalo.
- Siéntelo.
- Vívelo.
- Disfrútalo.
- Acéptalo.

La aceptación del cuerpo es una base con la que todos nacemos; sin embargo, dicha aceptación está condicionada por el momento histórico y cultural que te toca vivir. En determinadas culturas y entornos, se pierde la cordura y la demencia entra en juego. Se pierde el equilibrio. Acepta tu cuerpo tal como es y cuídalo como lo que es, la casa en la que habitarás en tu etapa como ser vivo. Busca la coherencia entre cuerpo y mente. A través de los sentidos puedes aprender a comunicarte con el cuerpo. Acepta tu sexualidad con libertad y vívela con respeto hacia ti y hacia los demás.

## Hábito saludable 11: Conviértete en coleccionista de noes

Trabaja en incomodar a tu cerebro. Es un adicto al gasto, pues está inmerso en esta sociedad de consumismo irracional, un colectivo de toxicómanos adictos a las compras compulsivas e irracionales. Debes incomodar a tu cerebro hasta que sea capaz de llevar la contraria a la sociedad, aunque aparentemente parezca un paso difícil. Y esto no tiene nada que ver con llevarle la contraria a familiares y amigos en la toma de decisiones financieras. La zona de confort económica es nociva para tu salud financiera, así de simple. Invertir, ahorrar y generar nuevas fuentes de ingreso es incómodo, doloroso y requiere tu voluntad y energía. Leer este libro puede resultar entretenido si te gustan las finanzas personales, pero llevar a cabo los ejercicios propuestos el resto de tu vida puede ser algo que no todos están dispuestos a llevar a cabo, porque duele, sobre todo a tu cerebro emocional, que sólo es capaz de ver la parte lúdica del final del túnel. Yo les hablo a los dos: al emocional, para darle esa golosina final suculenta, y también al racional, para que sea capaz de convertir tus hábitos y costumbres en algo que de forma colectiva nos beneficia a todos.

## Hábito saludable 12: Cultiva la paciencia y vive en arbitraje

El arbitraje se define en finanzas como una estrategia que consiste en aprovechar la diferencia de precios de un mismo activo financiero para obtener un beneficio con bajo o ningún riesgo asociado.

Conviértete en un observador sigiloso del entorno, como un depredador que siempre está al acecho, pero saciado, sin la necesidad de saltar a por tu presa salvo que tengas la certeza de que la vas a cazar. Esta metáfora se puede llevar a cualquier etapa vital y cualquier entorno. En un mundo globalizado y con acceso a información, puedes comparar y hacer seguimiento de los productos que verdaderamente vayas a necesitar, informarte de cuándo suben los precios y cuándo bajan por la falta de demanda. Aprovecha esos momentos para llevar a cabo tu compra. La paciencia juega un papel decisivo, pues tendrás que frenar tus impulsos emocionales constantemente, y llevarte una y otra vez a la calma, día tras día, año tras año, y cuando corresponda, actuar.

Una herramienta muy útil la tienes en la página web <www.verificadordeofertas.com>. En ella introduces la dirección web del producto en línea del cual quieres conocer la trazabilidad de precios de los últimos meses y te indica dicha evolución. Es muy útil para comprobar si estás comprando en el mejor momento, pero también para descubrir que días como el Black Friday tienen tanto de oferta como de estafa. Hay muchas empresas que viven de engañar a los clientes, más de las que te piensas.

Otro tipo de arbitraje que puedes llevar a cabo es el geográfico. Es una estrategia que requiere algo más de esfuerzo por tu parte, pero el ahorro y la calidad de vida que puedes llegar a encontrar, en muchos sentidos, supera con creces la suma de muchas estrategias parciales que puedas desarrollar. Consiste en mudarte a zonas del globo terráqueo donde la vida es más económica que en tu lugar de origen. El teletrabajo y la automatización han llegado para quedarse, muchos empleos del presente y del futuro se van a poder desarrollar desde tu propio hogar, no necesariamente en una oficina. En un mismo país ya hay grandes diferencias regionales en cuanto a la carga impositiva o el gasto necesario para el día a día. Vivir en entornos rurales es más barato que hacerlo en las ciudades. Y si ampliamos horizontes, una vez has conseguido los grados de libertad necesarios para poder hacerlo, podrás vivir en países que cumplan con los niveles de libertad, seguridad, sanidad, educación, estabilidad política, empleabilidad y cultura deseados, y además sean más baratos, y todo ello ganando el sueldo que tenías antes. Cuando analizas el coste de vida y la carga impositiva de distintos países, descubres que el mundo está lleno de posibilidades.

# Cómo proteger tu patrimonio ante situaciones extremas

## Guarda un porcentaje de dinero en un lugar físico de tu propiedad

Mientras el dinero físico exista, guarda el 5 por ciento de tu patrimonio neto en tu casa. Debes ser práctico y consciente de que esta decisión conlleva riesgos, de robo, de pérdida, por ejemplo, por un incendio o porque se lo coman los roedores, de devaluación y de pago de impuestos futuros. Por otro lado, también hay riesgo de robo, de pérdida y de corralito si lo mantienes en el banco. La cuestión es diversificar lo que tienes en distintos lugares del mundo, empezando por virtuales y físicos. Tú serás la persona responsable de esta parte del capital, por tanto, debes intentar minimizar estos riesgos con acciones. Dile a alguien de confianza que guardas una cantidad de dinero determinada y dónde la guardas. Protege tu dinero de la humedad, del fuego o de agentes externos. Revisa una vez al mes el estado de conservación de tu dinero.

## Con hiperinflación, no adquieras bonos no ligados a la inflación

En un entorno de hiperinflación en el que los precios suben rápidamente se va a ver reducido tu poder adquisitivo y la moneda en la que se da este fenómeno va a perder valor, por lo que es aconsejable cubrirse ante este tipo de situaciones. Tener bonos que no estén ligados a la inflación es una mala idea, ya que el rendimiento está fijado desde el principio a vencimiento, y su valor cuando llegue el vencimiento se verá muy reducido.

## Con hiperinflación, compra enseres básicos no perecederos

En un entorno de hiperinflación, una opción para minimizar la relación con dicho entorno es hacer acopio de enseres básicos no perecederos a largo plazo, pues los precios aumentan con rapidez. Comprar hoy lo que necesitarás mañana es un gran ahorro, además de poder abastecer y ayudar a terceras personas si tú lo consideras necesario.

## Compra oro físico poco a poco y guárdalo tú

En cualquier entorno, mi recomendación es que vayas comprando oro y lo guardes físicamente en algún lugar o en varios reservados para tal fin. Es un material con valor intrínseco a nivel mundial. Tú eres la persona poseedora, la persona propietaria, lo cual supone un riesgo y a la vez una ventaja respecto a su transmisión.

## Si acumulas más de 100.000 euros, no deposites más de 100.000 euros en ninguna entidad

De forma análoga a lo que ocurre con el oro, con la compra de bienes inmuebles tienes tu patrimonio en algo con un valor intrínseco real, sobre todo si se trata de la primera vivienda.

Si llegas a acumular mucho capital, nunca tengas más de 100.000 euros en una entidad bancaria, lo ideal es que lo diversifiques. Aunque el Fondo de Garantía de Depósito no tiene capacidad para rescatar un banco grande, sólo uno mediano, la realidad es que a día de hoy están garantizados hasta 100.000 euros de cualquier entidad.

## Minimiza las inversiones en activos ilíquidos

Intenta no tener tus inversiones en activos ilíquidos como un plan de pensiones. Llegado un momento realmente crítico y de inestabilidad política y social, cualquier Gobierno podría intervenir los planes para disponer de liquidez.

Invierte en moneda extranjera, idealmente en bancos de otros países solventes, no corruptos y transparentes.

# Cómo calcular la rentabilidad de un activo financiero

## Rentabilidad total

En este apartado te voy a enseñar una forma genérica y sencilla de cómo calcular la rentabilidad de un activo financiero. Lo que aprendas lo podrás aplicar a cualquier activo adquirido a lo largo de tu vida. La rentabilidad es una ratio que relaciona el dinero que ganas con una inversión, es decir, el beneficio con el dinero total que has invertido.

Es una ratio que debes aplicar a todos tus activos financieros, pues te dará información sobre la calidad de tus inversiones y permitirá ordenarlas de mejor a peor activo en función de la rentabilidad que tengan.

**Para calcular la rentabilidad de una inversión, anota la cantidad invertida en el momento de la compra y observa el valor de tu activo en el momento de calcular la rentabilidad.**

Por ejemplo, si inviertes 1.000 euros en un activo y quieres conocer la rentabilidad al cabo de siete años cuando el activo vale 1.200 euros, utiliza la siguiente fórmula:

$$\text{Rentabilidad} = \frac{\text{Valor final} - \text{Valor inicial}}{\text{Valor inicial}} \times 100$$

La rentabilidad del ejemplo es del 20 por ciento.

Ahora imagina que dispones de un activo que ha ido variando su valor a lo largo de los años y sólo realizaste una aportación inicial de 1.000 euros, como muestro en la siguiente tabla:

**Tabla 17.** Rentabilidad total, acumulada y anual de una inversión

| | Valor | Rentabilidad total | Rentabilidad acumulada | Rentabilidad anual |
|---|---|---|---|---|
| Año 1 | 1.000 € | | | |
| Año 2 | 1.100 € | | 10 % | 10 % |
| Año 3 | 1.000 € | | 0 % | -9 % |
| Año 4 | 900 € | | -10 % | 10 % |
| Año 5 | 800 € | | -20 % | -11 % |
| Año 6 | 1.150 € | | 15 % | 44 % |
| Año 7 | 1.200 € | 20 % | 20 % | 4 % |

## Rentabilidad acumulada

Para calcular la rentabilidad acumulada de la inversión, debes comparar el capital invertido con el dinero que tienes en el momento de la observación, de manera que vas a tener una senda de rentabilidades. Esta ratio aporta información sobre el beneficio o pérdida que llevas acumulado en una determinada inversión. Utiliza la siguiente fórmula, en la que varía el primer minuendo del numerador por los valores de la inversión en los años que van del segundo al séptimo.

$$\text{Rentabilidad acumulada} = \frac{\text{Valor año i} - \text{Valor inicial}}{\text{Valor inicial}} \times 100$$

Como puedes ver, la rentabilidad acumulada en el tercer año de la inversión es del 0 por ciento porque el valor de lo invertido y de la inversión es el mismo. La rentabilidad acumulada en el año 7 y la rentabilidad total de la inversión es la misma.

## Rentabilidad anual

La rentabilidad anual aporta información sobre la inversión comparada con el año anterior. Se utiliza la siguiente fórmula:

$$\text{Rentabilidad en el año} = \frac{\text{valor año} - \text{valor año anterior}}{\text{valor año anterior}} \times 100$$

Según la fórmula anterior, la rentabilidad anual del segundo año es del 10 por ciento y la del tercer año del −9 por ciento.

$$\text{Rentabilidad en el año 2} = \frac{1.100\ € - 1.000\ €}{1.000\ €} \times 100 = 10\ \%$$

$$\text{Rentabilidad en el año 3} = \frac{1.000\ € - 1.100\ €}{1.100\ €} \times 100 = -9\ \%$$

Pero para calcular la rentabilidad media que ha tenido una inversión se utiliza la fórmula del interés compuesto.

$$\text{Capital final} = \text{Capital inicial} \times \left(1 + \text{Tipo de interés}\right)^{\text{N.º de años}}$$

Despejando el tipo de interés, obtienes que la rentabilidad media de invertir 1.000 euros y obtener 1.200 euros al cabo de 7 años es del 2,64 por ciento.

$$\text{Tipo de interés} = \left(\frac{\text{Capital final}}{\text{Capital inicial}}\right)^{\frac{1}{\text{N.º de años}}} - 1$$

$$\text{Tipo de interés} = \left(\frac{1.200\ €}{1.000\ €}\right)^{\frac{1}{7}} - 1 = 0{,}0264$$

Una vez que te has familiarizado con estos conceptos, para conocer cuánto estás ganando o perdiendo en cualquier inversión, debes tener en cuenta todos los flujos entrantes y salientes, esto es, si has realizado ingresos o retirado dinero. Supongamos que, sobre el ejemplo anterior realizas aportaciones de 100 euros cada año hasta el quinto año, momento en el que realizas una retirada de 500 euros. La tabla anterior quedaría así:

| | **Valor** | **Aportaciones y retiradas** |
|---|---|---|
| Año 1 | 1.000 € | 1.000 € |
| Año 2 | 1.100 € | 100 € |
| Año 3 | 1.000 € | 100 € |
| Año 4 | 900 € | 100 € |
| Año 5 | 800 € | -500 € |
| Año 6 | 1.150 € | |
| Año 7 | 1.200 € | |

## Rendimiento ponderado por tiempo (*Time-Weighted Return*, TWR)

El rendimiento ponderado por tiempo arroja información sobre la rentabilidad de tu activo o cartera sin tener en cuenta cuánto has tenido invertido en cada momento, lo que te permite utilizar esta ratio para comparar tu cartera con otras. Este método no es sensible a las aportaciones o retiradas de dinero; de este modo, al excluir el efecto que tú hayas tenido con tus aportaciones y tus retiradas de dinero, puedes comprobar la rentabilidad que has generado teniendo únicamente en cuenta la selección de activos en el mercado. Es conocido como *Time-Weighted Return* (TWR).

$$\text{TWR} = \frac{\text{Valor final} - \text{Valor inicial} + \text{Retiradas} - \text{Aportaciones}}{\text{Valor inicial}}$$

El cálculo del rendimiento ponderado por tiempo acumulado toma como valor inicial la inversión del primer año y, en el caso del anual, el valor inicial es el del año del cálculo.

Con la rentabilidad TWR podrás comparar el rendimiento de tu cartera de inversión con otras del mercado.

**Tabla 18.** Rendimiento ponderado por tiempo

| | Valor | Aportaciones y retiradas | TWR acumulada | TWR anual | Rentabilidad total | Rentabilidad acumulada | Rentabilidad anual |
|---|---|---|---|---|---|---|---|
| Año 1 | 1.000 € | 1.000 € | | | | | |
| Año 2 | 1.100 € | 100 € | 0 % | 0 % | | 10 % | 10 % |
| Año 3 | 1.000 € | 100 € | -10 % | -18 % | | 0 % | -9 % |
| Año 4 | 900 € | 100 € | -20 % | -20 % | | -10 % | 10 % |
| Año 5 | 800 € | -500 € | 30 % | 44 % | | -20 % | -11 % |
| Año 6 | 1.150 € | | 15 % | 44 % | | 15 % | 44 % |
| Año 7 | 1.200 € | | 20 % | 4 % | 20 % | 20 % | 4 % |

## Rentabilidad ponderada por dinero o rentabilidad absoluta (*Money-Weighted Return*, MWR)

Pero si lo que quieres es saber cuánto has ganado con una inversión, lo que debes utilizar es la rentabilidad ponderada por dinero, o rentabilidad absoluta, conocida como *Money-Weighted Return* (MWR). Para su cálculo, sólo debes tener en cuenta el dinero que has aportado y el que has retirado de cualquier inversión, y calcular la tasa interna de retorno (TIR). En Excel dispones de la función TIR.NO.PER, que devuelve la tasa interna de retorno para un flujo de caja que no es necesariamente periódico. La rentabilidad anual de la inversión (TIR) del ejemplo es del 5,5 por ciento.

**Tabla 19.** Rentabilidad ponderada por dinero

| | Valor | Aportaciones y retiradas |
|---|---|---|
| Año 1 | 1.000 € | –1000 € |
| Año 2 | 1.100 € | –100 € |
| Año 3 | 1.000 € | –100 € |
| Año 4 | 900 € | –100 € |
| Año 5 | 800 € | 500 € |
| Año 6 | 1.150 € | |
| Año 7 | 1.200 € | 1.200 € |
| | TIR | 5,5 % |

Si quieres calcular tú mismo la TIR, debes igualar a 0 la fórmula del valor actual neto (VAN), que calcula los flujos de caja descontando la tasa de interés menos la inversión inicial.

$$\text{VAN} = -I_0 + \sum_{i=1}^{n} \frac{F_i}{(1+TIR)^i} = -I_0 + \frac{F_1}{(1+TIR)} + \frac{F_2}{(1+TIR)^2} + \ldots + \frac{F_n}{(1+TIR)^n} = 0$$

Dondc:

- $I_0$ es la inversión inicial.
- $F_i$ es el flujo de dinero de cada periodo $i$, con las aportaciones en negativo y los reembolsos en positivo.
- $n$ es el número de periodos de tiempo.

Las herramientas de rentabilidad que te he proporcionado son útiles no sólo para cada uno de los cometidos específicos de cada una de ellas, sino para seleccionar y descartar los activos menos rentables de una misma naturaleza. Con el paso de los años, dispondrás de las rentabilidades de las diferentes inversiones y podrás seleccionar las más rentables, siempre y cuando pertenezcan a una misma categoría de inversión. A ti, como inversor, te interesa conocer en una primera aproximación cómo de bien estás eligiendo en el mercado (TWR), pero sobre todo te interesa conocer si tu inversión, dadas las aportaciones y retiradas que estás haciendo, está siendo rentable y cuánto (MWR).

# Despedida

Como si de la vida misma se tratase, planear tu futuro en la jubilación es un trabajo que nos compete a todos, en especial a ti. Nos encontramos en un punto apasionante de la historia de la humanidad en el que cada individuo debe adoptar un papel relevante en la construcción de una sociedad que coexista en el único lugar, que sepamos, en el que existe vida tal y como la conocemos, el planeta Tierra. Hemos construido y avanzado entre todos, y ahora nos toca mantener lo construido para que sea compatible con el planeta, repensar parte del sistema económico que nos hemos inventado que no es sostenible en el largo plazo y seguir avanzando hacia un mundo que aún no conocemos, pero que requiere que estés, que aportes y que cuestiones desde la aportación de valor y no desde la destrucción. El sistema de pensiones, como piedra angular del Estado de bienestar con el que contamos un número elevado de países en el mundo, es algo maravilloso, pero hay que hacerlo sostenible y eficiente diversificando los pilares, educando a la población. Pensar es una actividad que, en la edad adulta, queda reservada sólo para unos pocos. La estimulación que estamos viviendo tiene doble lectura: por un lado, de forma selectiva nos permite acceder a mundos inaccesibles hace tan sólo unos años, pero por el otro, es tan exagerada y suculenta que mantiene idiotizadas a muchas de las personas que viven en esa realidad, pues la oferta es tan amplia que es difícil decir no, y muchos caen en una moda tras otra, presas, sin saberlo, de un perverso sistema que invita sutilmente al consumo constante con la promesa de dar sentido a tu vida viviendo el momento intensamente para luego poder compartirlo con cuantos más seguidores mejor.

Te voy a contar un pequeño secreto: todas las vivencias por las que tengas que pagar, no sólo en el plano económico, carecen del valor suficiente para tener un valor incalculable.

¿Cómo conseguir que pensar sea un arte?

De la misma manera que un maestro llega a serlo, dedicando miles de horas al tema en cuestión. Es decir, pensando todo el rato.

Admiro la individualidad y el libre albedrío de los niños. Me quito el sombrero ante la rebeldía innata con la que todos nacemos y que con el tiempo muere por distintos motivos, dejando paso a una sumisión y apatía social que deriva en muchas ocasiones en problemas mentales y físicos por no ser capaces de pensar por nosotros mismos, y un día, de repente, miras alrededor y estás atrapado en una vida que no has definido tú mismo.

Haz siempre lo que tú consideres, aunque no se corresponda con lo que considere el resto del mundo. Esto es muy difícil. Por eso es importante formarte, informarte, preguntar, estar abierto a cambiar tu propia opinión, desarrollar la humildad para afrontar todas las equivocaciones que vas a cometer, decidir, decidir, decidir, decidir. Decide tú todo el tiempo.

Todos te van a intentar convencer. Yo lo estoy intentando al escribir este libro: cuestióname. No dejes que nadie te convenza. Sé tú el que dirija la atención a aquello que desees descubrir, y tras tu análisis, toma una decisión. ¿Te das cuenta que de esta manera la venta cambia sustancialmente? No es el producto o servicio el que invade la vida de terceros, son los terceros los que, en función de sus necesidades reales, buscan. Y cuando sientes plenitud, plenitud real, ¡oh!, entonces minimizas el consumo banal y consumes conocimiento, tiempo de personas de tu elección, alimentos cocinados por ti mismo, tú te consumes a ti mismo porque miras dentro para ver qué encuentras, descubriendo que es bonito lo que estás diseñando, y aún tienes tiempo para hacerlo todo con calma.

Cuida tus pensamientos como si se estuvieran escuchando. Piensa pensamientos de calidad. Dirige tus pensamientos ejercitando tu mente como si de un músculo de otra dimensión se tratara. La mente es un arma tremendamente poderosa que pocas personas saben utilizar. Muchos individuos son utilizados por las mentes de otros pensadores. La inmensa mayoría. No caigas en la trampa de mirar sólo la superficie de una vida. Cada vida es una compleja combinación de circunstancias, la mayoría no visibles, aunque en el siglo XXI puedas creer que lo que voluntariamente muestra o cuenta una persona sobre sí misma es su vida real. No, su vida real está compuesta de los pensamientos que tiene a lo largo del día, de las relaciones que no se ven, de las conversaciones que no se escuchan, de su sufrimiento y alegría genuinos, de sus percepciones, de sus sueños e ilusiones ocultos, de la monotonía de su día a día o de su frenético devenir. Lo que se muestra de las personas es una pincelada intencionada de lo que verdaderamente son. Como matemática, interpreto esa pequeña muestra como la parte del todo que es, un porcentaje ínfimo dentro de un todo mayor. Piensa más allá de lo que eres capaz de ver. No te dejes llevar por las apariencias, como en la historia de La Bella y la Bestia. Detrás de una horrible bruja se puede esconder una bella hechicera, o viceversa.

Lo más importante de este arte, del arte de pensar, es lo siguiente: desarrolla tu propio y genuino pensamiento crítico tomando como base tus circunstancias personales y el contexto existente.

Si eres capaz de observarte a ti mismo e interpretarte, serás más capaz de observar a los demás e interpretarlos. De esta manera, las relaciones que construyas, basadas en la elección mutua, tendrán más probabilidades de ser saludables. Y como especie social, las relaciones son uno de los pilares fundamentales, uno de los valores sobre los que sustentarás tu vida.

¿Sabes que a lo largo de la vida el 25 por ciento de las personas padecerá algún trastorno mental? Si gobiernas la mente, gobernarás tu vida.

Si aumentas el poder y tus grados de libertad, disminuyes el poder y los grados de libertad que los demás tienen sobre ti. Para cobrar tu pensión de jubilación, dispones de las herramientas y conocimientos para diseñar un plan, seguirlo a lo largo de los años y adaptarlo si las circunstancias personales o externas cambian. En España, el sistema de pensiones no es sostenible, pero hay un gran margen para adoptar un conjunto de medidas que, combinadas, lo mejoren.

Hay que proteger el tejido productivo.

No hay que gastar en parches económicos cortoplacistas, hay que partir de cero en una sociedad que va a tener una tasa de paro elevada. Aprovechemos las nuevas tecnologías, la digitalización, la robótica y la inteligencia artificial para crear empleos de calidad, duraderos, competitivos, que construyan una sociedad sostenible, próspera, con valores, íntegra, diversa.

Debemos frenar la desigualdad económica no limitando la parte superior, sino fomentando la libre competencia para aumentar de forma colectiva la parte inferior.

Hay que proporcionar certidumbre, tanto para la economía interna en la creación de empresas como para construir relaciones internacionales y ser atractivos para las inversiones sostenibles.

Necesitamos mercados competitivos y eficientes, y, en paralelo, abordar una reforma de las pensiones.

Las pensiones deben calcularse sobre toda la carrera laboral, que incluyan las crisis, las lagunas de cotización si estás en paro, los ascensos, todo. Tampoco debería haber limitaciones para acceder en número de años, ésta debería existir si la persona ha cotizado, y tampoco limitaciones de importe máximo.

En segundo lugar, habría que unificar el sistema de pensiones con independencia de la naturaleza del trabajador: teletrabajo, autónomos, a tiempo parcial. Un único sistema para todos y adaptado.

Lo primero es que habría que ir hacia un sistema de reparto sobre cuentas nocionales, transparente, con garantía de equilibrio actuarial y financiero del sistema, en el que tú conoces año tras año lo que tienes cotizado y la pensión a la que vas a tener derecho en el futuro, de manera que la persona pueda proyectar o anticipar su futuro, pero con transparencia y no con la opacidad que existe ahora mismo. Aumenta el control sobre tu pensión el día de mañana.

Hay que trabajar e incentivar el ahorro individual.

Hay que formar a la población en educación financiera desde la escuela.

Hay que restablecer la equivalencia actuarial. Si tú has entregado medio millón de euros a lo largo de tu vida laboral, que eso se te remunere llegado el momento con el crecimiento propio de la inversión o lo herede quien corresponda.

Hay que eliminar gastos del sistema ineficiente.

Es necesario llegar a un sistema multipilar, transitar de un sistema de reparto a uno constituido por tres sistemas: de reparto basado en cuentas nocionales, de capitalización privada y de ahorro privado.

Llevar más allá la vida laboral actual, pero para ello el trabajo ha de ser tan bueno que las personas no estén deseando jubilarse.

Los cambios son graduales y reformar el sistema de pensiones supone una década de trabajo. Hay que hacerlo progresivo y dar tiempo para que la gente y las empresas puedan adaptarse.

No eres ni más ni menos que nadie.
Todo llega, todo pasa.
Siempre vivirás en el ahora.
A medida que adquieras prejuicios (inevitable), busca situaciones que los destierren, de esta forma siempre viajarás liviano como una pluma.
Elabora tus propias opiniones basadas en el conocimiento.
Estate siempre abierto a cambiar tus propias opiniones.
Nunca dejes de hacerte muchas preguntas.
Domina tus emociones como un jinete a su caballo.
Sólo depende de ti mantener tu equilibrio vital.
La perfección no existe, la mejora constante sí.

Espero que este libro despierte tu lado rebelde y que consigas construir un patrimonio digno a través del esfuerzo y el ingenio propio, que sea un legado para continuar aumentando tu riqueza y los grados de libertad de todos.

Gracias. Creo que un mundo mejor es posible, siempre. Para que mi creencia cobre vida, necesito que tú estés bien.

Todo lo que tiene un precio es porque no tiene un valor incalculable.

Esmeralda Gómez López

# Anexo

## Tabla de mortalidad. Mujeres (1 de 4)

| | 2065 | 2064 | 2063 | 2062 | 2061 | 2060 | 2059 | 2058 | 2057 | 2056 | 2055 | 2054 | 2053 | 2052 | 2051 | 2050 | 2049 | 2048 | 2047 | 2046 | 2045 | 2044 |
|---|---|---|---|---|---|---|---|---|---|---|---|---|---|---|---|---|---|---|---|---|---|---|
| 18 años | 73,8 | 73,7 | 73,6 | 73,5 | 73,3 | 73,2 | 73,1 | 73,0 | 72,9 | 72,8 | 72,7 | 72,6 | 72,5 | 72,4 | 72,3 | 72,2 | 72,1 | 72,0 | 71,9 | 71,7 | 71,6 | 71,5 |
| 19 años | 72,8 | 72,7 | 72,6 | 72,5 | 72,4 | 72,2 | 72,1 | 72,0 | 71,9 | 71,8 | 71,7 | 71,6 | 71,5 | 71,4 | 71,3 | 71,2 | 71,1 | 71,0 | 70,9 | 70,7 | 70,6 | 70,5 |
| 20 años | 71,8 | 71,7 | 71,6 | 71,5 | 71,4 | 71,2 | 71,1 | 71,0 | 70,9 | 70,8 | 70,7 | 70,6 | 70,5 | 70,4 | 70,3 | 70,2 | 70,1 | 70,0 | 69,9 | 69,7 | 69,6 | 69,5 |
| 21 años | 70,8 | 70,7 | 70,6 | 70,5 | 70,4 | 70,3 | 70,1 | 70,0 | 69,9 | 69,8 | 69,7 | 69,6 | 69,5 | 69,4 | 69,3 | 69,2 | 69,1 | 69,0 | 68,9 | 68,7 | 68,6 | 68,5 |
| 22 años | 69,8 | 69,7 | 69,6 | 69,5 | 69,4 | 69,3 | 69,2 | 69,0 | 68,9 | 68,8 | 68,7 | 68,6 | 68,5 | 68,4 | 68,3 | 68,2 | 68,1 | 68,0 | 67,9 | 67,8 | 67,6 | 67,5 |
| 23 años | 68,8 | 68,7 | 68,6 | 68,5 | 68,4 | 68,3 | 68,2 | 68,0 | 67,9 | 67,8 | 67,7 | 67,6 | 67,5 | 67,4 | 67,3 | 67,2 | 67,1 | 67,0 | 66,9 | 66,8 | 66,6 | 66,5 |
| 24 años | 67,8 | 67,7 | 67,6 | 67,5 | 67,4 | 67,3 | 67,2 | 67,1 | 66,9 | 66,8 | 66,7 | 66,6 | 66,5 | 66,4 | 66,3 | 66,2 | 66,1 | 66,0 | 65,9 | 65,8 | 65,6 | 65,5 |
| 25 años | 66,8 | 66,7 | 66,6 | 66,5 | 66,4 | 66,3 | 66,2 | 66,1 | 66,0 | 65,8 | 65,7 | 65,6 | 65,5 | 65,4 | 65,3 | 65,2 | 65,1 | 65,0 | 64,9 | 64,8 | 64,7 | 64,5 |
| 26 años | 65,8 | 65,7 | 65,6 | 65,5 | 65,4 | 65,3 | 65,2 | 65,1 | 65,0 | 64,8 | 64,7 | 64,6 | 64,5 | 64,4 | 64,3 | 64,2 | 64,1 | 64,0 | 63,9 | 63,8 | 63,7 | 63,5 |
| 27 años | 64,8 | 64,7 | 64,6 | 64,5 | 64,4 | 64,3 | 64,2 | 64,1 | 64,0 | 63,9 | 63,7 | 63,6 | 63,5 | 63,4 | 63,3 | 63,2 | 63,1 | 63,0 | 62,9 | 62,8 | 62,7 | 62,5 |
| 28 años | 63,8 | 63,7 | 63,6 | 63,5 | 63,4 | 63,3 | 63,2 | 63,1 | 63,0 | 62,9 | 62,7 | 62,6 | 62,5 | 62,4 | 62,3 | 62,2 | 62,1 | 62,0 | 61,9 | 61,8 | 61,7 | 61,5 |
| 29 años | 62,8 | 62,7 | 62,6 | 62,5 | 62,4 | 62,3 | 62,2 | 62,1 | 62,0 | 61,9 | 61,8 | 61,6 | 61,5 | 61,4 | 61,3 | 61,2 | 61,1 | 61,0 | 60,9 | 60,8 | 60,7 | 60,6 |
| 30 años | 61,8 | 61,7 | 61,6 | 61,5 | 61,4 | 61,3 | 61,2 | 61,1 | 61,0 | 60,9 | 60,8 | 60,7 | 60,5 | 60,4 | 60,3 | 60,2 | 60,1 | 60,0 | 59,9 | 59,8 | 59,7 | 59,6 |
| 31 años | 60,8 | 60,7 | 60,6 | 60,5 | 60,4 | 60,3 | 60,2 | 60,1 | 60,0 | 59,9 | 59,8 | 59,7 | 59,5 | 59,4 | 59,3 | 59,2 | 59,1 | 59,0 | 58,9 | 58,8 | 58,7 | 58,6 |
| 32 años | 59,8 | 59,7 | 59,6 | 59,5 | 59,4 | 59,3 | 59,2 | 59,1 | 59,0 | 58,9 | 58,8 | 58,7 | 58,6 | 58,4 | 58,3 | 58,2 | 58,1 | 58,0 | 57,9 | 57,8 | 57,7 | 57,6 |
| 33 años | 58,8 | 58,7 | 58,6 | 58,5 | 58,4 | 58,3 | 58,2 | 58,1 | 58,0 | 57,9 | 57,8 | 57,7 | 57,6 | 57,5 | 57,3 | 57,2 | 57,1 | 57,0 | 56,9 | 56,8 | 56,7 | 56,6 |
| 34 años | 57,8 | 57,7 | 57,6 | 57,5 | 57,4 | 57,3 | 57,2 | 57,1 | 57,0 | 56,9 | 56,8 | 56,7 | 56,6 | 56,5 | 56,3 | 56,2 | 56,1 | 56,0 | 55,9 | 55,8 | 55,7 | 55,6 |
| 35 años | 56,8 | 56,7 | 56,6 | 56,5 | 56,4 | 56,3 | 56,2 | 56,1 | 56,0 | 55,9 | 55,8 | 55,7 | 55,6 | 55,5 | 55,4 | 55,2 | 55,1 | 55,0 | 54,9 | 54,8 | 54,7 | 54,6 |
| 36 años | 55,8 | 55,7 | 55,6 | 55,5 | 55,4 | 55,3 | 55,2 | 55,1 | 55,0 | 54,9 | 54,8 | 54,7 | 54,6 | 54,5 | 54,4 | 54,2 | 54,1 | 54,0 | 53,9 | 53,8 | 53,7 | 53,6 |
| 37 años | 54,8 | 54,7 | 54,6 | 54,5 | 54,4 | 54,3 | 54,2 | 54,1 | 54,0 | 53,9 | 53,8 | 53,7 | 53,6 | 53,5 | 53,4 | 53,3 | 53,1 | 53,0 | 52,9 | 52,8 | 52,7 | 52,6 |
| 38 años | 53,8 | 53,7 | 53,6 | 53,5 | 53,4 | 53,3 | 53,2 | 53,1 | 53,0 | 52,9 | 52,8 | 52,7 | 52,6 | 52,5 | 52,4 | 52,3 | 52,2 | 52,0 | 51,9 | 51,8 | 51,7 | 51,6 |
| 39 años | 52,8 | 52,7 | 52,6 | 52,5 | 52,4 | 52,3 | 52,2 | 52,1 | 52,0 | 51,9 | 51,8 | 51,7 | 51,6 | 51,5 | 51,4 | 51,3 | 51,2 | 51,0 | 50,9 | 50,8 | 50,7 | 50,6 |
| 40 años | 51,8 | 51,7 | 51,6 | 51,5 | 51,4 | 51,3 | 51,2 | 51,1 | 51,0 | 50,9 | 50,8 | 50,7 | 50,6 | 50,5 | 50,4 | 50,3 | 50,2 | 50,1 | 49,9 | 49,8 | 49,7 | 49,6 |
| 41 años | 50,8 | 50,7 | 50,6 | 50,5 | 50,4 | 50,3 | 50,2 | 50,1 | 50,0 | 49,9 | 49,8 | 49,7 | 49,6 | 49,5 | 49,4 | 49,3 | 49,2 | 49,1 | 49,0 | 48,8 | 48,7 | 48,6 |
| 42 años | 49,8 | 49,7 | 49,6 | 49,5 | 49,4 | 49,3 | 49,2 | 49,1 | 49,0 | 48,9 | 48,8 | 48,7 | 48,6 | 48,5 | 48,4 | 48,3 | 48,2 | 48,1 | 48,0 | 47,9 | 47,8 | 47,6 |
| 43 años | 48,8 | 48,7 | 48,6 | 48,5 | 48,4 | 48,3 | 48,2 | 48,1 | 48,0 | 47,9 | 47,8 | 47,7 | 47,6 | 47,5 | 47,4 | 47,3 | 47,2 | 47,1 | 47,0 | 46,9 | 46,8 | 46,7 |
| 44 años | 47,8 | 47,7 | 47,6 | 47,5 | 47,4 | 47,3 | 47,2 | 47,1 | 47,0 | 46,9 | 46,8 | 46,7 | 46,6 | 46,5 | 46,4 | 46,3 | 46,2 | 46,1 | 46,0 | 45,9 | 45,8 | 45,7 |
| 45 años | 46,8 | 46,7 | 46,6 | 46,6 | 46,5 | 46,4 | 46,3 | 46,2 | 46,1 | 46,0 | 45,8 | 45,7 | 45,6 | 45,5 | 45,4 | 45,3 | 45,2 | 45,1 | 45,0 | 44,9 | 44,8 | 44,7 |
| 46 años | 45,9 | 45,8 | 45,7 | 45,6 | 45,5 | 45,4 | 45,3 | 45,2 | 45,1 | 45,0 | 44,9 | 44,8 | 44,7 | 44,6 | 44,5 | 44,3 | 44,2 | 44,1 | 44,0 | 43,9 | 43,8 | 43,7 |
| 47 años | 44,9 | 44,8 | 44,7 | 44,6 | 44,5 | 44,4 | 44,3 | 44,2 | 44,1 | 44,0 | 43,9 | 43,8 | 43,7 | 43,6 | 43,5 | 43,4 | 43,3 | 43,2 | 43,1 | 42,9 | 42,8 | 42,7 |
| 48 años | 43,9 | 43,8 | 43,7 | 43,6 | 43,5 | 43,4 | 43,3 | 43,2 | 43,1 | 43,0 | 42,9 | 42,8 | 42,7 | 42,6 | 42,5 | 42,4 | 42,3 | 42,2 | 42,1 | 42,0 | 41,9 | 41,8 |
| 49 años | 42,9 | 42,8 | 42,7 | 42,6 | 42,5 | 42,4 | 42,3 | 42,2 | 42,1 | 42,0 | 41,9 | 41,8 | 41,7 | 41,6 | 41,5 | 41,4 | 41,3 | 41,2 | 41,1 | 41,0 | 40,9 | 40,8 |
| 50 años | 41,9 | 41,9 | 41,8 | 41,7 | 41,6 | 41,5 | 41,4 | 41,3 | 41,2 | 41,1 | 41,0 | 40,9 | 40,8 | 40,7 | 40,6 | 40,5 | 40,4 | 40,3 | 40,2 | 40,0 | 39,9 | 39,8 |
| 51 años | 41,0 | 40,9 | 40,8 | 40,7 | 40,6 | 40,5 | 40,4 | 40,3 | 40,2 | 40,1 | 40,0 | 39,9 | 39,8 | 39,7 | 39,6 | 39,5 | 39,4 | 39,3 | 39,2 | 39,1 | 39,0 | 38,9 |
| 52 años | 40,0 | 39,9 | 39,8 | 39,7 | 39,6 | 39,6 | 39,5 | 39,4 | 39,3 | 39,2 | 39,1 | 39,0 | 38,9 | 38,8 | 38,7 | 38,6 | 38,5 | 38,3 | 38,2 | 38,1 | 38,0 | 37,9 |
| 53 años | 39,1 | 39,0 | 38,9 | 38,8 | 38,7 | 38,6 | 38,5 | 38,4 | 38,3 | 38,2 | 38,1 | 38,0 | 37,9 | 37,8 | 37,7 | 37,6 | 37,5 | 37,4 | 37,3 | 37,2 | 37,1 | 37,0 |
| 54 años | 38,1 | 38,0 | 38,0 | 37,9 | 37,8 | 37,7 | 37,6 | 37,5 | 37,4 | 37,3 | 37,2 | 37,1 | 37,0 | 36,9 | 36,8 | 36,7 | 36,6 | 36,5 | 36,4 | 36,3 | 36,2 | 36,1 |
| 55 años | 37,2 | 37,1 | 37,0 | 36,9 | 36,8 | 36,7 | 36,6 | 36,6 | 36,5 | 36,4 | 36,3 | 36,2 | 36,1 | 36,0 | 35,9 | 35,8 | 35,7 | 35,5 | 35,4 | 35,3 | 35,2 | 35,1 |

## Tabla de mortalidad. Mujeres (2 de 4)

| | 2043 | 2042 | 2041 | 2040 | 2039 | 2038 | 2037 | 2036 | 2035 | 2034 | 2033 | 2032 | 2031 | 2030 | 2029 | 2028 | 2027 | 2026 | 2025 | 2024 | 2023 | 2022 | 2021 | 2020 |
|---|---|---|---|---|---|---|---|---|---|---|---|---|---|---|---|---|---|---|---|---|---|---|---|---|
| 18 años | 71,4 | 71,3 | 71,2 | 71,1 | 70,9 | 70,8 | 70,7 | 70,6 | 70,5 | 70,3 | 70,2 | 70,1 | 70,0 | 69,9 | 69,7 | 69,6 | 69,5 | 69,4 | 69,2 | 69,1 | 69,0 | 68,8 | 68,7 | 68,6 |
| 19 años | 70,4 | 70,3 | 70,2 | 70,1 | 69,9 | 69,8 | 69,7 | 69,6 | 69,5 | 69,3 | 69,2 | 69,1 | 69,0 | 68,9 | 68,7 | 68,6 | 68,5 | 68,4 | 68,2 | 68,1 | 68,0 | 67,8 | 67,7 | 67,6 |
| 20 años | 69,4 | 69,3 | 69,2 | 69,1 | 68,9 | 68,8 | 68,7 | 68,6 | 68,5 | 68,3 | 68,2 | 68,1 | 68,0 | 67,9 | 67,7 | 67,6 | 67,5 | 67,4 | 67,2 | 67,1 | 67,0 | 66,9 | 66,7 | 66,6 |
| 21 años | 68,4 | 68,3 | 68,2 | 68,1 | 67,9 | 67,8 | 67,7 | 67,6 | 67,5 | 67,4 | 67,2 | 67,1 | 67,0 | 66,9 | 66,7 | 66,6 | 66,5 | 66,4 | 66,2 | 66,1 | 66,0 | 65,9 | 65,7 | 65,6 |
| 22 años | 67,4 | 67,3 | 67,2 | 67,1 | 67,0 | 66,8 | 66,7 | 66,6 | 66,5 | 66,4 | 66,2 | 66,1 | 66,0 | 65,9 | 65,7 | 65,6 | 65,5 | 65,4 | 65,2 | 65,1 | 65,0 | 64,9 | 64,7 | 64,6 |
| 23 años | 66,4 | 66,3 | 66,2 | 66,1 | 66,0 | 65,8 | 65,7 | 65,6 | 65,5 | 65,4 | 65,2 | 65,1 | 65,0 | 64,9 | 64,8 | 64,6 | 64,5 | 64,4 | 64,3 | 64,1 | 64,0 | 63,9 | 63,7 | 63,6 |
| 24 años | 65,4 | 65,3 | 65,2 | 65,1 | 65,0 | 64,8 | 64,7 | 64,6 | 64,5 | 64,4 | 64,2 | 64,1 | 64,0 | 63,9 | 63,8 | 63,6 | 63,5 | 63,4 | 63,3 | 63,1 | 63,0 | 62,9 | 62,8 | 62,6 |
| 25 años | 64,4 | 64,3 | 64,2 | 64,1 | 64,0 | 63,8 | 63,7 | 63,6 | 63,5 | 63,4 | 63,3 | 63,1 | 63,0 | 62,9 | 62,8 | 62,6 | 62,5 | 62,4 | 62,3 | 62,1 | 62,0 | 61,9 | 61,8 | 61,6 |
| 26 años | 63,4 | 63,3 | 63,2 | 63,1 | 63,0 | 62,9 | 62,7 | 62,6 | 62,5 | 62,4 | 62,3 | 62,1 | 62,0 | 61,9 | 61,8 | 61,6 | 61,5 | 61,4 | 61,3 | 61,2 | 61,0 | 60,9 | 60,8 | 60,6 |
| 27 años | 62,4 | 62,3 | 62,2 | 62,1 | 62,0 | 61,9 | 61,7 | 61,6 | 61,5 | 61,4 | 61,3 | 61,1 | 61,0 | 60,9 | 60,8 | 60,7 | 60,5 | 60,4 | 60,3 | 60,2 | 60,0 | 59,9 | 59,8 | 59,6 |
| 28 años | 61,4 | 61,3 | 61,2 | 61,1 | 61,0 | 60,9 | 60,7 | 60,6 | 60,5 | 60,4 | 60,3 | 60,2 | 60,0 | 59,9 | 59,8 | 59,7 | 59,5 | 59,4 | 59,3 | 59,2 | 59,0 | 58,9 | 58,8 | 58,7 |
| 29 años | 60,4 | 60,3 | 60,2 | 60,1 | 60,0 | 59,9 | 59,8 | 59,6 | 59,5 | 59,4 | 59,3 | 59,2 | 59,0 | 58,9 | 58,8 | 58,7 | 58,5 | 58,4 | 58,3 | 58,2 | 58,0 | 57,9 | 57,8 | 57,7 |
| 30 años | 59,4 | 59,3 | 59,2 | 59,1 | 59,0 | 58,9 | 58,8 | 58,6 | 58,5 | 58,4 | 58,3 | 58,2 | 58,0 | 57,9 | 57,8 | 57,7 | 57,6 | 57,4 | 57,3 | 57,2 | 57,1 | 56,9 | 56,8 | 56,7 |
| 31 años | 58,5 | 58,3 | 58,2 | 58,1 | 58,0 | 57,9 | 57,8 | 57,6 | 57,5 | 57,4 | 57,3 | 57,2 | 57,0 | 56,9 | 56,8 | 56,7 | 56,6 | 56,4 | 56,3 | 56,2 | 56,1 | 55,9 | 55,8 | 55,7 |
| 32 años | 57,5 | 57,3 | 57,2 | 57,1 | 57,0 | 56,9 | 56,8 | 56,7 | 56,5 | 56,4 | 56,3 | 56,2 | 56,1 | 55,9 | 55,8 | 55,7 | 55,6 | 55,4 | 55,3 | 55,2 | 55,1 | 54,9 | 54,8 | 54,7 |
| 33 años | 56,5 | 56,3 | 56,2 | 56,1 | 56,0 | 55,9 | 55,8 | 55,7 | 55,5 | 55,4 | 55,3 | 55,2 | 55,1 | 54,9 | 54,8 | 54,7 | 54,6 | 54,5 | 54,3 | 54,2 | 54,1 | 54,0 | 53,8 | 53,7 |
| 34 años | 55,5 | 55,4 | 55,2 | 55,1 | 55,0 | 54,9 | 54,8 | 54,7 | 54,5 | 54,4 | 54,3 | 54,2 | 54,1 | 54,0 | 53,8 | 53,7 | 53,6 | 53,5 | 53,3 | 53,2 | 53,1 | 53,0 | 52,8 | 52,7 |
| 35 años | 54,5 | 54,4 | 54,2 | 54,1 | 54,0 | 53,9 | 53,8 | 53,7 | 53,6 | 53,4 | 53,3 | 53,2 | 53,1 | 53,0 | 52,8 | 52,7 | 52,6 | 52,5 | 52,4 | 52,2 | 52,1 | 52,0 | 51,9 | 51,7 |
| 36 años | 53,5 | 53,4 | 53,3 | 53,1 | 53,0 | 52,9 | 52,8 | 52,7 | 52,6 | 52,4 | 52,3 | 52,2 | 52,1 | 52,0 | 51,9 | 51,7 | 51,6 | 51,5 | 51,4 | 51,2 | 51,1 | 51,0 | 50,9 | 50,7 |
| 37 años | 52,5 | 52,4 | 52,3 | 52,1 | 52,0 | 51,9 | 51,8 | 51,7 | 51,6 | 51,5 | 51,3 | 51,2 | 51,1 | 51,0 | 50,9 | 50,7 | 50,6 | 50,5 | 50,4 | 50,3 | 50,1 | 50,0 | 49,9 | 49,8 |
| 38 años | 51,5 | 51,4 | 51,3 | 51,2 | 51,0 | 50,9 | 50,8 | 50,7 | 50,6 | 50,5 | 50,3 | 50,2 | 50,1 | 50,0 | 49,9 | 49,8 | 49,6 | 49,5 | 49,4 | 49,3 | 49,1 | 49,0 | 48,9 | 48,8 |
| 39 años | 50,5 | 50,4 | 50,3 | 50,2 | 50,1 | 49,9 | 49,8 | 49,7 | 49,6 | 49,5 | 49,4 | 49,2 | 49,1 | 49,0 | 48,9 | 48,8 | 48,6 | 48,5 | 48,4 | 48,3 | 48,2 | 48,0 | 47,9 | 47,8 |
| 40 años | 49,5 | 49,4 | 49,3 | 49,2 | 49,1 | 48,9 | 48,8 | 48,7 | 48,6 | 48,5 | 48,4 | 48,3 | 48,1 | 48,0 | 47,9 | 47,8 | 47,7 | 47,5 | 47,4 | 47,3 | 47,2 | 47,1 | 46,9 | 46,8 |
| 41 años | 48,5 | 48,4 | 48,3 | 48,2 | 48,1 | 48,0 | 47,8 | 47,7 | 47,6 | 47,5 | 47,4 | 47,3 | 47,2 | 47,0 | 46,9 | 46,8 | 46,7 | 46,6 | 46,4 | 46,3 | 46,2 | 46,1 | 46,0 | 45,8 |
| 42 años | 47,5 | 47,4 | 47,3 | 47,2 | 47,1 | 47,0 | 46,9 | 46,7 | 46,6 | 46,5 | 46,4 | 46,3 | 46,2 | 46,1 | 45,9 | 45,8 | 45,7 | 45,6 | 45,5 | 45,3 | 45,2 | 45,1 | 45,0 | 44,9 |
| 43 años | 46,5 | 46,4 | 46,3 | 46,2 | 46,1 | 46,0 | 45,9 | 45,8 | 45,6 | 45,5 | 45,4 | 45,3 | 45,2 | 45,1 | 45,0 | 44,8 | 44,7 | 44,6 | 44,5 | 44,4 | 44,2 | 44,1 | 44,0 | 43,9 |
| 44 años | 45,6 | 45,5 | 45,3 | 45,2 | 45,1 | 45,0 | 44,9 | 44,8 | 44,7 | 44,6 | 44,4 | 44,3 | 44,2 | 44,1 | 44,0 | 43,9 | 43,7 | 43,6 | 43,5 | 43,4 | 43,3 | 43,2 | 43,0 | 42,9 |
| 45 años | 44,6 | 44,5 | 44,4 | 44,2 | 44,1 | 44,0 | 43,9 | 43,8 | 43,7 | 43,6 | 43,5 | 43,3 | 43,2 | 43,1 | 43,0 | 42,9 | 42,8 | 42,7 | 42,5 | 42,4 | 42,3 | 42,2 | 42,1 | 41,9 |
| 46 años | 43,6 | 43,5 | 43,4 | 43,3 | 43,2 | 43,1 | 42,9 | 42,8 | 42,7 | 42,6 | 42,5 | 42,4 | 42,3 | 42,1 | 42,0 | 41,9 | 41,8 | 41,7 | 41,6 | 41,5 | 41,3 | 41,2 | 41,1 | 41,0 |
| 47 años | 42,6 | 42,5 | 42,4 | 42,3 | 42,2 | 42,1 | 42,0 | 41,9 | 41,7 | 41,6 | 41,5 | 41,4 | 41,3 | 41,2 | 41,1 | 41,0 | 40,8 | 40,7 | 40,6 | 40,5 | 40,4 | 40,3 | 40,1 | 40,0 |
| 48 años | 41,7 | 41,5 | 41,4 | 41,3 | 41,2 | 41,1 | 41,0 | 40,9 | 40,8 | 40,7 | 40,6 | 40,4 | 40,3 | 40,2 | 40,1 | 40,0 | 39,9 | 39,8 | 39,6 | 39,5 | 39,4 | 39,3 | 39,2 | 39,1 |
| 49 años | 40,7 | 40,6 | 40,5 | 40,4 | 40,3 | 40,1 | 40,0 | 39,9 | 39,8 | 39,7 | 39,6 | 39,5 | 39,4 | 39,3 | 39,1 | 39,0 | 38,9 | 38,8 | 38,7 | 38,6 | 38,5 | 38,3 | 38,2 | 38,1 |
| 50 años | 39,7 | 39,6 | 39,5 | 39,4 | 39,3 | 39,2 | 39,1 | 39,0 | 38,9 | 38,8 | 38,6 | 38,5 | 38,4 | 38,3 | 38,2 | 38,1 | 38,0 | 37,9 | 37,7 | 37,6 | 37,5 | 37,4 | 37,3 | 37,2 |
| 51 años | 38,8 | 38,7 | 38,6 | 38,5 | 38,3 | 38,2 | 38,1 | 38,0 | 37,9 | 37,8 | 37,7 | 37,6 | 37,5 | 37,4 | 37,2 | 37,1 | 37,0 | 36,9 | 36,8 | 36,7 | 36,6 | 36,5 | 36,3 | 36,2 |
| 52 años | 37,8 | 37,7 | 37,6 | 37,5 | 37,4 | 37,3 | 37,2 | 37,1 | 37,0 | 36,9 | 36,7 | 36,6 | 36,5 | 36,4 | 36,3 | 36,2 | 36,1 | 36,0 | 35,9 | 35,7 | 35,6 | 35,5 | 35,4 | 35,3 |
| 53 años | 36,9 | 36,8 | 36,7 | 36,6 | 36,5 | 36,4 | 36,2 | 36,1 | 36,0 | 35,9 | 35,8 | 35,7 | 35,6 | 35,5 | 35,4 | 35,3 | 35,1 | 35,0 | 34,9 | 34,8 | 34,7 | 34,6 | 34,5 | 34,3 |
| 54 años | 36,0 | 35,8 | 35,7 | 35,6 | 35,5 | 35,4 | 35,3 | 35,2 | 35,1 | 35,0 | 34,9 | 34,8 | 34,7 | 34,5 | 34,4 | 34,3 | 34,2 | 34,1 | 34,0 | 33,9 | 33,8 | 33,6 | 33,5 | 33,4 |
| 55 años | 35,0 | 34,9 | 34,8 | 34,7 | 34,6 | 34,5 | 34,4 | 34,3 | 34,2 | 34,1 | 34,0 | 33,8 | 33,7 | 33,6 | 33,5 | 33,4 | 33,3 | 33,2 | 33,1 | 33,0 | 32,8 | 32,7 | 32,6 | 32,5 |

## Tabla de mortalidad. Mujeres (3 de 4)

| | 2065 | 2064 | 2063 | 2062 | 2061 | 2060 | 2059 | 2058 | 2057 | 2056 | 2055 | 2054 | 2053 | 2052 | 2051 | 2050 | 2049 | 2048 | 2047 | 2046 | 2045 | 2044 |
|---|---|---|---|---|---|---|---|---|---|---|---|---|---|---|---|---|---|---|---|---|---|---|
| 56 años | 36,3 | 36,2 | 36,1 | 36,0 | 35,9 | 35,8 | 35,7 | 35,6 | 35,5 | 35,4 | 35,3 | 35,2 | 35,1 | 35,0 | 34,9 | 34,8 | 34,7 | 34,6 | 34,5 | 34,4 | 34,3 | 34,2 |
| 57 años | 35,4 | 35,3 | 35,2 | 35,1 | 35,0 | 34,9 | 34,8 | 34,7 | 34,6 | 34,5 | 34,4 | 34,3 | 34,2 | 34,1 | 34,0 | 33,9 | 33,8 | 33,7 | 33,6 | 33,5 | 33,4 | 33,3 |
| 58 años | 34,5 | 34,4 | 34,3 | 34,2 | 34,1 | 34,0 | 33,9 | 33,8 | 33,7 | 33,6 | 33,5 | 33,4 | 33,3 | 33,2 | 33,1 | 33,0 | 32,9 | 32,8 | 32,7 | 32,6 | 32,5 | 32,4 |
| 59 años | 33,6 | 33,5 | 33,4 | 33,3 | 33,2 | 33,1 | 33,0 | 33,0 | 32,9 | 32,8 | 32,7 | 32,6 | 32,4 | 32,3 | 32,2 | 32,1 | 32,0 | 31,9 | 31,8 | 31,7 | 31,6 | 31,5 |
| 60 años | 32,7 | 32,6 | 32,6 | 32,5 | 32,4 | 32,3 | 32,2 | 32,1 | 32,0 | 31,9 | 31,8 | 31,7 | 31,6 | 31,5 | 31,4 | 31,2 | 31,1 | 31,0 | 30,9 | 30,8 | 30,7 | 30,6 |
| 61 años | 31,9 | 31,8 | 31,7 | 31,6 | 31,5 | 31,4 | 31,3 | 31,2 | 31,1 | 31,0 | 30,9 | 30,8 | 30,7 | 30,6 | 30,5 | 30,4 | 30,3 | 30,2 | 30,0 | 29,9 | 29,8 | 29,7 |
| 62 años | 31,0 | 30,9 | 30,8 | 30,7 | 30,6 | 30,5 | 30,4 | 30,3 | 30,2 | 30,1 | 30,0 | 29,9 | 29,8 | 29,7 | 29,6 | 29,5 | 29,4 | 29,3 | 29,1 | 29,0 | 28,9 | 28,8 |
| 63 años | 30,1 | 30,0 | 29,9 | 29,8 | 29,7 | 29,6 | 29,5 | 29,4 | 29,3 | 29,2 | 29,1 | 29,0 | 28,9 | 28,8 | 28,7 | 28,6 | 28,5 | 28,4 | 28,3 | 28,1 | 28,0 | 27,9 |
| 64 años | 29,2 | 29,1 | 29,0 | 28,9 | 28,8 | 28,7 | 28,6 | 28,5 | 28,4 | 28,3 | 28,2 | 28,1 | 28,0 | 27,9 | 27,8 | 27,7 | 27,6 | 27,5 | 27,3 | 27,2 | 27,1 | 27,0 |
| 65 años | 28,2 | 28,2 | 28,1 | 28,0 | 27,9 | 27,8 | 27,7 | 27,6 | 27,5 | 27,4 | 27,3 | 27,2 | 27,1 | 27,0 | 26,9 | 26,8 | 26,7 | 26,5 | 26,4 | 26,3 | 26,2 | 26,1 |
| 66 años | 27,3 | 27,2 | 27,1 | 27,0 | 26,9 | 26,9 | 26,8 | 26,7 | 26,6 | 26,5 | 26,4 | 26,3 | 26,2 | 26,1 | 26,0 | 25,8 | 25,7 | 25,6 | 25,5 | 25,4 | 25,3 | 25,2 |
| 67 años | 26,4 | 26,3 | 26,2 | 26,1 | 26,0 | 25,9 | 25,8 | 25,7 | 25,6 | 25,5 | 25,4 | 25,3 | 25,2 | 25,1 | 25,0 | 24,9 | 24,8 | 24,7 | 24,6 | 24,5 | 24,4 | 24,3 |
| 68 años | 25,5 | 25,4 | 25,3 | 25,2 | 25,1 | 25,0 | 24,9 | 24,8 | 24,7 | 24,6 | 24,5 | 24,4 | 24,3 | 24,2 | 24,1 | 24,0 | 23,9 | 23,8 | 23,7 | 23,6 | 23,5 | 23,4 |
| 69 años | 24,6 | 24,5 | 24,4 | 24,3 | 24,2 | 24,1 | 24,0 | 23,9 | 23,8 | 23,7 | 23,6 | 23,5 | 23,4 | 23,3 | 23,2 | 23,1 | 23,0 | 22,9 | 22,8 | 22,7 | 22,6 | 22,5 |
| 70 años | 23,6 | 23,6 | 23,5 | 23,4 | 23,3 | 23,2 | 23,1 | 23,0 | 22,9 | 22,8 | 22,7 | 22,6 | 22,5 | 22,4 | 22,3 | 22,2 | 22,1 | 22,0 | 21,9 | 21,8 | 21,7 | 21,6 |
| 71 años | 22,7 | 22,6 | 22,5 | 22,4 | 22,4 | 22,3 | 22,2 | 22,1 | 22,0 | 21,9 | 21,8 | 21,7 | 21,6 | 21,5 | 21,4 | 21,3 | 21,2 | 21,1 | 21,0 | 20,9 | 20,8 | 20,7 |
| 72 años | 21,8 | 21,7 | 21,6 | 21,5 | 21,4 | 21,3 | 21,2 | 21,2 | 21,1 | 21,0 | 20,9 | 20,8 | 20,7 | 20,6 | 20,5 | 20,4 | 20,3 | 20,2 | 20,1 | 20,0 | 19,9 | 19,8 |
| 73 años | 20,9 | 20,8 | 20,7 | 20,6 | 20,5 | 20,4 | 20,3 | 20,2 | 20,1 | 20,1 | 20,0 | 19,9 | 19,8 | 19,7 | 19,6 | 19,5 | 19,4 | 19,3 | 19,2 | 19,1 | 19,0 | 18,9 |
| 74 años | 19,9 | 19,9 | 19,8 | 19,7 | 19,6 | 19,5 | 19,4 | 19,3 | 19,2 | 19,1 | 19,1 | 19,0 | 18,9 | 18,8 | 18,7 | 18,6 | 18,5 | 18,4 | 18,3 | 18,2 | 18,1 | 18,0 |
| 75 años | 19,0 | 18,9 | 18,9 | 18,8 | 18,7 | 18,6 | 18,5 | 18,4 | 18,3 | 18,2 | 18,2 | 18,1 | 18,0 | 17,9 | 17,8 | 17,7 | 17,6 | 17,5 | 17,4 | 17,3 | 17,2 | 17,1 |
| 76 años | 18,1 | 18,0 | 17,9 | 17,9 | 17,8 | 17,7 | 17,6 | 17,5 | 17,4 | 17,3 | 17,3 | 17,2 | 17,1 | 17,0 | 16,9 | 16,8 | 16,7 | 16,6 | 16,5 | 16,5 | 16,4 | 16,3 |
| 77 años | 17,2 | 17,1 | 17,0 | 17,0 | 16,9 | 16,8 | 16,7 | 16,6 | 16,5 | 16,5 | 16,4 | 16,3 | 16,2 | 16,1 | 16,0 | 15,9 | 15,9 | 15,8 | 15,7 | 15,6 | 15,5 | 15,4 |
| 78 años | 16,3 | 16,2 | 16,2 | 16,1 | 16,0 | 15,9 | 15,8 | 15,8 | 15,7 | 15,6 | 15,5 | 15,4 | 15,3 | 15,2 | 15,2 | 15,1 | 15,0 | 14,9 | 14,8 | 14,7 | 14,6 | 14,6 |
| 79 años | 15,4 | 15,4 | 15,3 | 15,2 | 15,1 | 15,0 | 15,0 | 14,9 | 14,8 | 14,7 | 14,6 | 14,6 | 14,5 | 14,4 | 14,3 | 14,2 | 14,1 | 14,1 | 14,0 | 13,9 | 13,8 | 13,7 |
| 80 años | 14,6 | 14,5 | 14,4 | 14,3 | 14,3 | 14,2 | 14,1 | 14,0 | 14,0 | 13,9 | 13,8 | 13,7 | 13,6 | 13,6 | 13,5 | 13,4 | 13,3 | 13,2 | 13,2 | 13,1 | 13,0 | 12,9 |
| 81 años | 13,7 | 13,7 | 13,6 | 13,5 | 13,4 | 13,4 | 13,3 | 13,2 | 13,1 | 13,1 | 13,0 | 12,9 | 12,8 | 12,7 | 12,7 | 12,6 | 12,5 | 12,4 | 12,4 | 12,3 | 12,2 | 12,1 |
| 82 años | 12,9 | 12,8 | 12,8 | 12,7 | 12,6 | 12,5 | 12,5 | 12,4 | 12,3 | 12,2 | 12,2 | 12,1 | 12,0 | 12,0 | 11,9 | 11,8 | 11,7 | 11,7 | 11,6 | 11,5 | 11,4 | 11,4 |
| 83 años | 12,1 | 12,0 | 12,0 | 11,9 | 11,8 | 11,7 | 11,7 | 11,6 | 11,5 | 11,5 | 11,4 | 11,3 | 11,3 | 11,2 | 11,1 | 11,0 | 11,0 | 10,9 | 10,8 | 10,8 | 10,7 | 10,6 |
| 84 años | 11,3 | 11,2 | 11,2 | 11,1 | 11,0 | 11,0 | 10,9 | 10,8 | 10,8 | 10,7 | 10,6 | 10,6 | 10,5 | 10,4 | 10,4 | 10,3 | 10,2 | 10,2 | 10,1 | 10,0 | 10,0 | 9,9 |
| 85 años | 10,6 | 10,5 | 10,4 | 10,4 | 10,3 | 10,2 | 10,2 | 10,1 | 10,1 | 10,0 | 9,9 | 9,9 | 9,8 | 9,7 | 9,7 | 9,6 | 9,5 | 9,5 | 9,4 | 9,3 | 9,3 | 9,2 |
| 86 años | 9,8 | 9,8 | 9,7 | 9,7 | 9,6 | 9,5 | 9,5 | 9,4 | 9,4 | 9,3 | 9,2 | 9,2 | 9,1 | 9,1 | 9,0 | 8,9 | 8,9 | 8,8 | 8,8 | 8,7 | 8,6 | 8,6 |
| 87 años | 9,2 | 9,1 | 9,0 | 9,0 | 8,9 | 8,9 | 8,8 | 8,8 | 8,7 | 8,6 | 8,6 | 8,5 | 8,5 | 8,4 | 8,4 | 8,3 | 8,2 | 8,2 | 8,1 | 8,1 | 8,0 | 8,0 |
| 88 años | 8,5 | 8,5 | 8,4 | 8,3 | 8,3 | 8,2 | 8,2 | 8,1 | 8,1 | 8,0 | 8,0 | 7,9 | 7,9 | 7,8 | 7,8 | 7,7 | 7,6 | 7,6 | 7,5 | 7,5 | 7,4 | 7,4 |
| 89 años | 7,9 | 7,8 | 7,8 | 7,7 | 7,7 | 7,7 | 7,6 | 7,6 | 7,5 | 7,5 | 7,4 | 7,3 | 7,3 | 7,2 | 7,2 | 7,1 | 7,1 | 7,0 | 7,0 | 6,9 | 6,9 | 6,8 |
| 90 años | 7,3 | 7,3 | 7,2 | 7,2 | 7,1 | 7,1 | 7,1 | 7,0 | 7,0 | 6,9 | 6,9 | 6,8 | 6,8 | 6,7 | 6,7 | 6,6 | 6,6 | 6,5 | 6,5 | 6,4 | 6,4 | 6,3 |
| 91 años | 6,8 | 6,8 | 6,7 | 6,7 | 6,6 | 6,6 | 6,6 | 6,5 | 6,5 | 6,4 | 6,4 | 6,3 | 6,3 | 6,2 | 6,2 | 6,2 | 6,1 | 6,1 | 6,0 | 6,0 | 5,9 | 5,9 |
| 92 años | 6,3 | 6,3 | 6,3 | 6,2 | 6,2 | 6,1 | 6,1 | 6,1 | 6,0 | 6,0 | 5,9 | 5,9 | 5,9 | 5,8 | 5,8 | 5,7 | 5,7 | 5,7 | 5,6 | 5,6 | 5,5 | 5,5 |
| 93 años | 5,9 | 5,8 | 5,8 | 5,8 | 5,7 | 5,7 | 5,7 | 5,6 | 5,6 | 5,6 | 5,5 | 5,5 | 5,4 | 5,4 | 5,4 | 5,3 | 5,3 | 5,3 | 5,2 | 5,2 | 5,1 | 5,1 |
| 94 años | 5,5 | 5,4 | 5,4 | 5,4 | 5,3 | 5,3 | 5,3 | 5,2 | 5,2 | 5,2 | 5,1 | 5,1 | 5,1 | 5,0 | 5,0 | 5,0 | 4,9 | 4,9 | 4,9 | 4,8 | 4,8 | 4,8 |
| 95 años | 5,1 | 5,0 | 5,0 | 5,0 | 4,9 | 4,9 | 4,9 | 4,9 | 4,8 | 4,8 | 4,8 | 4,7 | 4,7 | 4,7 | 4,6 | 4,6 | 4,6 | 4,6 | 4,5 | 4,5 | 4,5 | 4,4 |
| 96 años | 4,6 | 4,6 | 4,6 | 4,5 | 4,5 | 4,5 | 4,5 | 4,5 | 4,4 | 4,4 | 4,4 | 4,4 | 4,3 | 4,3 | 4,3 | 4,2 | 4,2 | 4,2 | 4,2 | 4,1 | 4,1 | 4,1 |
| 97 años | 4,2 | 4,1 | 4,1 | 4,1 | 4,1 | 4,1 | 4,0 | 4,0 | 4,0 | 4,0 | 4,0 | 3,9 | 3,9 | 3,9 | 3,9 | 3,9 | 3,8 | 3,8 | 3,8 | 3,8 | 3,8 | 3,7 |
| 98 años | 3,6 | 3,6 | 3,6 | 3,6 | 3,6 | 3,6 | 3,5 | 3,5 | 3,5 | 3,5 | 3,5 | 3,5 | 3,5 | 3,5 | 3,4 | 3,4 | 3,4 | 3,4 | 3,4 | 3,4 | 3,3 | 3,3 |
| 99 años | 3,0 | 3,0 | 3,0 | 3,0 | 3,0 | 3,0 | 3,0 | 3,0 | 3,0 | 3,0 | 3,0 | 3,0 | 3,0 | 3,0 | 2,9 | 2,9 | 2,9 | 2,9 | 2,9 | 2,9 | 2,9 | 2,9 |
| 100 años | 2,4 | 2,4 | 2,4 | 2,4 | 2,4 | 2,4 | 2,4 | 2,4 | 2,4 | 2,4 | 2,4 | 2,4 | 2,4 | 2,4 | 2,4 | 2,4 | 2,4 | 2,4 | 2,4 | 2,4 | 2,4 | 2,4 |

## Tabla de mortalidad. Mujeres (4 de 4)

| | 2043 | 2042 | 2041 | 2040 | 2039 | 2038 | 2037 | 2036 | 2035 | 2034 | 2033 | 2032 | 2031 | 2030 | 2029 | 2028 | 2027 | 2026 | 2025 | 2024 | 2023 | 2022 | 2021 | 2020 |
|---|---|---|---|---|---|---|---|---|---|---|---|---|---|---|---|---|---|---|---|---|---|---|---|---|
| 56 años | 34,1 | 34,0 | 33,9 | 33,8 | 33,7 | 33,6 | 33,5 | 33,4 | 33,3 | 33,1 | 33,0 | 32,9 | 32,8 | 32,7 | 32,6 | 32,5 | 32,4 | 32,3 | 32,1 | 32,0 | 31,9 | 31,8 | 31,7 | 31,6 |
| 57 años | 33,2 | 33,1 | 33,0 | 32,9 | 32,8 | 32,7 | 32,6 | 32,5 | 32,3 | 32,2 | 32,1 | 32,0 | 31,9 | 31,8 | 31,7 | 31,6 | 31,5 | 31,3 | 31,2 | 31,1 | 31,0 | 30,9 | 30,8 | 30,7 |
| 58 años | 32,3 | 32,2 | 32,1 | 32,0 | 31,9 | 31,8 | 31,7 | 31,5 | 31,4 | 31,3 | 31,2 | 31,1 | 31,0 | 30,9 | 30,8 | 30,7 | 30,5 | 30,4 | 30,3 | 30,2 | 30,1 | 30,0 | 29,9 | 29,7 |
| 59 años | 31,4 | 31,3 | 31,2 | 31,1 | 31,0 | 30,9 | 30,8 | 30,6 | 30,5 | 30,4 | 30,3 | 30,2 | 30,1 | 30,0 | 29,9 | 29,8 | 29,6 | 29,5 | 29,4 | 29,3 | 29,2 | 29,1 | 29,0 | 28,8 |
| 60 años | 30,5 | 30,4 | 30,3 | 30,2 | 30,1 | 30,0 | 29,9 | 29,7 | 29,6 | 29,5 | 29,4 | 29,3 | 29,2 | 29,1 | 29,0 | 28,9 | 28,7 | 28,6 | 28,5 | 28,4 | 28,3 | 28,2 | 28,0 | 27,9 |
| 61 años | 29,6 | 29,5 | 29,4 | 29,3 | 29,2 | 29,1 | 29,0 | 28,9 | 28,7 | 28,6 | 28,5 | 28,4 | 28,3 | 28,2 | 28,1 | 28,0 | 27,8 | 27,7 | 27,6 | 27,5 | 27,4 | 27,3 | 27,1 | 27,0 |
| 62 años | 28,7 | 28,6 | 28,5 | 28,4 | 28,3 | 28,2 | 28,1 | 28,0 | 27,8 | 27,7 | 27,6 | 27,5 | 27,4 | 27,3 | 27,2 | 27,1 | 26,9 | 26,8 | 26,7 | 26,6 | 26,5 | 26,4 | 26,2 | 26,1 |
| 63 años | 27,8 | 27,7 | 27,6 | 27,5 | 27,4 | 27,3 | 27,2 | 27,1 | 26,9 | 26,8 | 26,7 | 26,6 | 26,5 | 26,4 | 26,3 | 26,2 | 26,0 | 25,9 | 25,8 | 25,7 | 25,6 | 25,5 | 25,3 | 25,2 |
| 64 años | 26,9 | 26,8 | 26,7 | 26,6 | 26,5 | 26,4 | 26,3 | 26,2 | 26,0 | 25,9 | 25,8 | 25,7 | 25,6 | 25,5 | 25,4 | 25,3 | 25,1 | 25,0 | 24,9 | 24,8 | 24,7 | 24,6 | 24,4 | 24,3 |
| 65 años | 26,0 | 25,9 | 25,8 | 25,7 | 25,6 | 25,5 | 25,4 | 25,3 | 25,1 | 25,0 | 24,9 | 24,8 | 24,7 | 24,6 | 24,5 | 24,4 | 24,2 | 24,1 | 24,0 | 23,9 | 23,8 | 23,7 | 23,6 | 23,4 |
| 66 años | 25,1 | 25,0 | 24,9 | 24,8 | 24,7 | 24,6 | 24,5 | 24,4 | 24,2 | 24,1 | 24,0 | 23,9 | 23,8 | 23,7 | 23,6 | 23,5 | 23,3 | 23,2 | 23,1 | 23,0 | 22,9 | 22,8 | 22,7 | 22,5 |
| 67 años | 24,2 | 24,1 | 24,0 | 23,9 | 23,8 | 23,7 | 23,6 | 23,5 | 23,3 | 23,2 | 23,1 | 23,0 | 22,9 | 22,8 | 22,7 | 22,6 | 22,5 | 22,3 | 22,2 | 22,1 | 22,0 | 21,9 | 21,8 | 21,7 |
| 68 años | 23,3 | 23,2 | 23,1 | 23,0 | 22,9 | 22,8 | 22,7 | 22,6 | 22,4 | 22,3 | 22,2 | 22,1 | 22,0 | 21,9 | 21,8 | 21,7 | 21,6 | 21,5 | 21,3 | 21,2 | 21,1 | 21,0 | 20,9 | 20,8 |
| 69 años | 22,4 | 22,3 | 22,2 | 22,1 | 22,0 | 21,9 | 21,8 | 21,7 | 21,6 | 21,4 | 21,3 | 21,2 | 21,1 | 21,0 | 20,9 | 20,8 | 20,7 | 20,6 | 20,5 | 20,3 | 20,2 | 20,1 | 20,0 | 19,9 |
| 70 años | 21,5 | 21,4 | 21,3 | 21,2 | 21,1 | 21,0 | 20,9 | 20,8 | 20,7 | 20,6 | 20,5 | 20,3 | 20,2 | 20,1 | 20,0 | 19,9 | 19,8 | 19,7 | 19,6 | 19,5 | 19,4 | 19,2 | 19,1 | 19,0 |
| 71 años | 20,6 | 20,5 | 20,4 | 20,3 | 20,2 | 20,1 | 20,0 | 19,9 | 19,8 | 19,7 | 19,6 | 19,5 | 19,4 | 19,2 | 19,1 | 19,0 | 18,9 | 18,8 | 18,7 | 18,6 | 18,5 | 18,4 | 18,3 | 18,2 |
| 72 años | 19,7 | 19,6 | 19,5 | 19,4 | 19,3 | 19,2 | 19,1 | 19,0 | 18,9 | 18,8 | 18,7 | 18,6 | 18,5 | 18,4 | 18,3 | 18,2 | 18,0 | 17,9 | 17,8 | 17,7 | 17,6 | 17,5 | 17,4 | 17,3 |
| 73 años | 18,8 | 18,7 | 18,6 | 18,5 | 18,4 | 18,3 | 18,2 | 18,1 | 18,0 | 17,9 | 17,8 | 17,7 | 17,6 | 17,5 | 17,4 | 17,3 | 17,2 | 17,1 | 17,0 | 16,9 | 16,8 | 16,7 | 16,6 | 16,4 |
| 74 años | 17,9 | 17,8 | 17,7 | 17,6 | 17,5 | 17,4 | 17,3 | 17,2 | 17,1 | 17,0 | 16,9 | 16,8 | 16,7 | 16,6 | 16,5 | 16,4 | 16,3 | 16,2 | 16,1 | 16,0 | 15,9 | 15,8 | 15,7 | 15,6 |
| 75 años | 17,0 | 17,0 | 16,9 | 16,8 | 16,7 | 16,6 | 16,5 | 16,4 | 16,3 | 16,2 | 16,1 | 16,0 | 15,9 | 15,8 | 15,7 | 15,6 | 15,5 | 15,4 | 15,3 | 15,2 | 15,1 | 15,0 | 14,9 | 14,8 |
| 76 años | 16,2 | 16,1 | 16,0 | 15,9 | 15,8 | 15,7 | 15,6 | 15,5 | 15,4 | 15,3 | 15,2 | 15,1 | 15,0 | 14,9 | 14,9 | 14,8 | 14,7 | 14,6 | 14,5 | 14,4 | 14,3 | 14,2 | 14,1 | 14,0 |
| 77 años | 15,3 | 15,2 | 15,1 | 15,0 | 15,0 | 14,9 | 14,8 | 14,7 | 14,6 | 14,5 | 14,4 | 14,3 | 14,2 | 14,1 | 14,0 | 13,9 | 13,8 | 13,7 | 13,6 | 13,6 | 13,5 | 13,4 | 13,3 | 13,2 |
| 78 años | 14,5 | 14,4 | 14,3 | 14,2 | 14,1 | 14,0 | 13,9 | 13,9 | 13,8 | 13,7 | 13,6 | 13,5 | 13,4 | 13,3 | 13,2 | 13,1 | 13,0 | 12,9 | 12,9 | 12,8 | 12,7 | 12,6 | 12,5 | 12,4 |
| 79 años | 13,6 | 13,6 | 13,5 | 13,4 | 13,3 | 13,2 | 13,1 | 13,0 | 13,0 | 12,9 | 12,8 | 12,7 | 12,6 | 12,5 | 12,4 | 12,3 | 12,3 | 12,2 | 12,1 | 12,0 | 11,9 | 11,8 | 11,7 | 11,6 |
| 80 años | 12,8 | 12,7 | 12,7 | 12,6 | 12,5 | 12,4 | 12,3 | 12,2 | 12,2 | 12,1 | 12,0 | 11,9 | 11,8 | 11,7 | 11,7 | 11,6 | 11,5 | 11,4 | 11,3 | 11,2 | 11,2 | 11,1 | 11,0 | 10,9 |
| 81 años | 12,0 | 12,0 | 11,9 | 11,8 | 11,7 | 11,6 | 11,6 | 11,5 | 11,4 | 11,3 | 11,2 | 11,2 | 11,1 | 11,0 | 10,9 | 10,8 | 10,8 | 10,7 | 10,6 | 10,5 | 10,4 | 10,4 | 10,3 | 10,2 |
| 82 años | 11,3 | 11,2 | 11,1 | 11,0 | 11,0 | 10,9 | 10,8 | 10,7 | 10,7 | 10,6 | 10,5 | 10,4 | 10,4 | 10,3 | 10,2 | 10,1 | 10,0 | 10,0 | 9,9 | 9,8 | 9,7 | 9,7 | 9,6 | 9,5 |
| 83 años | 10,5 | 10,5 | 10,4 | 10,3 | 10,2 | 10,2 | 10,1 | 10,0 | 9,9 | 9,9 | 9,8 | 9,7 | 9,7 | 9,6 | 9,5 | 9,4 | 9,4 | 9,3 | 9,2 | 9,1 | 9,1 | 9,0 | 8,9 | 8,8 |
| 84 años | 9,8 | 9,8 | 9,7 | 9,6 | 9,5 | 9,5 | 9,4 | 9,3 | 9,3 | 9,2 | 9,1 | 9,1 | 9,0 | 8,9 | 8,8 | 8,8 | 8,7 | 8,6 | 8,6 | 8,5 | 8,4 | 8,4 | 8,3 | 8,2 |
| 85 años | 9,1 | 9,1 | 9,0 | 8,9 | 8,9 | 8,8 | 8,8 | 8,7 | 8,6 | 8,6 | 8,5 | 8,4 | 8,4 | 8,3 | 8,2 | 8,2 | 8,1 | 8,0 | 8,0 | 7,9 | 7,8 | 7,8 | 7,7 | 7,6 |
| 86 años | 8,5 | 8,4 | 8,4 | 8,3 | 8,3 | 8,2 | 8,1 | 8,1 | 8,0 | 7,9 | 7,9 | 7,8 | 7,8 | 7,7 | 7,6 | 7,6 | 7,5 | 7,4 | 7,4 | 7,3 | 7,3 | 7,2 | 7,1 | 7,1 |
| 87 años | 7,9 | 7,8 | 7,8 | 7,7 | 7,7 | 7,6 | 7,5 | 7,5 | 7,4 | 7,4 | 7,3 | 7,2 | 7,2 | 7,1 | 7,1 | 7,0 | 7,0 | 6,9 | 6,8 | 6,8 | 6,7 | 6,7 | 6,6 | 6,5 |
| 88 años | 7,3 | 7,3 | 7,2 | 7,2 | 7,1 | 7,0 | 7,0 | 6,9 | 6,9 | 6,8 | 6,8 | 6,7 | 6,7 | 6,6 | 6,5 | 6,5 | 6,4 | 6,4 | 6,3 | 6,3 | 6,2 | 6,2 | 6,1 | 6,1 |
| 89 años | 6,8 | 6,7 | 6,7 | 6,6 | 6,6 | 6,5 | 6,5 | 6,4 | 6,4 | 6,3 | 6,3 | 6,2 | 6,2 | 6,1 | 6,1 | 6,0 | 6,0 | 5,9 | 5,9 | 5,8 | 5,8 | 5,7 | 5,7 | 5,6 |
| 90 años | 6,3 | 6,2 | 6,2 | 6,2 | 6,1 | 6,1 | 6,0 | 6,0 | 5,9 | 5,9 | 5,8 | 5,8 | 5,7 | 5,7 | 5,6 | 5,6 | 5,5 | 5,5 | 5,4 | 5,4 | 5,3 | 5,3 | 5,2 | 5,2 |
| 91 años | 5,8 | 5,8 | 5,8 | 5,7 | 5,7 | 5,6 | 5,6 | 5,5 | 5,5 | 5,4 | 5,4 | 5,3 | 5,3 | 5,3 | 5,2 | 5,2 | 5,1 | 5,1 | 5,0 | 5,0 | 4,9 | 4,9 | 4,9 | 4,8 |
| 92 años | 5,4 | 5,4 | 5,4 | 5,3 | 5,3 | 5,2 | 5,2 | 5,1 | 5,1 | 5,1 | 5,0 | 5,0 | 4,9 | 4,9 | 4,9 | 4,8 | 4,8 | 4,7 | 4,7 | 4,6 | 4,6 | 4,6 | 4,5 | 4,5 |
| 93 años | 5,1 | 5,0 | 5,0 | 5,0 | 4,9 | 4,9 | 4,8 | 4,8 | 4,8 | 4,7 | 4,7 | 4,6 | 4,6 | 4,6 | 4,5 | 4,5 | 4,4 | 4,4 | 4,4 | 4,3 | 4,3 | 4,2 | 4,2 | 4,2 |
| 94 años | 4,7 | 4,7 | 4,7 | 4,6 | 4,6 | 4,5 | 4,5 | 4,5 | 4,4 | 4,4 | 4,4 | 4,3 | 4,3 | 4,3 | 4,2 | 4,2 | 4,1 | 4,1 | 4,1 | 4,0 | 4,0 | 3,9 | 3,9 | 3,9 |
| 95 años | 4,4 | 4,4 | 4,3 | 4,3 | 4,3 | 4,2 | 4,2 | 4,2 | 4,1 | 4,1 | 4,1 | 4,0 | 4,0 | 4,0 | 3,9 | 3,9 | 3,9 | 3,8 | 3,8 | 3,7 | 3,7 | 3,7 | 3,6 | 3,6 |
| 96 años | 4,1 | 4,0 | 4,0 | 4,0 | 3,9 | 3,9 | 3,9 | 3,9 | 3,8 | 3,8 | 3,8 | 3,7 | 3,7 | 3,7 | 3,6 | 3,6 | 3,6 | 3,5 | 3,5 | 3,5 | 3,5 | 3,4 | 3,4 | 3,4 |
| 97 años | 3,7 | 3,7 | 3,7 | 3,6 | 3,6 | 3,6 | 3,6 | 3,5 | 3,5 | 3,5 | 3,5 | 3,4 | 3,4 | 3,4 | 3,4 | 3,3 | 3,3 | 3,3 | 3,3 | 3,2 | 3,2 | 3,2 | 3,1 | 3,1 |
| 98 años | 3,3 | 3,3 | 3,3 | 3,3 | 3,2 | 3,2 | 3,2 | 3,2 | 3,2 | 3,2 | 3,1 | 3,1 | 3,1 | 3,1 | 3,1 | 3,0 | 3,0 | 3,0 | 3,0 | 3,0 | 2,9 | 2,9 | 2,9 | 2,9 |
| 99 años | 2,9 | 2,9 | 2,9 | 2,8 | 2,8 | 2,8 | 2,8 | 2,8 | 2,8 | 2,8 | 2,8 | 2,8 | 2,8 | 2,7 | 2,7 | 2,7 | 2,7 | 2,7 | 2,7 | 2,7 | 2,7 | 2,6 | 2,6 | 2,6 |
| 100 años | 2,4 | 2,4 | 2,4 | 2,4 | 2,4 | 2,4 | 2,4 | 2,4 | 2,4 | 2,4 | 2,4 | 2,4 | 2,4 | 2,4 | 2,4 | 2,3 | 2,3 | 2,3 | 2,3 | 2,3 | 2,3 | 2,3 | 2,3 | 2,3 |

## Tabla de mortalidad. Hombres (1 de 4)

| | 2065 | 2064 | 2063 | 2062 | 2061 | 2060 | 2059 | 2058 | 2057 | 2056 | 2055 | 2054 | 2053 | 2052 | 2051 | 2050 | 2049 | 2048 | 2047 | 2046 | 2023 | 2022 | 2021 | 2020 |
|---|---|---|---|---|---|---|---|---|---|---|---|---|---|---|---|---|---|---|---|---|---|---|---|---|
| 18 años | 70,7 | 70,5 | 70,4 | 70,3 | 70,1 | 70,0 | 69,8 | 69,7 | 69,6 | 69,4 | 69,3 | 69,1 | 69,0 | 68,8 | 68,7 | 68,5 | 68,4 | 68,2 | 32,1 | 32,0 | 31,9 | 31,8 | 31,7 | 31,6 |
| 19 años | 69,7 | 69,5 | 69,4 | 69,3 | 69,1 | 69,0 | 68,8 | 68,7 | 68,6 | 68,4 | 68,3 | 68,1 | 68,0 | 67,8 | 67,7 | 67,5 | 67,4 | 67,2 | 31,2 | 31,1 | 31,0 | 30,9 | 30,8 | 30,7 |
| 20 años | 68,7 | 68,5 | 68,4 | 68,3 | 68,1 | 68,0 | 67,8 | 67,7 | 67,6 | 67,4 | 67,3 | 67,1 | 67,0 | 66,8 | 66,7 | 66,5 | 66,4 | 66,2 | 30,3 | 30,2 | 30,1 | 30,0 | 29,9 | 29,7 |
| 21 años | 67,7 | 67,5 | 67,4 | 67,3 | 67,1 | 67,0 | 66,8 | 66,7 | 66,6 | 66,4 | 66,3 | 66,1 | 66,0 | 65,8 | 65,7 | 65,5 | 65,4 | 65,2 | 29,4 | 29,3 | 29,2 | 29,1 | 29,0 | 28,8 |
| 22 años | 66,7 | 66,5 | 66,4 | 66,3 | 66,1 | 66,0 | 65,8 | 65,7 | 65,6 | 65,4 | 65,3 | 65,1 | 65,0 | 64,8 | 64,7 | 64,5 | 64,4 | 64,2 | 28,5 | 28,4 | 28,3 | 28,2 | 28,0 | 27,9 |
| 23 años | 65,7 | 65,5 | 65,4 | 65,3 | 65,1 | 65,0 | 64,9 | 64,7 | 64,6 | 64,4 | 64,3 | 64,1 | 64,0 | 63,8 | 63,7 | 63,5 | 63,4 | 63,2 | 27,6 | 27,5 | 27,4 | 27,3 | 27,1 | 27,0 |
| 24 años | 64,7 | 64,5 | 64,4 | 64,3 | 64,1 | 64,0 | 63,9 | 63,7 | 63,6 | 63,4 | 63,3 | 63,1 | 63,0 | 62,8 | 62,7 | 62,5 | 62,4 | 62,2 | 26,7 | 26,6 | 26,5 | 26,4 | 26,2 | 26,1 |
| 25 años | 63,7 | 63,5 | 63,4 | 63,3 | 63,1 | 63,0 | 62,9 | 62,7 | 62,6 | 62,4 | 62,3 | 62,1 | 62,0 | 61,8 | 61,7 | 61,5 | 61,4 | 61,2 | 25,8 | 25,7 | 25,6 | 25,5 | 25,3 | 25,2 |
| 26 años | 62,7 | 62,5 | 62,4 | 62,3 | 62,1 | 62,0 | 61,9 | 61,7 | 61,6 | 61,4 | 61,3 | 61,1 | 61,0 | 60,8 | 60,7 | 60,6 | 60,4 | 60,2 | 24,9 | 24,8 | 24,7 | 24,6 | 24,4 | 24,3 |
| 27 años | 61,7 | 61,5 | 61,4 | 61,3 | 61,1 | 61,0 | 60,9 | 60,7 | 60,6 | 60,4 | 60,3 | 60,1 | 60,0 | 59,9 | 59,7 | 59,6 | 59,4 | 59,3 | 24,0 | 23,9 | 23,8 | 23,7 | 23,6 | 23,4 |
| 28 años | 60,7 | 60,6 | 60,4 | 60,3 | 60,1 | 60,0 | 59,9 | 59,7 | 59,6 | 59,4 | 59,3 | 59,1 | 59,0 | 58,9 | 58,7 | 58,6 | 58,4 | 58,3 | 23,1 | 23,0 | 22,9 | 22,8 | 22,7 | 22,5 |
| 29 años | 59,7 | 59,6 | 59,4 | 59,3 | 59,1 | 59,0 | 58,9 | 58,7 | 58,6 | 58,4 | 58,3 | 58,1 | 58,0 | 57,9 | 57,7 | 57,6 | 57,4 | 57,3 | 22,2 | 22,1 | 22,0 | 21,9 | 21,8 | 21,7 |
| 30 años | 58,7 | 58,6 | 58,4 | 58,3 | 58,1 | 58,0 | 57,9 | 57,7 | 57,6 | 57,4 | 57,3 | 57,2 | 57,0 | 56,9 | 56,7 | 56,6 | 56,4 | 56,3 | 21,3 | 21,2 | 21,1 | 21,0 | 20,9 | 20,8 |
| 31 años | 57,7 | 57,6 | 57,4 | 57,3 | 57,1 | 57,0 | 56,9 | 56,7 | 56,6 | 56,4 | 56,3 | 56,2 | 56,0 | 55,9 | 55,7 | 55,6 | 55,4 | 55,3 | 20,5 | 20,3 | 20,2 | 20,1 | 20,0 | 19,9 |
| 32 años | 56,7 | 56,6 | 56,4 | 56,3 | 56,1 | 56,0 | 55,9 | 55,7 | 55,6 | 55,4 | 55,3 | 55,2 | 55,0 | 54,9 | 54,7 | 54,6 | 54,4 | 54,3 | 19,6 | 19,5 | 19,4 | 19,2 | 19,1 | 19,0 |
| 33 años | 55,7 | 55,6 | 55,4 | 55,3 | 55,2 | 55,0 | 54,9 | 54,7 | 54,6 | 54,5 | 54,3 | 54,2 | 54,0 | 53,9 | 53,7 | 53,6 | 53,4 | 53,3 | 18,7 | 18,6 | 18,5 | 18,4 | 18,3 | 18,2 |
| 34 años | 54,7 | 54,6 | 54,4 | 54,3 | 54,2 | 54,0 | 53,9 | 53,7 | 53,6 | 53,5 | 53,3 | 53,2 | 53,0 | 52,9 | 52,7 | 52,6 | 52,4 | 52,3 | 17,8 | 17,7 | 17,6 | 17,5 | 17,4 | 17,3 |
| 35 años | 53,7 | 53,6 | 53,4 | 53,3 | 53,2 | 53,0 | 52,9 | 52,7 | 52,6 | 52,5 | 52,3 | 52,2 | 52,0 | 51,9 | 51,7 | 51,6 | 51,4 | 51,3 | 17,0 | 16,9 | 16,8 | 16,7 | 16,6 | 16,4 |
| 36 años | 52,7 | 52,6 | 52,4 | 52,3 | 52,2 | 52,0 | 51,9 | 51,7 | 51,6 | 51,5 | 51,3 | 51,2 | 51,0 | 50,9 | 50,7 | 50,6 | 50,4 | 50,3 | 16,1 | 16,0 | 15,9 | 15,8 | 15,7 | 15,6 |
| 37 años | 51,7 | 51,6 | 51,4 | 51,3 | 51,2 | 51,0 | 50,9 | 50,7 | 50,6 | 50,5 | 50,3 | 50,2 | 50,0 | 49,9 | 49,7 | 49,6 | 49,5 | 49,3 | 15,3 | 15,2 | 15,1 | 15,0 | 14,9 | 14,8 |
| 38 años | 50,7 | 50,6 | 50,4 | 50,3 | 50,2 | 50,0 | 49,9 | 49,8 | 49,6 | 49,5 | 49,3 | 49,2 | 49,0 | 48,9 | 48,7 | 48,6 | 48,5 | 48,3 | 14,5 | 14,4 | 14,3 | 14,2 | 14,1 | 14,0 |
| 39 años | 49,7 | 49,6 | 49,4 | 49,3 | 49,2 | 49,0 | 48,9 | 48,8 | 48,6 | 48,5 | 48,3 | 48,2 | 48,0 | 47,9 | 47,8 | 47,6 | 47,5 | 47,3 | 13,6 | 13,6 | 13,5 | 13,4 | 13,3 | 13,2 |
| 40 años | 48,7 | 48,6 | 48,4 | 48,3 | 48,2 | 48,0 | 47,9 | 47,8 | 47,6 | 47,5 | 47,3 | 47,2 | 47,0 | 46,9 | 46,8 | 46,6 | 46,5 | 46,3 | 12,9 | 12,8 | 12,7 | 12,6 | 12,5 | 12,4 |
| 41 años | 47,7 | 47,6 | 47,4 | 47,3 | 47,2 | 47,0 | 46,9 | 46,8 | 46,6 | 46,5 | 46,3 | 46,2 | 46,1 | 45,9 | 45,8 | 45,6 | 45,5 | 45,3 | 12,1 | 12,0 | 11,9 | 11,8 | 11,7 | 11,6 |
| 42 años | 46,7 | 46,6 | 46,4 | 46,3 | 46,2 | 46,0 | 45,9 | 45,8 | 45,6 | 45,5 | 45,3 | 45,2 | 45,1 | 44,9 | 44,8 | 44,6 | 44,5 | 44,3 | 11,3 | 11,2 | 11,2 | 11,1 | 11,0 | 10,9 |
| 43 años | 45,7 | 45,6 | 45,5 | 45,3 | 45,2 | 45,0 | 44,9 | 44,8 | 44,6 | 44,5 | 44,3 | 44,2 | 44,1 | 43,9 | 43,8 | 43,6 | 43,5 | 43,3 | 10,6 | 10,5 | 10,4 | 10,4 | 10,3 | 10,2 |
| 44 años | 44,7 | 44,6 | 44,5 | 44,3 | 44,2 | 44,1 | 43,9 | 43,8 | 43,6 | 43,5 | 43,4 | 43,2 | 43,1 | 42,9 | 42,8 | 42,6 | 42,5 | 42,3 | 9,9 | 9,8 | 9,7 | 9,7 | 9,6 | 9,5 |
| 45 años | 43,7 | 43,6 | 43,5 | 43,3 | 43,2 | 43,1 | 42,9 | 42,8 | 42,6 | 42,5 | 42,4 | 42,2 | 42,1 | 41,9 | 41,8 | 41,7 | 41,5 | 41,4 | 9,2 | 9,1 | 9,1 | 9,0 | 8,9 | 8,8 |
| 46 años | 42,7 | 42,6 | 42,5 | 42,3 | 42,2 | 42,1 | 41,9 | 41,8 | 41,7 | 41,5 | 41,4 | 41,2 | 41,1 | 41,0 | 40,8 | 40,7 | 40,5 | 40,4 | 8,6 | 8,5 | 8,4 | 8,4 | 8,3 | 8,2 |
| 47 años | 41,8 | 41,6 | 41,5 | 41,4 | 41,2 | 41,1 | 40,9 | 40,8 | 40,7 | 40,5 | 40,4 | 40,3 | 40,1 | 40,0 | 39,8 | 39,7 | 39,5 | 39,4 | 8,0 | 7,9 | 7,8 | 7,8 | 7,7 | 7,6 |
| 48 años | 40,8 | 40,6 | 40,5 | 40,4 | 40,2 | 40,1 | 40,0 | 39,8 | 39,7 | 39,6 | 39,4 | 39,3 | 39,1 | 39,0 | 38,9 | 38,7 | 38,6 | 38,4 | 7,4 | 7,3 | 7,3 | 7,2 | 7,1 | 7,1 |
| 49 años | 39,8 | 39,7 | 39,5 | 39,4 | 39,3 | 39,1 | 39,0 | 38,9 | 38,7 | 38,6 | 38,4 | 38,3 | 38,2 | 38,0 | 37,9 | 37,7 | 37,6 | 37,5 | 6,8 | 6,8 | 6,7 | 6,7 | 6,6 | 6,5 |
| 50 años | 38,8 | 38,7 | 38,6 | 38,4 | 38,3 | 38,2 | 38,0 | 37,9 | 37,8 | 37,6 | 37,5 | 37,3 | 37,2 | 37,1 | 36,9 | 36,8 | 36,6 | 36,5 | 6,3 | 6,3 | 6,2 | 6,2 | 6,1 | 6,1 |
| 51 años | 37,9 | 37,7 | 37,6 | 37,5 | 37,3 | 37,2 | 37,1 | 36,9 | 36,8 | 36,7 | 36,5 | 36,4 | 36,3 | 36,1 | 36,0 | 35,8 | 35,7 | 35,6 | 5,9 | 5,8 | 5,8 | 5,7 | 5,7 | 5,6 |
| 52 años | 36,9 | 36,8 | 36,6 | 36,5 | 36,4 | 36,2 | 36,1 | 36,0 | 35,8 | 35,7 | 35,6 | 35,4 | 35,3 | 35,2 | 35,0 | 34,9 | 34,7 | 34,6 | 5,4 | 5,4 | 5,3 | 5,3 | 5,2 | 5,2 |
| 53 años | 35,9 | 35,8 | 35,7 | 35,6 | 35,4 | 35,3 | 35,2 | 35,0 | 34,9 | 34,8 | 34,6 | 34,5 | 34,4 | 34,2 | 34,1 | 33,9 | 33,8 | 33,7 | 5,0 | 5,0 | 4,9 | 4,9 | 4,9 | 4,8 |
| 54 años | 35,0 | 34,9 | 34,7 | 34,6 | 34,5 | 34,3 | 34,2 | 34,1 | 34,0 | 33,8 | 33,7 | 33,6 | 33,4 | 33,3 | 33,2 | 33,0 | 32,9 | 32,7 | 4,7 | 4,6 | 4,6 | 4,6 | 4,5 | 4,5 |
| 55 años | 34,0 | 33,9 | 33,8 | 33,7 | 33,5 | 33,4 | 33,3 | 33,2 | 33,0 | 32,9 | 32,8 | 32,6 | 32,5 | 32,4 | 32,2 | 32,1 | 32,0 | 31,8 | 4,4 | 4,3 | 4,3 | 4,2 | 4,2 | 4,2 |
| 94 años | 4,7 | 4,7 | 4,7 | 4,6 | 4,6 | 4,5 | 4,5 | 4,5 | 4,4 | 4,4 | 4,4 | 4,3 | 4,3 | 4,3 | 4,2 | 4,2 | 4,1 | 4,1 | 4,1 | 4,0 | 4,0 | 3,9 | 3,9 | 3,9 |
| 95 años | 4,4 | 4,4 | 4,3 | 4,3 | 4,3 | 4,2 | 4,2 | 4,2 | 4,1 | 4,1 | 4,1 | 4,0 | 4,0 | 4,0 | 3,9 | 3,9 | 3,9 | 3,8 | 3,8 | 3,7 | 3,7 | 3,7 | 3,6 | 3,6 |
| 96 años | 4,1 | 4,0 | 4,0 | 4,0 | 3,9 | 3,9 | 3,9 | 3,9 | 3,8 | 3,8 | 3,8 | 3,7 | 3,7 | 3,7 | 3,6 | 3,6 | 3,6 | 3,5 | 3,5 | 3,5 | 3,5 | 3,4 | 3,4 | 3,4 |
| 97 años | 3,7 | 3,7 | 3,7 | 3,6 | 3,6 | 3,6 | 3,6 | 3,5 | 3,5 | 3,5 | 3,5 | 3,4 | 3,4 | 3,4 | 3,4 | 3,3 | 3,3 | 3,3 | 3,3 | 3,2 | 3,2 | 3,2 | 3,1 | 3,1 |
| 98 años | 3,3 | 3,3 | 3,3 | 3,3 | 3,2 | 3,2 | 3,2 | 3,2 | 3,2 | 3,2 | 3,1 | 3,1 | 3,1 | 3,1 | 3,1 | 3,0 | 3,0 | 3,0 | 3,0 | 3,0 | 2,9 | 2,9 | 2,9 | 2,9 |
| 99 años | 2,9 | 2,9 | 2,9 | 2,8 | 2,8 | 2,8 | 2,8 | 2,8 | 2,8 | 2,8 | 2,8 | 2,8 | 2,8 | 2,7 | 2,7 | 2,7 | 2,7 | 2,7 | 2,7 | 2,7 | 2,7 | 2,6 | 2,6 | 2,6 |
| 100 años | 2,4 | 2,4 | 2,4 | 2,4 | 2,4 | 2,4 | 2,4 | 2,4 | 2,4 | 2,4 | 2,4 | 2,4 | 2,4 | 2,4 | 2,4 | 2,3 | 2,3 | 2,3 | 2,3 | 2,3 | 2,3 | 2,3 | 2,3 | 2,3 |

## Tabla de mortalidad. Hombres (2 de 4)

| | 2043 | 2042 | 2041 | 2040 | 2039 | 2038 | 2037 | 2036 | 2035 | 2034 | 2033 | 2032 | 2031 | 2030 | 2029 | 2028 | 2027 | 2026 | 2025 | 2024 | 2023 | 2022 | 2021 | 2020 |
|---|---|---|---|---|---|---|---|---|---|---|---|---|---|---|---|---|---|---|---|---|---|---|---|---|
| 18 años | 67,5 | 67,3 | 67,1 | 67,0 | 66,8 | 66,6 | 66,5 | 66,3 | 66,1 | 66,0 | 65,8 | 65,6 | 65,5 | 65,3 | 65,1 | 64,9 | 64,7 | 64,6 | 64,4 | 64,2 | 64,0 | 63,8 | 63,6 | 63,4 |
| 19 años | 66,5 | 66,3 | 66,1 | 66,0 | 65,8 | 65,6 | 65,5 | 65,3 | 65,1 | 65,0 | 64,8 | 64,6 | 64,5 | 64,3 | 64,1 | 63,9 | 63,7 | 63,6 | 63,4 | 63,2 | 63,0 | 62,8 | 62,6 | 62,4 |
| 20 años | 65,5 | 65,3 | 65,1 | 65,0 | 64,8 | 64,6 | 64,5 | 64,3 | 64,1 | 64,0 | 63,8 | 63,6 | 63,5 | 63,3 | 63,1 | 62,9 | 62,8 | 62,6 | 62,4 | 62,2 | 62,0 | 61,8 | 61,6 | 61,4 |
| 21 años | 64,5 | 64,3 | 64,1 | 64,0 | 63,8 | 63,7 | 63,5 | 63,3 | 63,2 | 63,0 | 62,8 | 62,6 | 62,5 | 62,3 | 62,1 | 61,9 | 61,8 | 61,6 | 61,4 | 61,2 | 61,0 | 60,8 | 60,7 | 60,5 |
| 22 años | 63,5 | 63,3 | 63,1 | 63,0 | 62,8 | 62,7 | 62,5 | 62,3 | 62,2 | 62,0 | 61,8 | 61,7 | 61,5 | 61,3 | 61,1 | 61,0 | 60,8 | 60,6 | 60,4 | 60,2 | 60,0 | 59,9 | 59,7 | 59,5 |
| 23 años | 62,5 | 62,3 | 62,1 | 62,0 | 61,8 | 61,7 | 61,5 | 61,3 | 61,2 | 61,0 | 60,8 | 60,7 | 60,5 | 60,3 | 60,1 | 60,0 | 59,8 | 59,6 | 59,4 | 59,2 | 59,1 | 58,9 | 58,7 | 58,5 |
| 24 años | 61,5 | 61,3 | 61,2 | 61,0 | 60,8 | 60,7 | 60,5 | 60,3 | 60,2 | 60,0 | 59,8 | 59,7 | 59,5 | 59,3 | 59,1 | 59,0 | 58,8 | 58,6 | 58,4 | 58,2 | 58,1 | 57,9 | 57,7 | 57,5 |
| 25 años | 60,5 | 60,3 | 60,2 | 60,0 | 59,8 | 59,7 | 59,5 | 59,3 | 59,2 | 59,0 | 58,8 | 58,7 | 58,5 | 58,3 | 58,2 | 58,0 | 57,8 | 57,6 | 57,4 | 57,3 | 57,1 | 56,9 | 56,7 | 56,5 |
| 26 años | 59,5 | 59,3 | 59,2 | 59,0 | 58,8 | 58,7 | 58,5 | 58,4 | 58,2 | 58,0 | 57,9 | 57,7 | 57,5 | 57,3 | 57,2 | 57,0 | 56,8 | 56,6 | 56,5 | 56,3 | 56,1 | 55,9 | 55,7 | 55,5 |
| 27 años | 58,5 | 58,3 | 58,2 | 58,0 | 57,8 | 57,7 | 57,5 | 57,4 | 57,2 | 57,0 | 56,9 | 56,7 | 56,5 | 56,3 | 56,2 | 56,0 | 55,8 | 55,6 | 55,5 | 55,3 | 55,1 | 54,9 | 54,7 | 54,6 |
| 28 años | 57,5 | 57,3 | 57,2 | 57,0 | 56,9 | 56,7 | 56,5 | 56,4 | 56,2 | 56,0 | 55,9 | 55,7 | 55,5 | 55,4 | 55,2 | 55,0 | 54,8 | 54,7 | 54,5 | 54,3 | 54,1 | 53,9 | 53,8 | 53,6 |
| 29 años | 56,5 | 56,3 | 56,2 | 56,0 | 55,9 | 55,7 | 55,5 | 55,4 | 55,2 | 55,0 | 54,9 | 54,7 | 54,5 | 54,4 | 54,2 | 54,0 | 53,8 | 53,7 | 53,5 | 53,3 | 53,1 | 53,0 | 52,8 | 52,6 |
| 30 años | 55,5 | 55,3 | 55,2 | 55,0 | 54,9 | 54,7 | 54,5 | 54,4 | 54,2 | 54,1 | 53,9 | 53,7 | 53,5 | 53,4 | 53,2 | 53,0 | 52,9 | 52,7 | 52,5 | 52,3 | 52,1 | 52,0 | 51,8 | 51,6 |
| 31 años | 54,5 | 54,3 | 54,2 | 54,0 | 53,9 | 53,7 | 53,6 | 53,4 | 53,2 | 53,1 | 52,9 | 52,7 | 52,6 | 52,4 | 52,2 | 52,0 | 51,9 | 51,7 | 51,5 | 51,3 | 51,2 | 51,0 | 50,8 | 50,6 |
| 32 años | 53,5 | 53,4 | 53,2 | 53,0 | 52,9 | 52,7 | 52,6 | 52,4 | 52,2 | 52,1 | 51,9 | 51,7 | 51,6 | 51,4 | 51,2 | 51,1 | 50,9 | 50,7 | 50,5 | 50,4 | 50,2 | 50,0 | 49,8 | 49,6 |
| 33 años | 52,5 | 52,4 | 52,2 | 52,0 | 51,9 | 51,7 | 51,6 | 51,4 | 51,2 | 51,1 | 50,9 | 50,7 | 50,6 | 50,4 | 50,2 | 50,1 | 49,9 | 49,7 | 49,5 | 49,4 | 49,2 | 49,0 | 48,8 | 48,7 |
| 34 años | 51,5 | 51,4 | 51,2 | 51,1 | 50,9 | 50,7 | 50,6 | 50,4 | 50,3 | 50,1 | 49,9 | 49,8 | 49,6 | 49,4 | 49,3 | 49,1 | 48,9 | 48,7 | 48,6 | 48,4 | 48,2 | 48,0 | 47,9 | 47,7 |
| 35 años | 50,5 | 50,4 | 50,2 | 50,1 | 49,9 | 49,7 | 49,6 | 49,4 | 49,3 | 49,1 | 48,9 | 48,8 | 48,6 | 48,4 | 48,3 | 48,1 | 47,9 | 47,8 | 47,6 | 47,4 | 47,2 | 47,1 | 46,9 | 46,7 |
| 36 años | 49,5 | 49,4 | 49,2 | 49,1 | 48,9 | 48,8 | 48,6 | 48,4 | 48,3 | 48,1 | 47,9 | 47,8 | 47,6 | 47,4 | 47,3 | 47,1 | 46,9 | 46,8 | 46,6 | 46,4 | 46,2 | 46,1 | 45,9 | 45,7 |
| 37 años | 48,5 | 48,4 | 48,2 | 48,1 | 47,9 | 47,8 | 47,6 | 47,4 | 47,3 | 47,1 | 47,0 | 46,8 | 46,6 | 46,5 | 46,3 | 46,1 | 46,0 | 45,8 | 45,6 | 45,4 | 45,3 | 45,1 | 44,9 | 44,7 |
| 38 años | 47,6 | 47,4 | 47,2 | 47,1 | 46,9 | 46,8 | 46,6 | 46,5 | 46,3 | 46,1 | 46,0 | 45,8 | 45,6 | 45,5 | 45,3 | 45,1 | 45,0 | 44,8 | 44,6 | 44,5 | 44,3 | 44,1 | 43,9 | 43,8 |
| 39 años | 46,6 | 46,4 | 46,2 | 46,1 | 45,9 | 45,8 | 45,6 | 45,5 | 45,3 | 45,1 | 45,0 | 44,8 | 44,7 | 44,5 | 44,3 | 44,2 | 44,0 | 43,8 | 43,6 | 43,5 | 43,3 | 43,1 | 43,0 | 42,8 |
| 40 años | 45,6 | 45,4 | 45,3 | 45,1 | 44,9 | 44,8 | 44,6 | 44,5 | 44,3 | 44,2 | 44,0 | 43,8 | 43,7 | 43,5 | 43,3 | 43,2 | 43,0 | 42,8 | 42,7 | 42,5 | 42,3 | 42,2 | 42,0 | 41,8 |
| 41 años | 44,6 | 44,4 | 44,3 | 44,1 | 44,0 | 43,8 | 43,6 | 43,5 | 43,3 | 43,2 | 43,0 | 42,8 | 42,7 | 42,5 | 42,4 | 42,2 | 42,0 | 41,9 | 41,7 | 41,5 | 41,4 | 41,2 | 41,0 | 40,8 |
| 42 años | 43,6 | 43,4 | 43,3 | 43,1 | 43,0 | 42,8 | 42,7 | 42,5 | 42,3 | 42,2 | 42,0 | 41,9 | 41,7 | 41,5 | 41,4 | 41,2 | 41,0 | 40,9 | 40,7 | 40,5 | 40,4 | 40,2 | 40,0 | 39,9 |
| 43 años | 42,6 | 42,4 | 42,3 | 42,1 | 42,0 | 41,8 | 41,7 | 41,5 | 41,4 | 41,2 | 41,0 | 40,9 | 40,7 | 40,6 | 40,4 | 40,2 | 40,1 | 39,9 | 39,7 | 39,6 | 39,4 | 39,2 | 39,1 | 38,9 |
| 44 años | 41,6 | 41,5 | 41,3 | 41,2 | 41,0 | 40,8 | 40,7 | 40,5 | 40,4 | 40,2 | 40,1 | 39,9 | 39,7 | 39,6 | 39,4 | 39,3 | 39,1 | 38,9 | 38,8 | 38,6 | 38,4 | 38,3 | 38,1 | 37,9 |
| 45 años | 40,6 | 40,5 | 40,3 | 40,2 | 40,0 | 39,9 | 39,7 | 39,6 | 39,4 | 39,2 | 39,1 | 38,9 | 38,8 | 38,6 | 38,5 | 38,3 | 38,1 | 38,0 | 37,8 | 37,6 | 37,5 | 37,3 | 37,2 | 37,0 |
| 46 años | 39,6 | 39,5 | 39,3 | 39,2 | 39,0 | 38,9 | 38,7 | 38,6 | 38,4 | 38,3 | 38,1 | 38,0 | 37,8 | 37,7 | 37,5 | 37,3 | 37,2 | 37,0 | 36,9 | 36,7 | 36,5 | 36,4 | 36,2 | 36,0 |
| 47 años | 38,7 | 38,5 | 38,4 | 38,2 | 38,1 | 37,9 | 37,8 | 37,6 | 37,5 | 37,3 | 37,2 | 37,0 | 36,8 | 36,7 | 36,5 | 36,4 | 36,2 | 36,1 | 35,9 | 35,7 | 35,6 | 35,4 | 35,3 | 35,1 |
| 48 años | 37,7 | 37,6 | 37,4 | 37,3 | 37,1 | 37,0 | 36,8 | 36,7 | 36,5 | 36,4 | 36,2 | 36,1 | 35,9 | 35,7 | 35,6 | 35,4 | 35,3 | 35,1 | 35,0 | 34,8 | 34,6 | 34,5 | 34,3 | 34,2 |
| 49 años | 36,7 | 36,6 | 36,5 | 36,3 | 36,2 | 36,0 | 35,9 | 35,7 | 35,6 | 35,4 | 35,3 | 35,1 | 35,0 | 34,8 | 34,6 | 34,5 | 34,3 | 34,2 | 34,0 | 33,9 | 33,7 | 33,6 | 33,4 | 33,2 |
| 50 años | 35,8 | 35,6 | 35,5 | 35,4 | 35,2 | 35,1 | 34,9 | 34,8 | 34,6 | 34,5 | 34,3 | 34,2 | 34,0 | 33,9 | 33,7 | 33,6 | 33,4 | 33,3 | 33,1 | 32,9 | 32,8 | 32,6 | 32,5 | 32,3 |
| 51 años | 34,8 | 34,7 | 34,6 | 34,4 | 34,3 | 34,1 | 34,0 | 33,8 | 33,7 | 33,5 | 33,4 | 33,2 | 33,1 | 32,9 | 32,8 | 32,6 | 32,5 | 32,3 | 32,2 | 32,0 | 31,9 | 31,7 | 31,6 | 31,4 |
| 52 años | 33,9 | 33,8 | 33,6 | 33,5 | 33,3 | 33,2 | 33,0 | 32,9 | 32,8 | 32,6 | 32,5 | 32,3 | 32,2 | 32,0 | 31,9 | 31,7 | 31,6 | 31,4 | 31,3 | 31,1 | 31,0 | 30,8 | 30,7 | 30,5 |
| 53 años | 33,0 | 32,8 | 32,7 | 32,6 | 32,4 | 32,3 | 32,1 | 32,0 | 31,8 | 31,7 | 31,5 | 31,4 | 31,3 | 31,1 | 31,0 | 30,8 | 30,7 | 30,5 | 30,4 | 30,2 | 30,1 | 29,9 | 29,8 | 29,6 |
| 54 años | 32,1 | 31,9 | 31,8 | 31,6 | 31,5 | 31,3 | 31,2 | 31,1 | 30,9 | 30,8 | 30,6 | 30,5 | 30,3 | 30,2 | 30,1 | 29,9 | 29,8 | 29,6 | 29,5 | 29,3 | 29,2 | 29,0 | 28,9 | 28,7 |
| 55 años | 31,1 | 31,0 | 30,9 | 30,7 | 30,6 | 30,4 | 30,3 | 30,2 | 30,0 | 29,9 | 29,7 | 29,6 | 29,5 | 29,3 | 29,2 | 29,0 | 28,9 | 28,7 | 28,6 | 28,4 | 28,3 | 28,2 | 28,0 | 27,9 |

## Tabla de mortalidad. Hombres (3 de 4)

| | 2065 | 2064 | 2063 | 2062 | 2061 | 2060 | 2059 | 2058 | 2057 | 2056 | 2055 | 2054 | 2053 | 2052 | 2051 | 2050 | 2049 | 2048 | 2047 | 2046 | 2045 | 2022 |
|---|---|---|---|---|---|---|---|---|---|---|---|---|---|---|---|---|---|---|---|---|---|---|
| 56 años | 33,1 | 33,0 | 32,9 | 32,7 | 32,6 | 32,5 | 32,4 | 32,2 | 32,1 | 32,0 | 31,8 | 31,7 | 31,6 | 31,4 | 31,3 | 31,2 | 31,0 | 30,9 | 30,8 | 64,2 | 64,0 | 63,8 |
| 57 años | 32,2 | 32,1 | 31,9 | 31,8 | 31,7 | 31,6 | 31,4 | 31,3 | 31,2 | 31,1 | 30,9 | 30,8 | 30,7 | 30,5 | 30,4 | 30,3 | 30,1 | 30,0 | 29,9 | 63,2 | 63,0 | 62,8 |
| 58 años | 31,3 | 31,1 | 31,0 | 30,9 | 30,8 | 30,7 | 30,5 | 30,4 | 30,3 | 30,1 | 30,0 | 29,9 | 29,8 | 29,6 | 29,5 | 29,4 | 29,2 | 29,1 | 29,0 | 62,2 | 62,0 | 61,8 |
| 59 años | 30,4 | 30,2 | 30,1 | 30,0 | 29,9 | 29,8 | 29,6 | 29,5 | 29,4 | 29,3 | 29,1 | 29,0 | 28,9 | 28,7 | 28,6 | 28,5 | 28,4 | 28,2 | 28,1 | 61,2 | 61,0 | 60,8 |
| 60 años | 29,5 | 29,4 | 29,2 | 29,1 | 29,0 | 28,9 | 28,7 | 28,6 | 28,5 | 28,4 | 28,2 | 28,1 | 28,0 | 27,9 | 27,7 | 27,6 | 27,5 | 27,4 | 27,2 | 60,2 | 60,0 | 59,9 |
| 61 años | 28,6 | 28,5 | 28,3 | 28,2 | 28,1 | 28,0 | 27,9 | 27,7 | 27,6 | 27,5 | 27,4 | 27,3 | 27,1 | 27,0 | 26,9 | 26,7 | 26,6 | 26,5 | 26,4 | 59,2 | 59,1 | 58,9 |
| 62 años | 27,7 | 27,6 | 27,5 | 27,4 | 27,2 | 27,1 | 27,0 | 26,9 | 26,8 | 26,6 | 26,5 | 26,4 | 26,3 | 26,1 | 26,0 | 25,9 | 25,8 | 25,6 | 25,5 | 58,2 | 58,1 | 57,9 |
| 63 años | 26,8 | 26,7 | 26,6 | 26,5 | 26,4 | 26,3 | 26,1 | 26,0 | 25,9 | 25,8 | 25,7 | 25,5 | 25,4 | 25,3 | 25,2 | 25,0 | 24,9 | 24,8 | 24,7 | 57,3 | 57,1 | 56,9 |
| 64 años | 26,0 | 25,9 | 25,8 | 25,6 | 25,5 | 25,4 | 25,3 | 25,2 | 25,1 | 24,9 | 24,8 | 24,7 | 24,6 | 24,5 | 24,3 | 24,2 | 24,1 | 24,0 | 23,8 | 56,3 | 56,1 | 55,9 |
| 65 años | 25,1 | 25,0 | 24,9 | 24,8 | 24,7 | 24,6 | 24,4 | 24,3 | 24,2 | 24,1 | 24,0 | 23,9 | 23,7 | 23,6 | 23,5 | 23,4 | 23,3 | 23,1 | 23,0 | 55,3 | 55,1 | 54,9 |
| 66 años | 24,3 | 24,2 | 24,1 | 23,9 | 23,8 | 23,7 | 23,6 | 23,5 | 23,4 | 23,3 | 23,1 | 23,0 | 22,9 | 22,8 | 22,7 | 22,5 | 22,4 | 22,3 | 22,2 | 54,3 | 54,1 | 53,9 |
| 67 años | 23,4 | 23,3 | 23,2 | 23,1 | 23,0 | 22,9 | 22,8 | 22,7 | 22,5 | 22,4 | 22,3 | 22,2 | 22,1 | 22,0 | 21,8 | 21,7 | 21,6 | 21,5 | 21,4 | 53,3 | 53,1 | 53,0 |
| 68 años | 22,6 | 22,5 | 22,4 | 22,3 | 22,2 | 22,0 | 21,9 | 21,8 | 21,7 | 21,6 | 21,5 | 21,4 | 21,3 | 21,1 | 21,0 | 20,9 | 20,8 | 20,7 | 20,6 | 52,3 | 52,1 | 52,0 |
| 69 años | 21,7 | 21,6 | 21,5 | 21,4 | 21,3 | 21,2 | 21,1 | 21,0 | 20,9 | 20,8 | 20,7 | 20,5 | 20,4 | 20,3 | 20,2 | 20,1 | 20,0 | 19,9 | 19,7 | 51,3 | 51,2 | 51,0 |
| 70 años | 20,9 | 20,8 | 20,7 | 20,6 | 20,5 | 20,4 | 20,3 | 20,2 | 20,0 | 19,9 | 19,8 | 19,7 | 19,6 | 19,5 | 19,4 | 19,3 | 19,2 | 19,0 | 18,9 | 50,4 | 50,2 | 50,0 |
| 71 años | 20,0 | 19,9 | 19,8 | 19,7 | 19,6 | 19,5 | 19,4 | 19,3 | 19,2 | 19,1 | 19,0 | 18,9 | 18,8 | 18,7 | 18,6 | 18,5 | 18,3 | 18,2 | 18,1 | 49,4 | 49,2 | 49,0 |
| 72 años | 19,2 | 19,1 | 19,0 | 18,9 | 18,8 | 18,7 | 18,6 | 18,5 | 18,4 | 18,3 | 18,2 | 18,1 | 18,0 | 17,9 | 17,7 | 17,6 | 17,5 | 17,4 | 17,3 | 48,4 | 48,2 | 48,0 |
| 73 años | 18,4 | 18,3 | 18,2 | 18,1 | 18,0 | 17,9 | 17,8 | 17,7 | 17,6 | 17,5 | 17,4 | 17,3 | 17,2 | 17,0 | 16,9 | 16,8 | 16,7 | 16,6 | 16,5 | 47,4 | 47,2 | 47,1 |
| 74 años | 17,5 | 17,4 | 17,3 | 17,2 | 17,1 | 17,0 | 16,9 | 16,8 | 16,7 | 16,6 | 16,5 | 16,4 | 16,3 | 16,2 | 16,1 | 16,0 | 15,9 | 15,8 | 15,7 | 46,4 | 46,2 | 46,1 |
| 75 años | 16,7 | 16,6 | 16,5 | 16,4 | 16,3 | 16,2 | 16,1 | 16,0 | 15,9 | 15,8 | 15,7 | 15,7 | 15,6 | 15,5 | 15,4 | 15,3 | 15,2 | 15,1 | 15,0 | 45,4 | 45,3 | 45,1 |
| 76 años | 15,9 | 15,8 | 15,7 | 15,6 | 15,5 | 15,4 | 15,3 | 15,2 | 15,2 | 15,1 | 15,0 | 14,9 | 14,8 | 14,7 | 14,6 | 14,5 | 14,4 | 14,3 | 14,2 | 44,5 | 44,3 | 44,1 |
| 77 años | 15,1 | 15,0 | 14,9 | 14,8 | 14,7 | 14,6 | 14,6 | 14,5 | 14,4 | 14,3 | 14,2 | 14,1 | 14,0 | 13,9 | 13,8 | 13,7 | 13,6 | 13,5 | 13,5 | 43,5 | 43,3 | 43,1 |
| 78 años | 14,3 | 14,2 | 14,1 | 14,0 | 14,0 | 13,9 | 13,8 | 13,7 | 13,6 | 13,5 | 13,4 | 13,3 | 13,3 | 13,2 | 13,1 | 13,0 | 12,9 | 12,8 | 12,7 | 42,5 | 42,3 | 42,2 |
| 79 años | 13,5 | 13,4 | 13,4 | 13,3 | 13,2 | 13,1 | 13,0 | 12,9 | 12,9 | 12,8 | 12,7 | 12,6 | 12,5 | 12,4 | 12,3 | 12,3 | 12,2 | 12,1 | 12,0 | 41,5 | 41,4 | 41,2 |
| 80 años | 12,8 | 12,7 | 12,6 | 12,5 | 12,4 | 12,4 | 12,3 | 12,2 | 12,1 | 12,0 | 11,9 | 11,9 | 11,8 | 11,7 | 11,6 | 11,5 | 11,5 | 11,4 | 11,3 | 40,5 | 40,4 | 40,2 |
| 81 años | 12,0 | 11,9 | 11,8 | 11,8 | 11,7 | 11,6 | 11,5 | 11,5 | 11,4 | 11,3 | 11,2 | 11,1 | 11,1 | 11,0 | 10,9 | 10,8 | 10,8 | 10,7 | 10,6 | 39,6 | 39,4 | 39,2 |
| 82 años | 11,3 | 11,2 | 11,1 | 11,0 | 11,0 | 10,9 | 10,8 | 10,7 | 10,7 | 10,6 | 10,5 | 10,4 | 10,4 | 10,3 | 10,2 | 10,2 | 10,1 | 10,0 | 9,9 | 38,6 | 38,4 | 38,3 |
| 83 años | 10,5 | 10,5 | 10,4 | 10,3 | 10,3 | 10,2 | 10,1 | 10,1 | 10,0 | 9,9 | 9,8 | 9,8 | 9,7 | 9,6 | 9,6 | 9,5 | 9,4 | 9,4 | 9,3 | 37,6 | 37,5 | 37,3 |
| 84 años | 9,9 | 9,8 | 9,7 | 9,7 | 9,6 | 9,5 | 9,5 | 9,4 | 9,3 | 9,3 | 9,2 | 9,1 | 9,1 | 9,0 | 8,9 | 8,9 | 8,8 | 8,7 | 8,7 | 36,7 | 36,5 | 36,4 |
| 85 años | 9,2 | 9,1 | 9,1 | 9,0 | 8,9 | 8,9 | 8,8 | 8,8 | 8,7 | 8,6 | 8,6 | 8,5 | 8,5 | 8,4 | 8,3 | 8,3 | 8,2 | 8,1 | 8,1 | 35,7 | 35,6 | 35,4 |
| 86 años | 8,6 | 8,5 | 8,5 | 8,4 | 8,3 | 8,3 | 8,2 | 8,2 | 8,1 | 8,1 | 8,0 | 7,9 | 7,9 | 7,8 | 7,8 | 7,7 | 7,6 | 7,6 | 7,5 | 34,8 | 34,6 | 34,5 |
| 87 años | 8,0 | 8,0 | 7,9 | 7,8 | 7,8 | 7,7 | 7,7 | 7,6 | 7,6 | 7,5 | 7,5 | 7,4 | 7,3 | 7,3 | 7,2 | 7,2 | 7,1 | 7,1 | 7,0 | 33,9 | 33,7 | 33,6 |
| 88 años | 7,5 | 7,4 | 7,4 | 7,3 | 7,3 | 7,2 | 7,2 | 7,1 | 7,1 | 7,0 | 7,0 | 6,9 | 6,9 | 6,8 | 6,8 | 6,7 | 6,7 | 6,6 | 6,6 | 32,9 | 32,8 | 32,6 |
| 89 años | 7,0 | 7,0 | 6,9 | 6,9 | 6,8 | 6,8 | 6,7 | 6,7 | 6,6 | 6,6 | 6,5 | 6,5 | 6,4 | 6,4 | 6,3 | 6,3 | 6,2 | 6,2 | 6,1 | 32,0 | 31,9 | 31,7 |
| 90 años | 6,6 | 6,6 | 6,5 | 6,5 | 6,4 | 6,4 | 6,3 | 6,3 | 6,2 | 6,2 | 6,1 | 6,1 | 6,0 | 6,0 | 6,0 | 5,9 | 5,9 | 5,8 | 5,8 | 31,1 | 31,0 | 30,8 |
| 91 años | 6,2 | 6,2 | 6,1 | 6,1 | 6,0 | 6,0 | 6,0 | 5,9 | 5,9 | 5,8 | 5,8 | 5,7 | 5,7 | 5,7 | 5,6 | 5,6 | 5,5 | 5,5 | 5,4 | 30,2 | 30,1 | 29,9 |
| 92 años | 5,9 | 5,8 | 5,8 | 5,7 | 5,7 | 5,7 | 5,6 | 5,6 | 5,5 | 5,5 | 5,5 | 5,4 | 5,4 | 5,3 | 5,3 | 5,2 | 5,2 | 5,2 | 5,1 | 29,3 | 29,2 | 29,0 |
| 93 años | 5,5 | 5,5 | 5,4 | 5,4 | 5,4 | 5,3 | 5,3 | 5,3 | 5,2 | 5,2 | 5,1 | 5,1 | 5,1 | 5,0 | 5,0 | 4,9 | 4,9 | 4,9 | 4,8 | 28,4 | 28,3 | 28,2 |
| 94 años | 5,2 | 5,1 | 5,1 | 5,1 | 5,0 | 5,0 | 5,0 | 4,9 | 4,9 | 4,9 | 4,8 | 4,8 | 4,8 | 4,7 | 4,7 | 4,7 | 4,6 | 4,6 | 4,6 | 4,5 | 4,5 | 4,4 |
| 95 años | 4,8 | 4,8 | 4,7 | 4,7 | 4,7 | 4,7 | 4,6 | 4,6 | 4,6 | 4,5 | 4,5 | 4,5 | 4,4 | 4,4 | 4,4 | 4,3 | 4,3 | 4,3 | 4,3 | 4,2 | 4,2 | 4,2 |
| 96 años | 4,4 | 4,3 | 4,3 | 4,3 | 4,3 | 4,2 | 4,2 | 4,2 | 4,2 | 4,1 | 4,1 | 4,1 | 4,1 | 4,0 | 4,0 | 4,0 | 4,0 | 3,9 | 3,9 | 3,9 | 3,9 | 3,8 |
| 97 años | 3,9 | 3,9 | 3,8 | 3,8 | 3,8 | 3,8 | 3,8 | 3,8 | 3,7 | 3,7 | 3,7 | 3,7 | 3,7 | 3,6 | 3,6 | 3,6 | 3,6 | 3,6 | 3,5 | 3,5 | 3,5 | 3,5 |
| 98 años | 3,3 | 3,3 | 3,3 | 3,3 | 3,3 | 3,3 | 3,2 | 3,2 | 3,2 | 3,2 | 3,2 | 3,2 | 3,2 | 3,2 | 3,2 | 3,1 | 3,1 | 3,1 | 3,1 | 3,1 | 3,1 | 3,1 |
| 99 años | 2,7 | 2,7 | 2,7 | 2,7 | 2,7 | 2,7 | 2,7 | 2,6 | 2,6 | 2,6 | 2,6 | 2,6 | 2,6 | 2,6 | 2,6 | 2,6 | 2,6 | 2,6 | 2,6 | 2,6 | 2,6 | 2,6 |
| 100 años | 2,0 | 2,0 | 2,0 | 2,0 | 2,0 | 2,0 | 2,0 | 2,0 | 2,0 | 2,0 | 2,0 | 2,0 | 2,0 | 2,0 | 2,0 | 2,0 | 2,0 | 2,0 | 2,0 | 2,0 | 2,0 | 2,0 |

## Tabla de mortalidad. Hombres (4 de 4)

| | 2043 | 2042 | 2041 | 2040 | 2039 | 2038 | 2037 | 2036 | 2035 | 2034 | 2033 | 2032 | 2031 | 2030 | 2029 | 2028 | 2027 | 2026 | 2025 | 2024 | 2045 | 2022 |
|---|---|---|---|---|---|---|---|---|---|---|---|---|---|---|---|---|---|---|---|---|---|---|
| 56 años | 30,2 | 30,1 | 30,0 | 29,8 | 29,7 | 29,5 | 29,4 | 29,3 | 29,1 | 29,0 | 28,8 | 28,7 | 28,6 | 28,4 | 28,3 | 28,1 | 28,0 | 27,9 | 27,7 | 64,2 | 64,0 | 63,8 |
| 57 años | 29,3 | 29,2 | 29,1 | 28,9 | 28,8 | 28,7 | 28,5 | 28,4 | 28,2 | 28,1 | 28,0 | 27,8 | 27,7 | 27,5 | 27,4 | 27,3 | 27,1 | 27,0 | 26,8 | 63,2 | 63,0 | 62,8 |
| 58 años | 28,4 | 28,3 | 28,2 | 28,0 | 27,9 | 27,8 | 27,6 | 27,5 | 27,4 | 27,2 | 27,1 | 27,0 | 26,8 | 26,7 | 26,5 | 26,4 | 26,3 | 26,1 | 26,0 | 62,2 | 62,0 | 61,8 |
| 59 años | 27,6 | 27,4 | 27,3 | 27,2 | 27,0 | 26,9 | 26,8 | 26,6 | 26,5 | 26,4 | 26,2 | 26,1 | 26,0 | 25,8 | 25,7 | 25,5 | 25,4 | 25,3 | 25,1 | 61,2 | 61,0 | 60,8 |
| 60 años | 26,7 | 26,6 | 26,4 | 26,3 | 26,2 | 26,0 | 25,9 | 25,8 | 25,6 | 25,5 | 25,4 | 25,2 | 25,1 | 25,0 | 24,8 | 24,7 | 24,6 | 24,4 | 24,3 | 60,2 | 60,0 | 59,9 |
| 61 años | 25,9 | 25,7 | 25,6 | 25,5 | 25,3 | 25,2 | 25,1 | 24,9 | 24,8 | 24,7 | 24,5 | 24,4 | 24,3 | 24,1 | 24,0 | 23,9 | 23,7 | 23,6 | 23,5 | 59,2 | 59,1 | 58,9 |
| 62 años | 25,0 | 24,9 | 24,7 | 24,6 | 24,5 | 24,4 | 24,2 | 24,1 | 24,0 | 23,8 | 23,7 | 23,6 | 23,4 | 23,3 | 23,2 | 23,0 | 22,9 | 22,8 | 22,6 | 58,2 | 58,1 | 57,9 |
| 63 años | 24,2 | 24,0 | 23,9 | 23,8 | 23,7 | 23,5 | 23,4 | 23,3 | 23,1 | 23,0 | 22,9 | 22,8 | 22,6 | 22,5 | 22,4 | 22,2 | 22,1 | 22,0 | 21,8 | 57,3 | 57,1 | 56,9 |
| 64 años | 23,3 | 23,2 | 23,1 | 23,0 | 22,8 | 22,7 | 22,6 | 22,5 | 22,3 | 22,2 | 22,1 | 21,9 | 21,8 | 21,7 | 21,6 | 21,4 | 21,3 | 21,2 | 21,0 | 56,3 | 56,1 | 55,9 |
| 65 años | 22,5 | 22,4 | 22,3 | 22,1 | 22,0 | 21,9 | 21,8 | 21,6 | 21,5 | 21,4 | 21,3 | 21,1 | 21,0 | 20,9 | 20,8 | 20,6 | 20,5 | 20,4 | 20,2 | 55,3 | 55,1 | 54,9 |
| 66 años | 21,7 | 21,6 | 21,5 | 21,3 | 21,2 | 21,1 | 21,0 | 20,8 | 20,7 | 20,6 | 20,5 | 20,3 | 20,2 | 20,1 | 20,0 | 19,8 | 19,7 | 19,6 | 19,5 | 54,3 | 54,1 | 53,9 |
| 67 años | 20,9 | 20,8 | 20,6 | 20,5 | 20,4 | 20,3 | 20,2 | 20,0 | 19,9 | 19,8 | 19,7 | 19,5 | 19,4 | 19,3 | 19,2 | 19,0 | 18,9 | 18,8 | 18,7 | 53,3 | 53,1 | 53,0 |
| 68 años | 20,1 | 20,0 | 19,8 | 19,7 | 19,6 | 19,5 | 19,4 | 19,2 | 19,1 | 19,0 | 18,9 | 18,8 | 18,6 | 18,5 | 18,4 | 18,3 | 18,1 | 18,0 | 17,9 | 52,3 | 52,1 | 52,0 |
| 69 años | 19,3 | 19,2 | 19,0 | 18,9 | 18,8 | 18,7 | 18,6 | 18,5 | 18,3 | 18,2 | 18,1 | 18,0 | 17,9 | 17,7 | 17,6 | 17,5 | 17,4 | 17,3 | 17,1 | 51,3 | 51,2 | 51,0 |
| 70 años | 18,5 | 18,4 | 18,2 | 18,1 | 18,0 | 17,9 | 17,8 | 17,7 | 17,6 | 17,4 | 17,3 | 17,2 | 17,1 | 17,0 | 16,9 | 16,7 | 16,6 | 16,5 | 16,4 | 50,4 | 50,2 | 50,0 |
| 71 años | 17,7 | 17,6 | 17,5 | 17,3 | 17,2 | 17,1 | 17,0 | 16,9 | 16,8 | 16,7 | 16,5 | 16,4 | 16,3 | 16,2 | 16,1 | 16,0 | 15,9 | 15,7 | 15,6 | 49,4 | 49,2 | 49,0 |
| 72 años | 16,9 | 16,8 | 16,7 | 16,6 | 16,4 | 16,3 | 16,2 | 16,1 | 16,0 | 15,9 | 15,8 | 15,7 | 15,6 | 15,4 | 15,3 | 15,2 | 15,1 | 15,0 | 14,9 | 48,4 | 48,2 | 48,0 |
| 73 años | 16,1 | 16,0 | 15,9 | 15,8 | 15,7 | 15,6 | 15,5 | 15,4 | 15,2 | 15,1 | 15,0 | 14,9 | 14,8 | 14,7 | 14,6 | 14,5 | 14,4 | 14,3 | 14,2 | 47,4 | 47,2 | 47,1 |
| 74 años | 15,3 | 15,2 | 15,1 | 15,0 | 14,9 | 14,8 | 14,7 | 14,6 | 14,5 | 14,4 | 14,3 | 14,2 | 14,1 | 14,0 | 13,9 | 13,8 | 13,6 | 13,5 | 13,4 | 46,4 | 46,2 | 46,1 |
| 75 años | 14,6 | 14,5 | 14,4 | 14,3 | 14,2 | 14,1 | 14,0 | 13,9 | 13,8 | 13,7 | 13,6 | 13,4 | 13,3 | 13,2 | 13,1 | 13,0 | 12,9 | 12,8 | 12,7 | 45,4 | 45,3 | 45,1 |
| 76 años | 13,8 | 13,7 | 13,6 | 13,5 | 13,4 | 13,3 | 13,2 | 13,1 | 13,0 | 12,9 | 12,8 | 12,7 | 12,6 | 12,5 | 12,4 | 12,3 | 12,2 | 12,1 | 12,0 | 44,5 | 44,3 | 44,1 |
| 77 años | 13,1 | 13,0 | 12,9 | 12,8 | 12,7 | 12,6 | 12,5 | 12,4 | 12,3 | 12,2 | 12,1 | 12,0 | 11,9 | 11,8 | 11,8 | 11,7 | 11,6 | 11,5 | 11,4 | 43,5 | 43,3 | 43,1 |
| 78 años | 12,4 | 12,3 | 12,2 | 12,1 | 12,0 | 11,9 | 11,8 | 11,7 | 11,6 | 11,5 | 11,4 | 11,4 | 11,3 | 11,2 | 11,1 | 11,0 | 10,9 | 10,8 | 10,7 | 42,5 | 42,3 | 42,2 |
| 79 años | 11,7 | 11,6 | 11,5 | 11,4 | 11,3 | 11,2 | 11,1 | 11,0 | 11,0 | 10,9 | 10,8 | 10,7 | 10,6 | 10,5 | 10,4 | 10,3 | 10,3 | 10,2 | 10,1 | 41,5 | 41,4 | 41,2 |
| 80 años | 11,0 | 10,9 | 10,8 | 10,7 | 10,6 | 10,5 | 10,5 | 10,4 | 10,3 | 10,2 | 10,1 | 10,0 | 10,0 | 9,9 | 9,8 | 9,7 | 9,6 | 9,5 | 9,5 | 40,5 | 40,4 | 40,2 |
| 81 años | 10,3 | 10,2 | 10,1 | 10,0 | 10,0 | 9,9 | 9,8 | 9,7 | 9,7 | 9,6 | 9,5 | 9,4 | 9,3 | 9,3 | 9,2 | 9,1 | 9,0 | 8,9 | 8,9 | 39,6 | 39,4 | 39,2 |
| 82 años | 9,6 | 9,6 | 9,5 | 9,4 | 9,3 | 9,3 | 9,2 | 9,1 | 9,0 | 9,0 | 8,9 | 8,8 | 8,7 | 8,7 | 8,6 | 8,5 | 8,4 | 8,4 | 8,3 | 38,6 | 38,4 | 38,3 |
| 83 años | 9,0 | 8,9 | 8,9 | 8,8 | 8,7 | 8,7 | 8,6 | 8,5 | 8,4 | 8,4 | 8,3 | 8,2 | 8,2 | 8,1 | 8,0 | 8,0 | 7,9 | 7,8 | 7,7 | 37,6 | 37,5 | 37,3 |
| 84 años | 8,4 | 8,3 | 8,3 | 8,2 | 8,1 | 8,1 | 8,0 | 7,9 | 7,9 | 7,8 | 7,7 | 7,7 | 7,6 | 7,5 | 7,5 | 7,4 | 7,3 | 7,3 | 7,2 | 36,7 | 36,5 | 36,4 |
| 85 años | 7,8 | 7,8 | 7,7 | 7,6 | 7,6 | 7,5 | 7,5 | 7,4 | 7,3 | 7,3 | 7,2 | 7,1 | 7,1 | 7,0 | 7,0 | 6,9 | 6,8 | 6,8 | 6,7 | 35,7 | 35,6 | 35,4 |
| 86 años | 7,3 | 7,2 | 7,2 | 7,1 | 7,1 | 7,0 | 6,9 | 6,9 | 6,8 | 6,8 | 6,7 | 6,7 | 6,6 | 6,5 | 6,5 | 6,4 | 6,4 | 6,3 | 6,3 | 34,8 | 34,6 | 34,5 |
| 87 años | 6,8 | 6,7 | 6,7 | 6,6 | 6,6 | 6,5 | 6,5 | 6,4 | 6,4 | 6,3 | 6,3 | 6,2 | 6,1 | 6,1 | 6,0 | 6,0 | 5,9 | 5,9 | 5,8 | 33,9 | 33,7 | 33,6 |
| 88 años | 6,3 | 6,3 | 6,2 | 6,2 | 6,1 | 6,1 | 6,0 | 6,0 | 5,9 | 5,9 | 5,8 | 5,8 | 5,7 | 5,7 | 5,6 | 5,6 | 5,5 | 5,5 | 5,4 | 32,9 | 32,8 | 32,6 |
| 89 años | 5,9 | 5,9 | 5,8 | 5,8 | 5,8 | 5,7 | 5,7 | 5,6 | 5,6 | 5,5 | 5,5 | 5,4 | 5,4 | 5,3 | 5,3 | 5,2 | 5,2 | 5,1 | 5,1 | 32,0 | 31,9 | 31,7 |
| 90 años | 5,6 | 5,5 | 5,5 | 5,4 | 5,4 | 5,3 | 5,3 | 5,2 | 5,2 | 5,2 | 5,1 | 5,1 | 5,0 | 5,0 | 4,9 | 4,9 | 4,8 | 4,8 | 4,7 | 31,1 | 31,0 | 30,8 |
| 91 años | 5,3 | 5,2 | 5,2 | 5,1 | 5,1 | 5,0 | 5,0 | 4,9 | 4,9 | 4,8 | 4,8 | 4,8 | 4,7 | 4,7 | 4,6 | 4,6 | 4,5 | 4,5 | 4,4 | 30,2 | 30,1 | 29,9 |
| 92 años | 5,0 | 4,9 | 4,9 | 4,8 | 4,8 | 4,7 | 4,7 | 4,6 | 4,6 | 4,6 | 4,5 | 4,5 | 4,4 | 4,4 | 4,3 | 4,3 | 4,3 | 4,2 | 4,2 | 29,3 | 29,2 | 29,0 |
| 93 años | 4,7 | 4,6 | 4,6 | 4,5 | 4,5 | 4,5 | 4,4 | 4,4 | 4,3 | 4,3 | 4,3 | 4,2 | 4,2 | 4,1 | 4,1 | 4,1 | 4,0 | 4,0 | 3,9 | 28,4 | 28,3 | 28,2 |
| 94 años | 4,4 | 4,4 | 4,3 | 4,3 | 4,3 | 4,2 | 4,2 | 4,1 | 4,1 | 4,1 | 4,0 | 4,0 | 4,0 | 3,9 | 3,9 | 3,8 | 3,8 | 3,8 | 3,7 | 4,5 | 4,5 | 4,4 |
| 95 años | 4,1 | 4,1 | 4,1 | 4,0 | 4,0 | 4,0 | 3,9 | 3,9 | 3,8 | 3,8 | 3,8 | 3,7 | 3,7 | 3,7 | 3,6 | 3,6 | 3,6 | 3,5 | 3,5 | 4,2 | 4,2 | 4,2 |
| 96 años | 3,8 | 3,8 | 3,7 | 3,7 | 3,7 | 3,7 | 3,6 | 3,6 | 3,6 | 3,5 | 3,5 | 3,5 | 3,4 | 3,4 | 3,4 | 3,3 | 3,3 | 3,3 | 3,2 | 3,9 | 3,9 | 3,8 |
| 97 años | 3,5 | 3,4 | 3,4 | 3,4 | 3,4 | 3,3 | 3,3 | 3,3 | 3,3 | 3,2 | 3,2 | 3,2 | 3,2 | 3,1 | 3,1 | 3,1 | 3,1 | 3,0 | 3,0 | 3,5 | 3,5 | 3,5 |
| 98 años | 3,0 | 3,0 | 3,0 | 3,0 | 3,0 | 3,0 | 2,9 | 2,9 | 2,9 | 2,9 | 2,9 | 2,9 | 2,8 | 2,8 | 2,8 | 2,8 | 2,8 | 2,8 | 2,7 | 3,1 | 3,1 | 3,1 |
| 99 años | 2,6 | 2,5 | 2,5 | 2,5 | 2,5 | 2,5 | 2,5 | 2,5 | 2,5 | 2,5 | 2,5 | 2,5 | 2,5 | 2,5 | 2,4 | 2,4 | 2,4 | 2,4 | 2,4 | 2,6 | 2,6 | 2,6 |
| 100 años | 2,0 | 2,0 | 2,0 | 2,0 | 2,0 | 2,0 | 2,0 | 2,0 | 2,0 | 2,0 | 2,0 | 2,0 | 2,0 | 2,0 | 2,0 | 2,0 | 2,0 | 2,0 | 2,0 | 2,0 | 2,0 | 2,0 |

# Bibliografía


Dalio, Ray, *Principios*, Deusto, Barcelona, 2018.

Eker, T. H., *Los secretos de la mente millonaria*, Sirio, Málaga, 2011.

Gómez López, E., *Cómo comprar una casa*, autoeditado, 2016.

—, *Tu llave a la libertad financiera*, Alienta, Barcelona, 2018.

Harari, Yuval Noah, *Homo Deus : Breve historia del mañana*, Harvill Secker, Israel, 2015.

—, *Sapiens: De animales a Dioses*, HarperCollins, Nueva York, 2011.

Haro, Juan, *Los trucos de los ricos*, Deusto, Barcelona, 2019.

Manson, Mark, *Todo está jodido: Un libro sobre la esperanza*, Roca Editorial, Barcelona, 2019.

Mora Márquez, César María, *Representación del discurso sobre pensiones en la prensa española (El País* y *ABC). Desde el Pacto de Toledo hasta la reforma de 2011*, 2016.

Quivera, Martha Elena, *Reconocimiento de los derechos a los pueblos indígenas en el marco constitucional de Venezuela, Bolivia y Ecuador*, 2016. Pág. 20 <http://espacio.uned.es/fez/eserv/tesisuned:Derecho-Mequivera/QUIVERA_MarthaElena_Tesis.pdf>.

Robbins, Tony, *Dinero: domina el juego: Cómo alcanzar la libertad financiera en 7 pasos*, Deusto, Barcelona, 2018.